CW01372647

The Neubad Plakat

A Contemporary
Design Phenomenon

Herausgegeben von
Erich Brechbühl, Fons Hickmann,
Lea Hinrichs, Sam Steiner
und Sven Lindhorst-Emme

slanted

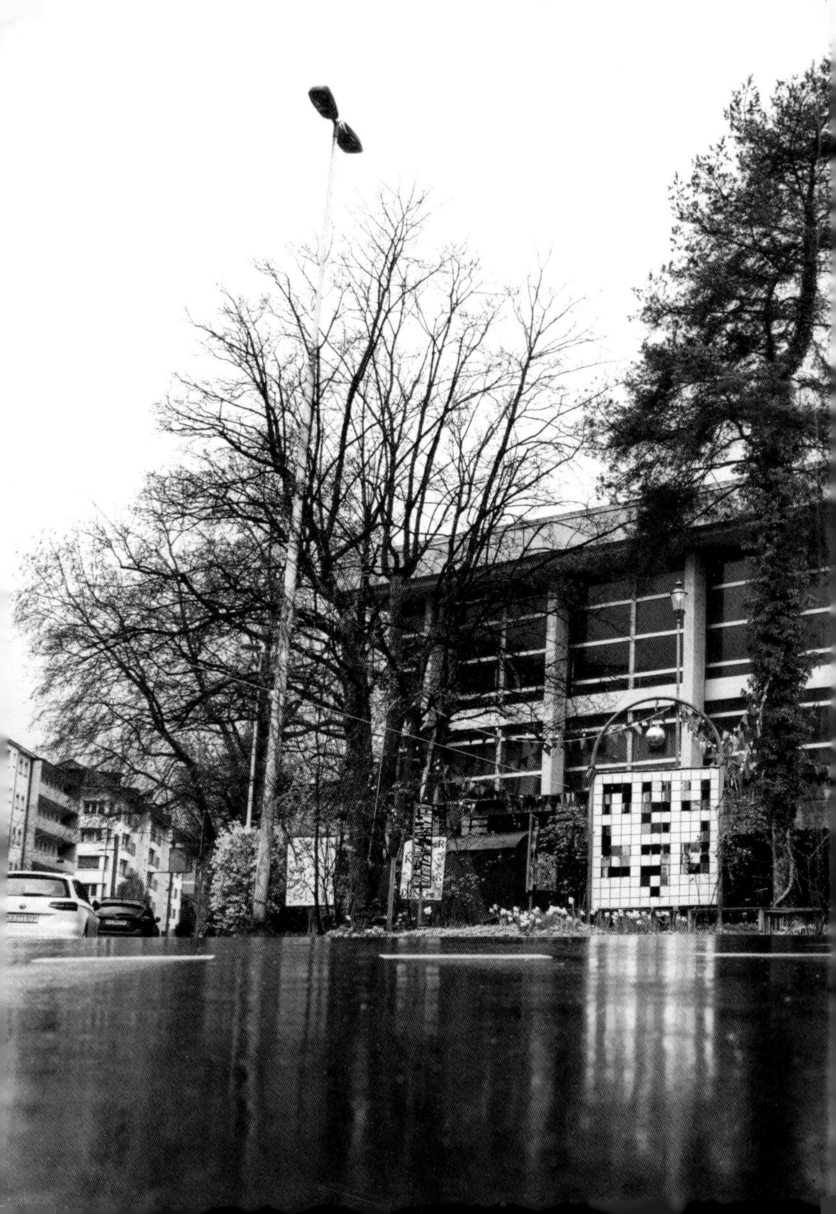

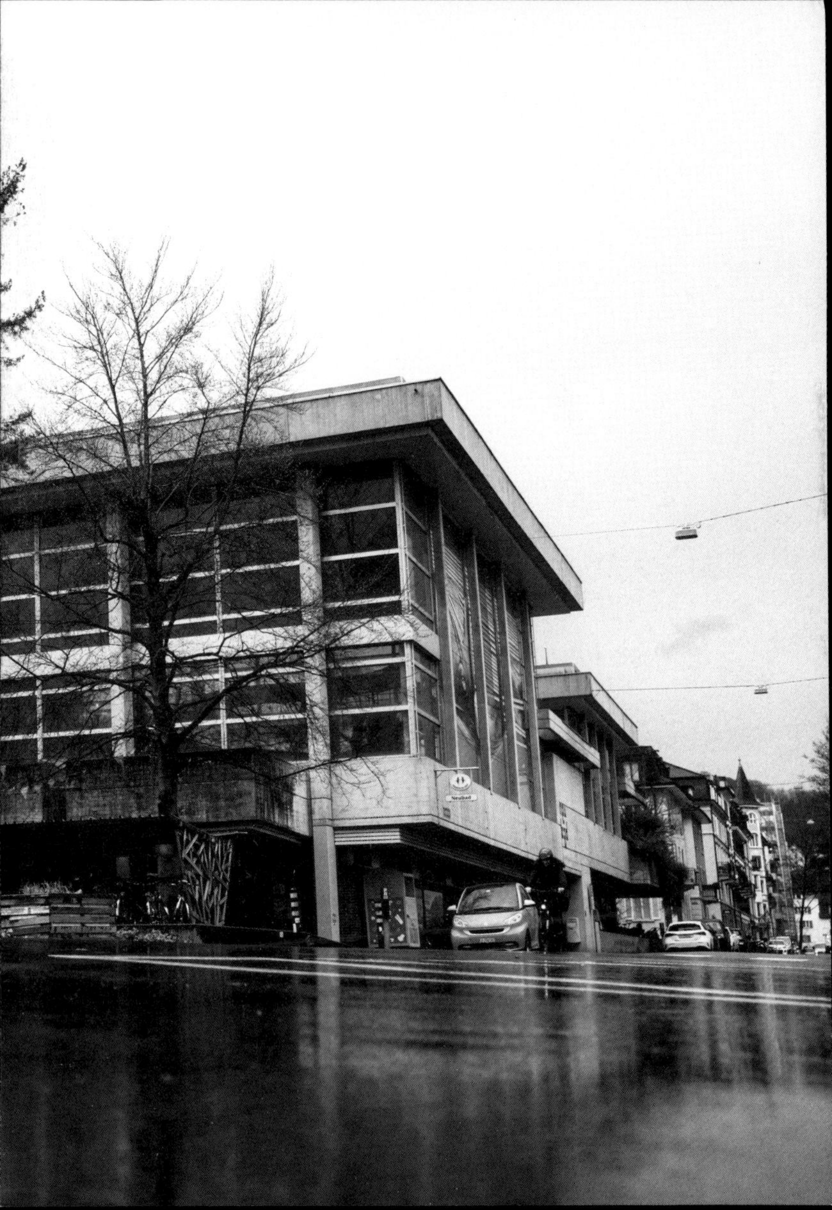
Neubad

Neu-plakat

In der schweizerischen Provinz, am Fuße malerische Berge, an einem ruhigen See, hat sich ein Biotop avantgardistischer Gestaltung gebildet. Das selbst ernannte Poster Town Luzern hat es geschafft, die Grenzen zwischen Kunst und Design zu verschmelzen und dabei ein zeitgenössisches Design-Phänomen zu kreieren. Die Rede ist von der Plakaten für das Kulturzentrum Neubad Luzern, die längst den Weg aus dem Tal heraus in alle Welt gefunden haben.

Die Plakate, die in minimalistischem Schwarz-Weiß gehalten sind, setzen nicht nur gegenwärtige Designtrends, sondern überschreiten spielerisch die Grenzen unserer Wahrnehmungsgewohnheiten. Durch progressive Illustration und experimentelle Typografie entstehen subkulturelle Codes auf hochkulturellem Niveau, die trotz ihrer künstlerischen Gewagtheit unprätentiös bleiben.

Poster anew

In the Swiss backwoods, at the foot of picturesque mountains, by a tranquil lake, a biotope of avant-garde design has formed. The self-proclaimed Poster Town Lucerne has managed to break down the boundaries between art and design, creating a contemporary design phenomenon in the process. We're talking about the posters for the Neubad Luzern cultural center, which have long since found their way out of the valley and into the world.

The posters, designed in minimalist black and white, are not just setting current design trends, but playfully transgress the boundaries of our perceptual habits. Progressive illustration and experimental typography create subcultural codes on a highly cultural level which, despite their artistic daring, remain unpretentious.

Die Neubad Blätter stehen in der Tradition des Schweizer Plakats, sind aber international konnotiert, da die Gestalter:innen aus ganz Europa kommen. Das Design der Neubad Plakate wagt sich einen Schritt weiter und bricht mit den Archetypen traditioneller Vorgänger. Der Verzicht auf Farbe und die experimentelle Typografie, die auch die Grenzen der Lesbarkeit touchiert, sind Merkmale, die auch in der Jugend- und Szenekultur zu finden sind. Dabei entsteht eine Synthese aus verschiedenen Stilen und Strömungen, die dem »Neubad Plakat« eine sehr eigene Ausstrahlung verleiht.

Das »Neubad Plakat« ist nicht nur Ausdruck zeitgenössischen Designs, sondern auch ein Statement gegen die optische Überflutung durch buntes Spektakel der Werbung und gegen die überreizende visuelle Verschmutzung der

Neubad prints belong to the tradition of the Swiss poster, but have an international connotation, as their designers come from all over Europe. The design of the Neubad posters ventures a step further and breaks with the archetypes of traditional predecessors. The renunciation of color and the experimental typography, which also touches the boundaries of legibility, are characteristics that can also be found in youth and scene culture. The result is a synthesis of different styles and currents, which gives the "Neubad Plakat" its very own charisma.

The "Neubad Poster" is not only an expression of contemporary design, but also a statement against the visual overload of colorful spectacle of advertising and against the overstimulating

Öffentlichkeit. Der öffentliche Raum bezieht hier
ausdrücklich den virtuellen Raum mit ein, da die
Werke eine starke Resonanz in den sozialen Medien
finden und dort geteilt und diskutiert werden.
Sie sind ein Beispiel für den Wandel der Medienland-
schaft und den Einfluss der sozialen Medien auf
die Kunst. Mit ihrer künstlerischen Gewagtheit
setzen sie ein Zeichen gegen die Banalisierung der
öffentlichen Wahrnehmung und bieten eine
alternative Ästhetik, die unsere Wahrnehmung und
unseren Geist anregt und aufregt.

In diesem Sinne kann man die Neubad-
Plakate auch als ein Beispiel für eine zeitgenössische
Kunstpraxis betrachten, die sich gegen
die Dominanz einer Konsum- und Massenkultur
auflehnt und eine visuelle Alternative schafft.
Dabei werden die Grenzen zwischen Kunst und
Design aufgehoben und es entsteht eine Synthese

visual pollution of the public sphere. Public space
here explicitly includes virtual space, as the works
resonate strongly on social media, where they are
shared and discussed. They exemplify the changing
media landscape and the influence of social
media on art. With their artistic daring, they make
a statement against the banalization of public
perception and offer an alternative aesthetic that
stimulates and excites our perception and spirit.

In this sense, the Neubad posters can also
be seen as an example of a contemporary art
practice that rebels against the dominance of a
consumer and mass culture and creates a
visual alternative. In doing so, the boundaries
between art and design are dissolved and a
synthesis of all imaging possibilities is created,

Fons Hickmann
Co-Herausgeber und
Grafik-Pool-Mitglied

aus allen Bildgebungsmöglichkeiten, die neue Aspekte der künstlerischen Ausdrucksformen eröffnet. Die Werke sind damit im positiven Sinne politisch, bleiben aber frei von jeglicher Ideologie.

Das »Neubad Plakat« ist ein ästhetisches Phänomen und Ausdruck eines gesellschaftlichen Wandels, der sich schon immer in Mode, Musik, Gestaltung also im Zeitgeist ausdrückt. Das Plakat ist mittlerweile ein wichtiges Medium in Sammlungen kluger zeitgenössischer Museen, es »passiert« jedoch schon vorher auf der Straße, an Hauswänden, in Clubs und im Internet. Es entsteht im alternativ-kulturell Raum (das Neubad ist in ein leerstehendes Hallenbad eingezogen) und »schwappt« heraus in die öffentliche und nun in internationale Aufmerksamkeit, indem es durch die digitalen Medien bereits geteilt, nun auch eigene Ausstellungen bespielt: Neuplakat.

opening up new aspects of artistic expression. The works are thus political in a positive sense, but remain free of any ideology.

The "Neubad Poster" is an aesthetic phenomenon and an expression of a social change that has always been expressed in fashion, music, design – in other words, in the zeitgeist. The poster is now an important medium in collections of astute contemporary museums, but it "happens" before that, on the street, on house walls, in clubs and on the Internet. It emerges in the alternative-cultural space (the Neubad moved into a vacant indoor swimming pool) and "spills out" into first a broader public and now international attention, by being shared through digital media, and more recently its own exhibitions: Neuplakat.

Fons Hickmann
co-editor and
Graphic Pool member

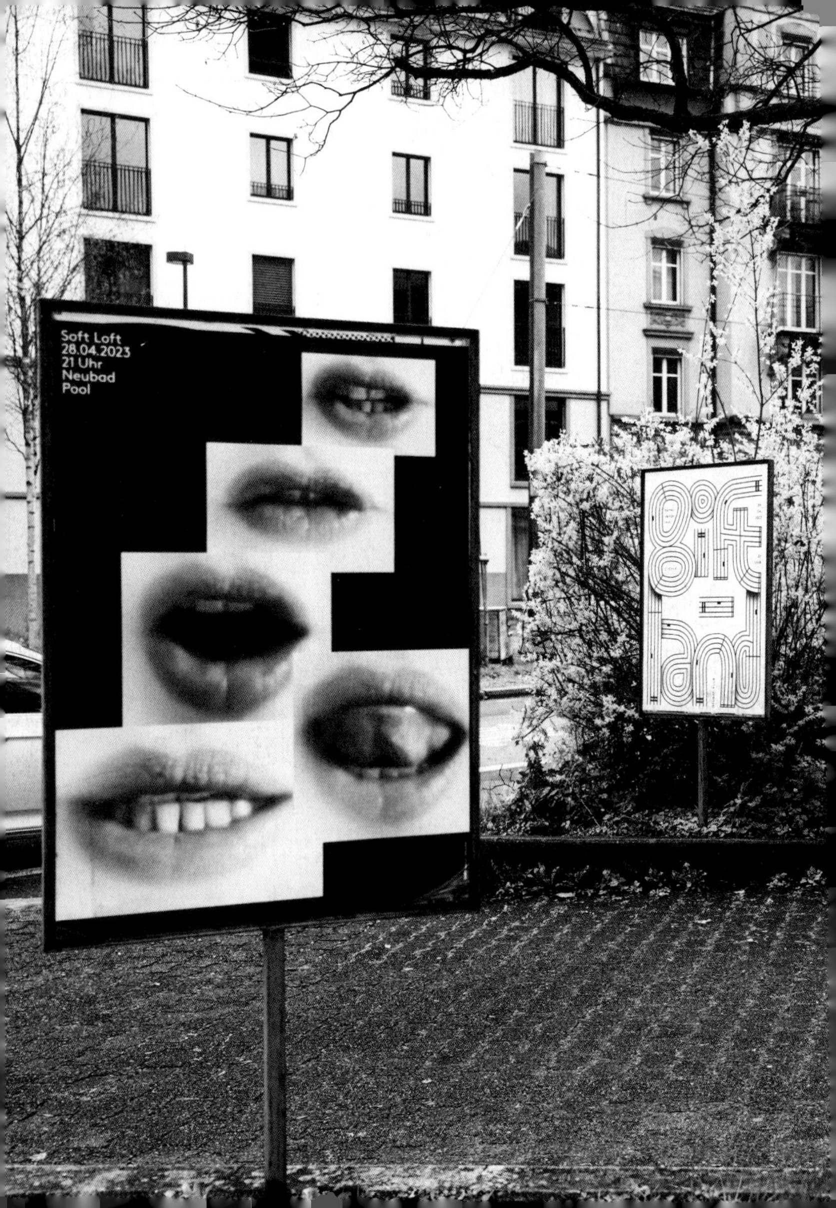
Soft Loft
28.04.2023
21 Uhr
Neubad
Pool

DER
KERN
DER
DINGE

Pro Bono Plakat

Am Beginn des Kulturzentrums Neubad Luzern stand das unglaubliche Engagement von unzähligen Ehrenamtlichen – dieser Pioniergeist ist noch heute spürbar. 2012 hatte die Stadt Luzern das ehemalige Städtische Hallenbad zur Zwischennutzung für die Kreativwirtschaft ausgeschrieben, woraus sich sofort ein großes Netzwerk aus den unterschiedlichsten Disziplinen bildete. Der Zeitpunkt war genau richtig, um mit der Luzerner Kreativ- und Kulturszene einen Ort zu realisieren, den es in dieser Form noch nicht gab.

Auch mich hat dieser Ort dazu inspiriert, einen Teil zum Gelingen beizutragen und das Neubad mit grafischen Projekten zu unterstützen. Mir war es wichtig, diesem Ort, der für die Luzerne Kreativszene steht, einen starken visuellen Auftritt zu geben. Außenstehende sollten auf den ersten Blick erkennen, dass das Wort »Neu« in »Neubad« kein leeres Versprechen ist.

Pro Bono Poster

From the beginning, the incredible commitment of countless volunteers laid the foundation of the Neubad Luzern cultural center – a pioneering spirit that can still be felt today. In 2012, the city of Lucerne had put the former municipal indoor swimming pool up for temporary use for the creative industries. Almost immediately a large network from a wide variety of disciplines immediately came together. The timing was just right to create a space for the creative and cultural scene in Lucerne – something that did not yet exist in this form.

I too was inspired to make a contribution to the success of this place and to support the Neubad with graphic projects. It was important to me to give this space, which stands for Lucerne's creative scene, a strong visual presence. Outsiders should recognize at first glance that the word "New" in "Neubad" is not an empty promise.

Nach den ersten Plakaten, die ich selbst oder in Zusammenarbeit mit Praktikant:innen gestaltete, wurde ich immer wieder von befreundeten Grafiker:innen gefragt, ob sie auch mal ein Plakat fürs Neubad machen dürften. Da meine Kapazitäten beschränkt sind und das Neubad immer mehr Eigenveranstaltungen organisierte, war ich froh, auf diese Weise der hohen Nachfrage nach neuen Plakaten nachkommen zu können. Schnell hat sich das Ganze verselbständigt. Ohne jemals aktiv diese Pro-Bono-Arbeit bei meinen Kolleg:innen forciert zu haben, gestalten mittlerweile über 100 professionelle Grafikstudios ehrenamtlich Plakate für das Neubad.

Um meinen Zeitaufwand möglichst gering zu halten und nicht als Kurator fungieren zu müssen, wurden die einzelnen Plakatprojekte mittels Doodle-Umfrage dem Grafik-Pool zugespielt. Wer am schnellsten war, durfte für

After the first posters, which I designed myself or in collaboration with interns, I was repeatedly asked by graphic designer friends if they could design a poster for the Neubad. Since my capacities are limited and the Neubad is organizing more and more of its own events, I was happy to be able to meet the high demand for new posters in this way. Soon the whole thing took on a life of its own. Without ever having actively pushed this pro bono work on my colleagues, more than 100 professional graphic studios now design posters for the Neubad on a voluntary basis.

In order to minimize time spent on my part and to avoid having to act as curator, the individual poster projects were fed into the graphics pool via a Doodle poll. Whoever was the fastest was allowed to design the poster for his favorite band or for his favorite event.

seine Lieblingsband oder für seine Lieblingsveranstaltung das Plakat gestalten. Diese Vorgehensweise wird auch heute noch direkt via Neubad praktiziert.

Dass sich Leute fast aufdrängen, um kostenlos Plakate gestalten zu dürfen, hat mich ziemlich überrascht. Die gestalterische Freiheit trägt sicher einen wesentlichen Teil zu diesem Hype bei. Kein Kunde, der sagt: »Make the Logo bigger« Ich kannte diese Freiheit bereits von eigenen Projekten. Einfach machen zu dürfen und nicht zu sehr hinterfragen, ob das Resultat letztendlich funktioniert, ist der ultimative Spielplatz für Plakatschaffende.

Beeindruckend ist die konstant hohe Qualität der Plakate, was sich regelmässig in diversen Plakatwettbewerben bestätigt. Maximale künstlerische Freiheit im Design führt offenbar zu den innovativsten Ergebnissen. Selbstzensur aber auch Kundenvorgaben verhindern überraschende

This procedure is still practiced today directly via Neubad.

The fact that people are practically pushing themselves up to be allowed to design posters for free has surprised me quite a bit. The creative freedom certainly contributes significantly to this hype. There is no client who says, "Make the logo bigger." I was familiar with this freedom from my own projects. Just being allowed to design and not questioning too much whether the result will work in the end is the ultimate playground for poster creators.

The consistently high quality of the posters is impressive, as regularly confirmed in various poster competitions. Maximum artistic freedom in design obviously leads to the most innovative results. Self-censorship but also customer specifications prevent surprising results. Posters

Erich Brechbühl
Co-Herausgeber und Gründer
des Neubad Grafik-Pools

Resultate. Das Plakat ist nicht das einzige Werbemedium des Neubads. Aber sie helfen entscheidend mit, den innovativen Geist des Neubads nach außen zu tragen. Zusätzlich ist wohl auch ein wertschätzender Wettstreit unter den Grafikstudios ein wichtiger Treiber für ausdrucksstarke Plakate: Niemand will mit Blick auf die anderen ein schwaches Plakat für das Neubad abgeben.

Für die Neubad-Plakatreihe ist kein Ende in Sicht. Über die weitere Betriebsdauer, die ursprünglich auf vier Jahre ausgelegt war, wird momentan mit der Stadt Luzern verhandelt. Falls sich die Verantwortlichen dazu durchringen, aus der Zwischennutzung eine unbeschränkte Nutzung zu machen, können wir uns noch auf viele spannende Plakate freuen. Auch der Bestand des Grafik-Pools ist nicht gefährdet: Ich bekomme regelmäßig neue Anfragen von herausragenden Grafikstudios, die gerne ab und an mal ein Plakat für das Neubad gestalten möchten.

are not the only advertising medium of the Neubad. But they help decisively to carry the innovative spirit of the Neubad outwards. Also, an appreciative competition among the graphic studios is probably an important driver for expressive posters: No one wants to submit a weak poster for the Neubad with an eye on the others.

There is no end in sight for the Neubad billboard series. Negotiations are currently underway with the city of Lucerne about the further operating period, which was originally planned for four years. If those responsible decide to turn the temporary use into unlimited use, we can look forward to many more exciting posters.
The existence of the graphics pool also remains unaffected: I regularly receive new inquiries from outstanding graphic studios that would like to design a poster for the Neubad from time to time.

Erich Brechbühl
co-editor and founder of the
Neubad Graphic Pool

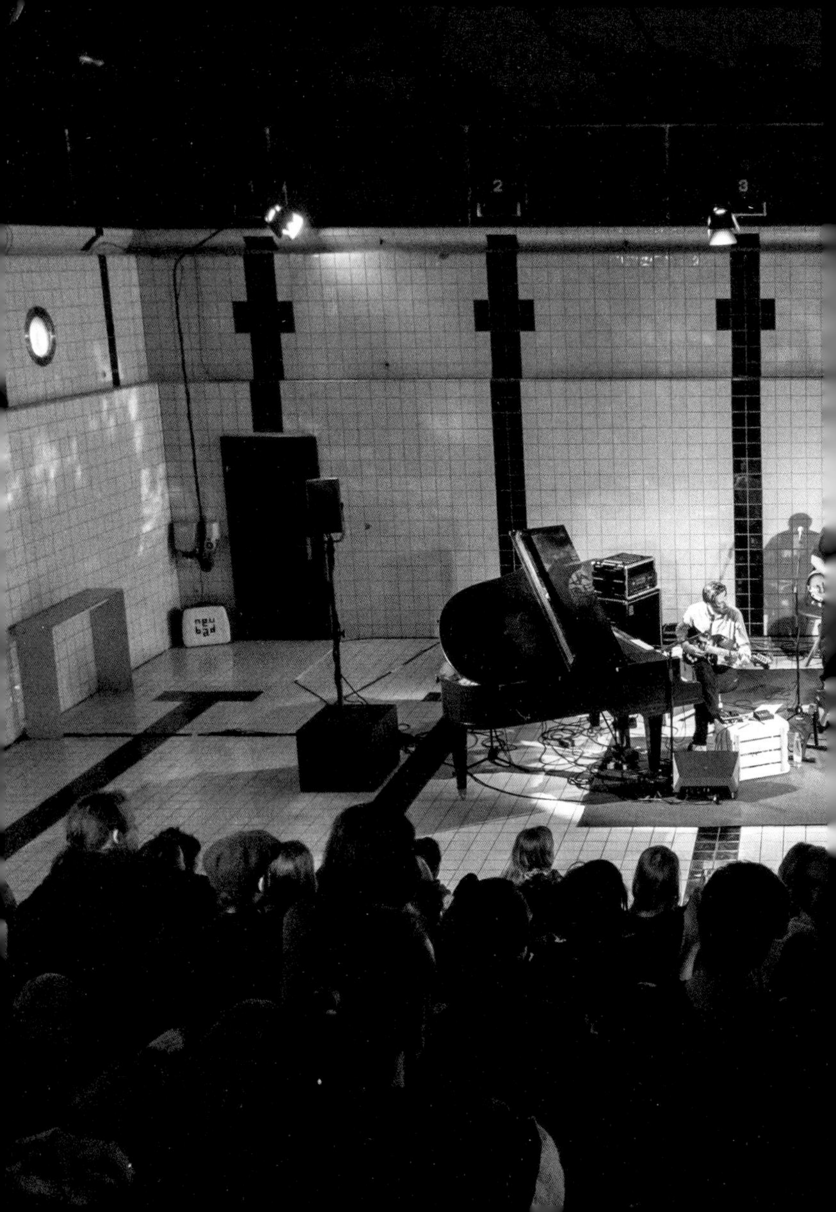
1
2
3

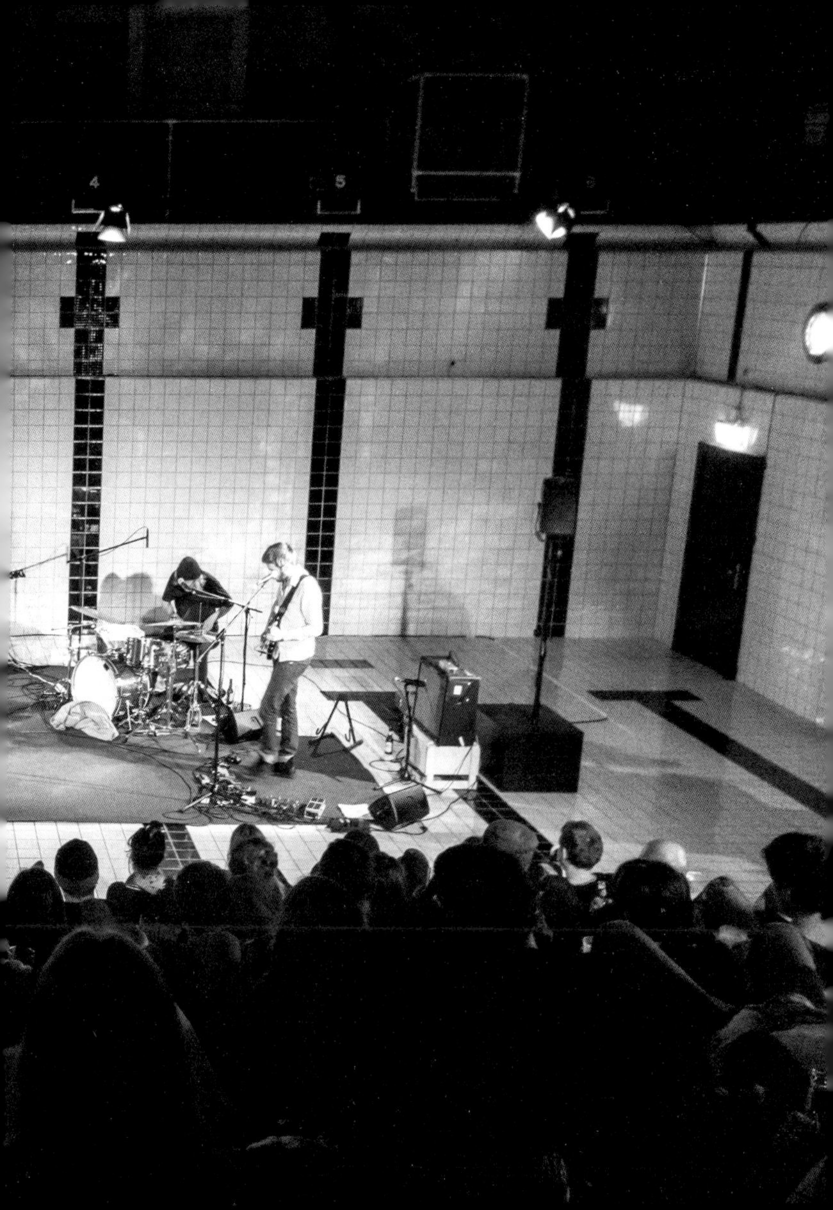
4
5

Mut zum Risiko

Die Angst des Veranstalters vor dem unlesbaren Plakat. Ja, liebe Menschen des Neubad-Grafik Pools, dieser Zustand kam durchaus vor während meiner Zeit als Programmleiter. Dazu gab es kritische Fragen hinter vorgehaltener Hand: Wieso genau gebt ihr Geld aus für Plakate, die niemand lesen kann? Wieso braucht ihr keine Farben? Ist dieses Konzept nicht etwas abgehoben? Ich war offen gestanden verunsichert, ob der Plan langfristig aufgeht.

Schon bei meinen ersten Konzerten, die ich als Zwanzigjähriger in einem Vorort von Luzern veranstaltete, war mir der grafische Auftritt wichtig: Ich hatte bereits damals von jeder Veranstaltung ein inneres Bild vor Augen: Sound, Raumatmosphäre, Publikum, Stimmung. Wenn das Plakat dann meine Vorstellung

A bold move

The promoter's fear of the unreadable poster. Yes, dear people of the Neubad-Grafik Pool, this situation did occur during my time as program director. There were critical questions behind closed doors: Why exactly do you spend money on posters that nobody can read? Why exactly don't you need colors? Isn't this concept a bit out of touch? Frankly, I wasn't sure whether the plan would work out in the long run.

Even at my first concerts, which I organized as a twenty-year-old in a suburb of Lucerne, visual presentation was important to me. As early as then, I had an image of each event in my mind's eye: sound, room atmosphere, audience, mood. When the poster reflected that vision, I was exhilarated and looked

widerspiegelte, war ich beseelt, freute mich umso mehr auf den Anlass und konnte mich auch Jahre später dank des Plakates an dieses Gefühl erinnern.

Weil die meisten Veranstalter:innen nicht gleichzeitig auch noch gestalten können, sind wir den Grafiker:innen auf Gedeih und Verderb ausgeliefert. Das klingt dramatischer als es ist. Das gemeinsame Nachdenken über den grafischen Auftritt, das Entwickeln neuer Gestaltungskonzepte und die Freude über gelungene Grafik, gehört zu den schönsten Seiten des Jobs als Kulturveranstalter. Aber es geht eben nicht immer auf – manchmal bildet die Grafik nicht dieses innere Bild ab. Dann braucht es Kompromisse und den Glauben daran: Das nächste Plakat flasht mich wieder.

orward to the event all the more. Even years later, hat poster would take me back to that feeling.

Because most organizers can't be designers t the same time, we are at the mercy of the graphic esigners. That sounds more dramatic than it is. eflecting together on the graphic design, developng new design concepts and the joy of creating xcellent graphics is one of the best parts of the ɔb as a cultural event organizer. But it doesn't lways work out – sometimes the visuals don't reflect our inner picture. Then you have to make compromises and believe that the next poster will inspire ou again.

The chances of achieving these "wow" moments increase with mutual trust and a good

Die Chancen auf Flash-Momente steigen mit gegenseitigem Vertrauen und einer gehörigen Portion Mut zum Risiko. Ohne den Glauben an Erich Brechbühls Vision des Grafik-Pools, hätte ich mich damals nicht auf dieses Wagnis eingelassen. Sein Enthusiasmus war ansteckend und seine Reputation verhalf der Idee schnell zum Durchbruch. Mit Dominic Chenaux saß zudem ein gelernter Grafiker auf dem Neubad Chef-Sessel, der die Idee von Anfang an leidenschaftlich unterstützte. Meine Skepsis verflog mit den ersten großen Würfen. Das Max Küng Plakat von Isabelle Mauchle → 27, das Trio Schmetterling Plakat von Studio Peng Peng → 12, das Still & Dunkel Plakat von Amadeus Waltenspühl und Kaj Lehmann → 66 oder die Jubiläumsplakate von Erich Brechbühl → 34, 240, 297, sorgten für diesen speziellen Wow-Effekt.

dose of courage to take risks. Had I not believed in Erich Brechbühl's vision of the graphic pool, I would not have taken the plunge at that time. His enthusiasm was contagious and his reputation quickly helped bring the idea to fruition. Moreover, Dominic Chenaux, a trained graphic designer, sat in the Neubad boss's chair and passionately supported the idea from the very beginning. My skepticism evaporated with the first big throws: The Max Küng poster by Isabelle Mauchle → 27, the Trio Schmetterling poster by Studio Peng Peng → 12, the Still und Dunkel poster by Amadeus Waltenspühl and Kaj Lehmann → 66, or the anniversary posters by Erich Brechbühl → 34, 240, 297, created that special wow effect.

Natürlich, es gab auch Arbeiten, die im Veranstaltungsteam Diskussionen und weniger Freudentänze auslösten. Aber mit jedem eingereichten Plakat wuchs die Überzeugung, mit unseren Veranstaltungen einen Teil zu einem großartigen Langzeit-Projekt beizutragen. Lesbarkeit, Schwarz-Weiß Korsett, Avantgarde – diese Stichworte sorgen wohl immer noch für kontroverse Diskussionen beim Publikum. Aber genau dieser Diskurs außerhalb der eigenen Bubble darüber, was Grafik soll und darf, ist einer der bedeutenden Nebeneffekte dieses Projektes.

Wenn ich mir heute die neuen und alten Neubad-Plakate anschaue, wird einiges ausgelöst: Neugier, Überraschung, Irritation, Nostalgie und Dankbarkeit. Und große Freude darüber, dass der Plan aufgegangen ist.

Urs Emmenegger
Neubad-Programmleiter von 2014 bis 2020, heute Mitglied der Geschäftsleitung im »PROGR – Zentrum für Kulturproduktion« Bern.

Of course, some works didn't spark dances of joy, but instead raised discussions in the event team. However, with every poster submitted, our conviction grew that the events were contributing to a great long-term project. Legibility, black and white, avant-garde – these keywords probably still cause controversial discussions among the audience. But precisely this debate about what design should and can be beyond one's own bubble is one of the many important side effects of this project.

When I look at the new and old Neubad posters today, a number of things come to mind: Curiosity, surprise, irritation, nostalgia, and gratitude. Along with great joy that the plan has worked out.

Urs Emmenegger
Neubad program director from 2014 to 2020, today a member of the executive board at "PROGR – Center for Cultural Production" in Bern.

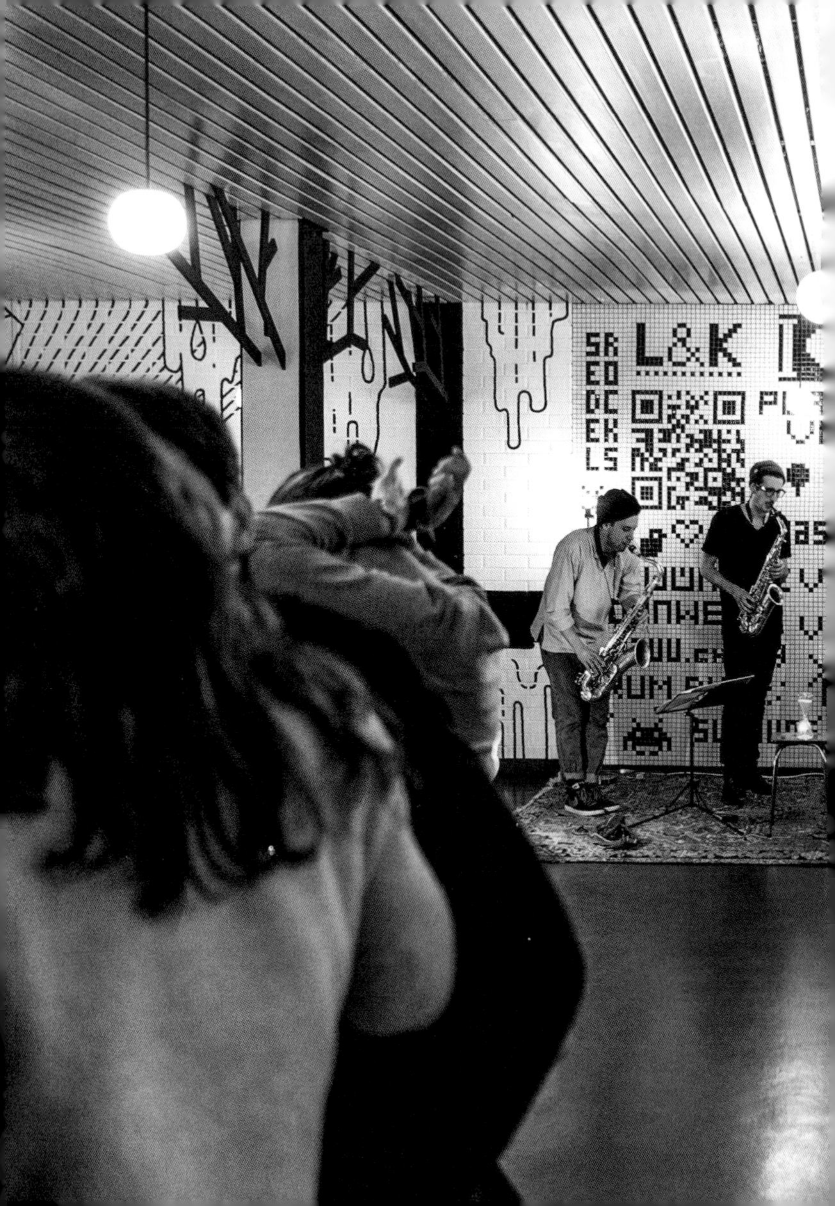
L&K

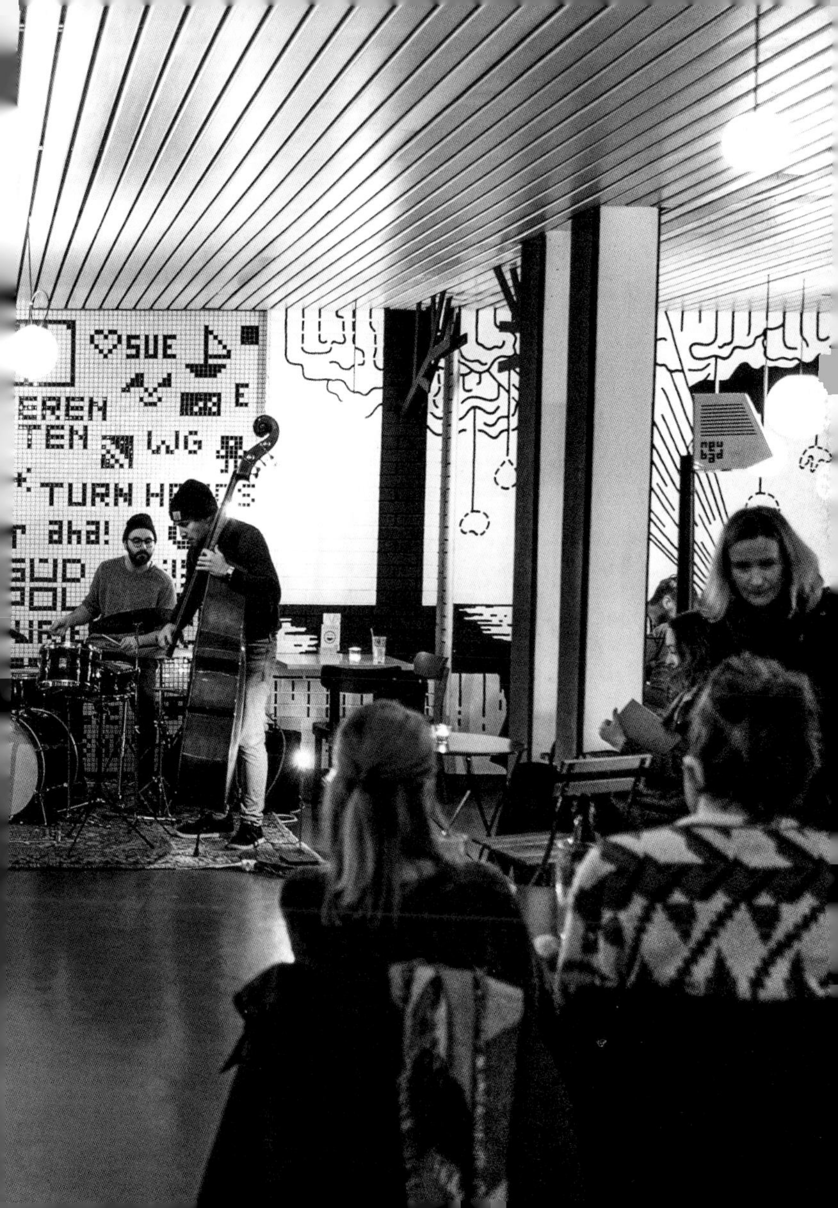
SUE
WG
aha!

Tauchgänge

Immer wieder tauche ich ein in den Grafik-Pool. Ich streife mir die schwarzweiße Brille über. Gedanken zur Farbwahl schenke ich mir. Auch die zu verwendende Schrift ist seit Jahr und Tag die gleiche. Soviel ist klar. Das sind die Vorgaben. Beim Rest tobe ich mich aus. Als wäre ich Teil eines großen gestalterischen Forschungsprojekts, suche ich weiter nach Möglichkeiten. Ich bin Schwimmerin, tauche nach Ausdrucksweisen, hole Luft, während die nächste ins Becken springt. Ich schaue den anderen zu, betrachte ihre Bewegungen und lerne. In Teamarbeit bewältigen wir die Flut an Veranstaltungen, die alle im gleichen Kosmos stattfinden und kommuniziert werden wollen.

Der Lustfaktor, ein Teil dieses Projekts zu sein, ist groß. Alle paar Wochen werden die Aufträge unter immer mehr Gestalter:innen verteilt. First come, first served. Als der Grafik-Pool noch eine Badewanne war, funktionierte das so: Ich floatete relativ planlos durchs Neubad, traf in irgendeiner Zwischenetage auf den damaligen Veranstalter

Deepdives

Time and again I dive into the graphic pool. I slide on my black and white glasses. I don't think about color-choice. Even the typeface I use has been the same for years. This much is clear. These are the guidelines. As for the rest, I let myself go wild. I keep looking for possibilities as if I were part of a large design research project. I'm a swimmer, diving for expressions, catching my breath as the next one jumps into the pool. I watch the others, contemplate their movements, and learn. Working as a team, we manage the flood of events that all take place in the same cosmos and want to be communicated.

The fun factor of being a part of this project is enormous. Commissions are distributed among an increasing number of designers every few weeks. First come, first served. When the graphic pool was still a bathtub, it worked like this: I floated relatively haphazardly through the Neubad, met the then organizer Urs Emmenegger on a mezzanine

Urs Emmenegger, der mir mitteilte, dass gerade Max Küng für eine Lesung im Neubad zugesagt habe und es dafür noch ein Plakat brauche. Fix. Gerne. Das war mein Erstes →27. Als Lohn durfte ich meine Kopierkarte aufladen. Fürs Nächste gab es ein Mittagessen. Heute werden die Gutscheine fein säuberlich per Post nach Hause geschickt. Nice. Aber so richtig wichtig war das Honorar bei diesem Job noch nie.

Wir wollen gestalten. Ausprobieren. Mitentwickeln. Dabei sein und forschen. Entstanden ist eine visuelle Sprache, die vielfältiger nicht sein könnte und dennoch unverkennbar geworden ist. Entwickelt aus individuellen Herangehensweisen, aus tausenden Entscheidungen, aus Lust, Widerspruch und aus einer unendlichen Zahl an sich immer wieder wandelnden Perspektiven der Gestaltenden. Im Divers-Sein verstehen wir uns. Und wenn die Plakate dann nebeneinander an den Säulen vor dem Eingang des Neubads hängen, sehe ich: auch die Plakate verstehen einander.

floor, who told me that Max Küng had just confirmed a reading at the Neubad and that a poster was needed. Quickly. Sure. That was my first one →27. As a reward, I was allowed to charge my copy card. There was lunch for the next one. Today, the vouchers are sent home neatly by mail. Nice. But the fee has never really been that important in this job.

We want to design. Experiment. Collaborate. Participate and explore. The result is a visual language that could not be more diverse and yet has become instantly recognizable. Developed from individual approaches, from thousands of decisions, from joy, contradiction and from an infinite number of ever-changing perspectives from the designers. In being diverse we understand each other. And when the posters then hang side by side on the pillars in front of the entrance to the Neubad, I realize: the posters also understand each other.

Auf dem Vorplatz stehen sie einander gegenüber und bilden eine Art Allee im Großformat. Anfänglich fehlte das Personal, um die großen Plakate auf die maßgefertigten Plakatständer zu kleistern. So stürzte ich mich alle paar Wochen in meine Arbeitshosen und tränkte die großen Bögen in eine schleimige Soße, um dann eigenhändig die Luftblasen aus den neusten Motiven zu streichen und mit einem trockenen Lappen den Plakaten den letzten Schliff zu geben.

Die Neubadplakate bilden ab, was im Haus passiert. Und sie sind es auch, die eine erste Vorstellung dessen vermitteln, was in Zukunft passieren kann. Konkret in diesem Haus, in Luzern, aber auch darüber hinaus. Sie zeigen, dass sich hinter dieser Tür ein großes Ganzes verbirgt. Zuweilen kryptisch und schlicht, manchmal zart und leise, laut schreiend und wild. Die visuelle Sprache ist soweit gereift, dass ich glaube sagen zu können: Hier ist eine Vision entstanden. Nicht nur in der Gestaltung. Vor allem in der Art, wie die

The posters are displayed opposite each other in the courtyard, forming a kind of avenue in large format. Initially, there was a lack of staff to paste the large posters onto the custom-made poster stands. So every few weeks, I would throw on my work pants and soak the large sheets in a slimy mixture. Then I would single-handedly wipe the air bubbles out of the latest motifs and use a dry rag for the finishing touches.

The Neubad posters represent what is happening inside the building. Indeed, it is they that convey an initial idea of what may happen in the future. Specifically in this building, in Lucerne, but also beyond. They show that these doors conceal a greater truth. Sometimes cryptic and simple, sometimes delicate and quiet, shouting loud and wild. Their visual language has matured to the point where I think I can say: A vision has been created here. Not only in the design. Above all in the way the

Isabelle Mauchle
Grafik-Pool-Mitglied der
ersten Stunde

Arbeiten ineinander greifen und zusammen wirken. Wir arbeiten als grosses Team daran, das Neubad als lebendigen, utopischen und manchmal kreativ überbordenden Ort abzubilden, zusammenzuhalten und neu zu formen. So wächst es. So wuchern wir.

Gerade habe ich den verklebten Eimer abgewaschen, als mich die Email von Dan erreicht: »Hi, I really love your poster for the AgarAgar concert at Neubad →168. Could you please send me a print to Vancouver, Canada? This would be wonderful! Thank you.« Ich kann. Weil es schön ist, wenn am anderen Ende der Welt ein bisschen Neubad hängt. Wenn Dans Freund:innen am Küchentisch sitzen, sehen sie ein Plakat, das für ein Konzert in einem Pool ohne Wasser gestaltet wurde. Wenn sie jedoch mitverfolgen, was im Neubad passiert, werden ihnen vielleicht auch all die Plakate zuzwinkern, die davor und danach entstanden sind. Inspiriert von der Idee, gemeinsam etwas zu schaffen und von der Freude, immer wieder aufs Neue einzutauchen.

Isabelle Mauchle
Graphic Pool member
of the first hour

works interlock and work together. Antagonism is left at the door. Instead, we continue to collaborate as a bigger team to portray, hold together, and reshape Neubad as a vibrant, utopian, and sometimes creatively effusive place. That's how it grows. That's how we thrive.

I just cleaned the goo off the bucket when I got the email from Dan: "Hi, I really love your poster for the AgarAgar concert at Neubad →168. Could you please send me a print to Vancouver, Canada? This would be wonderful! Thank you." I can. Because it's nice to have a bit of Neubad hanging on the other side of the world. When Dan's friend:s sit at the kitchen table, they see a poster designed for a concert in a pool without water. But if they follow what's happening at Neubad, they might also wink at all the posters that came before and after it. Inspired by the idea of creating something together and by the joy of diving in again and again.

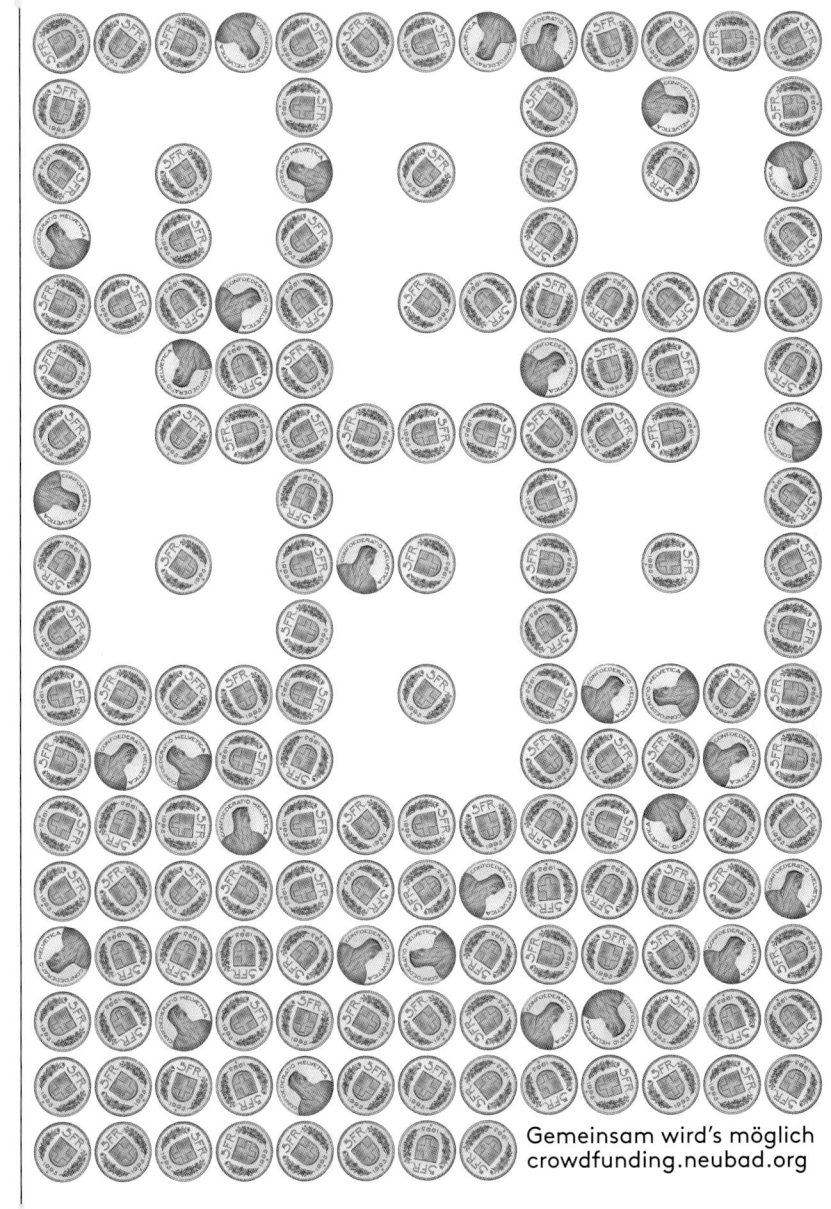

Gemeinsam wird's möglich
crowdfunding.neubad.org

Jeden Freitag

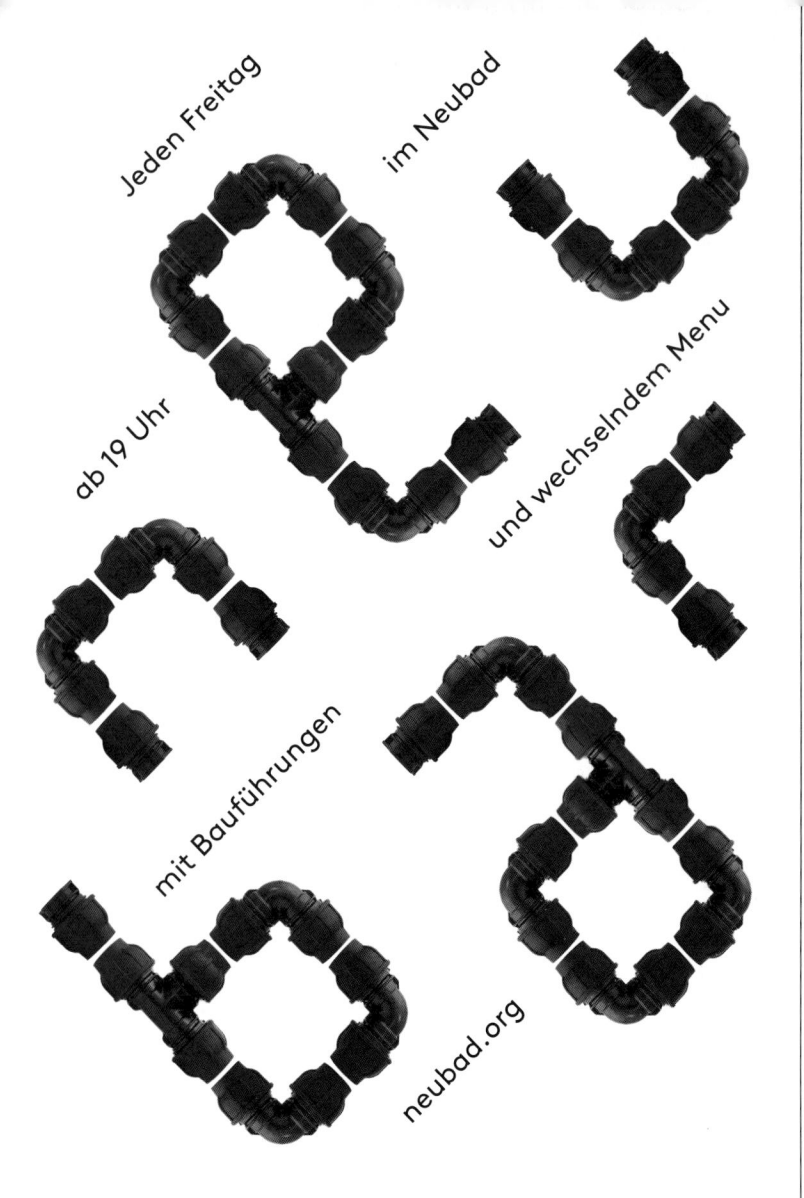

im Neubad

ab 19 Uhr

und wechselndem Menu

mit Bauführungen

neubad.org

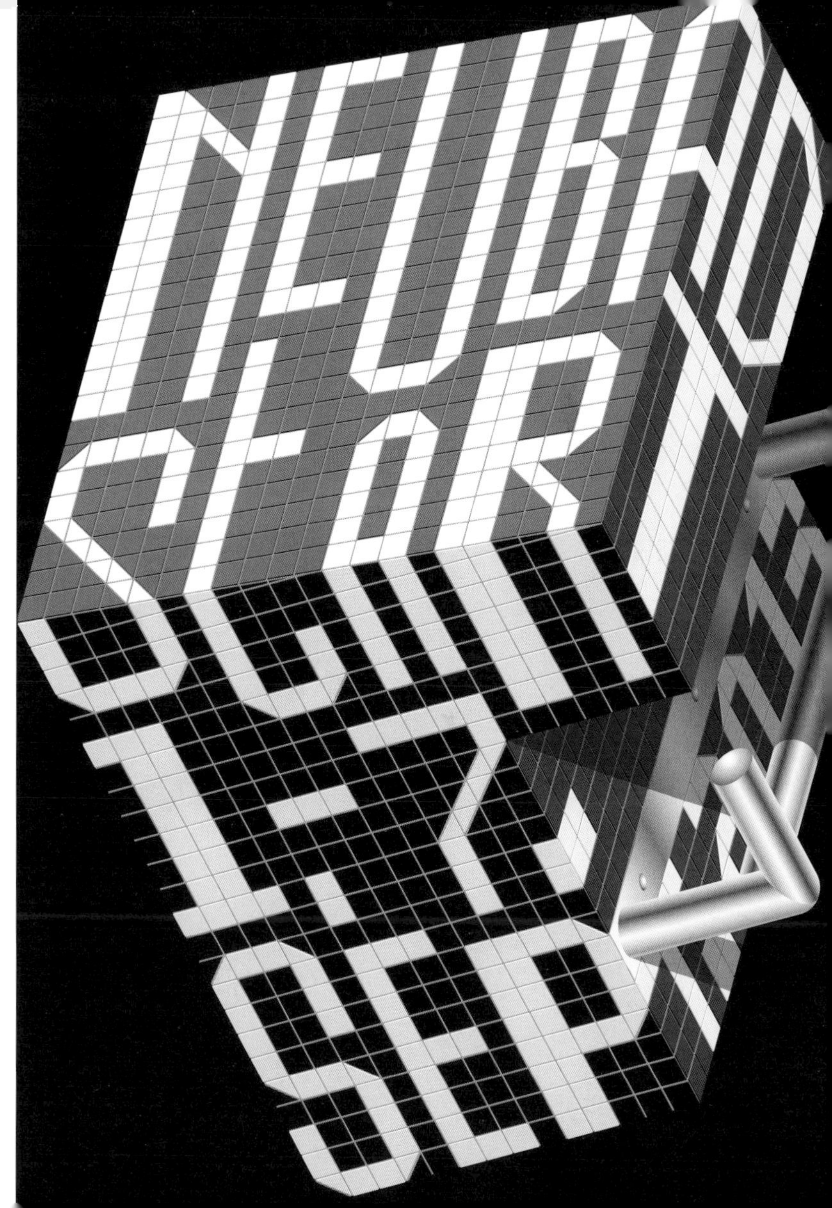

3. JAN. NEUBAD

WISSENSCHAFTS CAFÉ

YAMAN OJAK

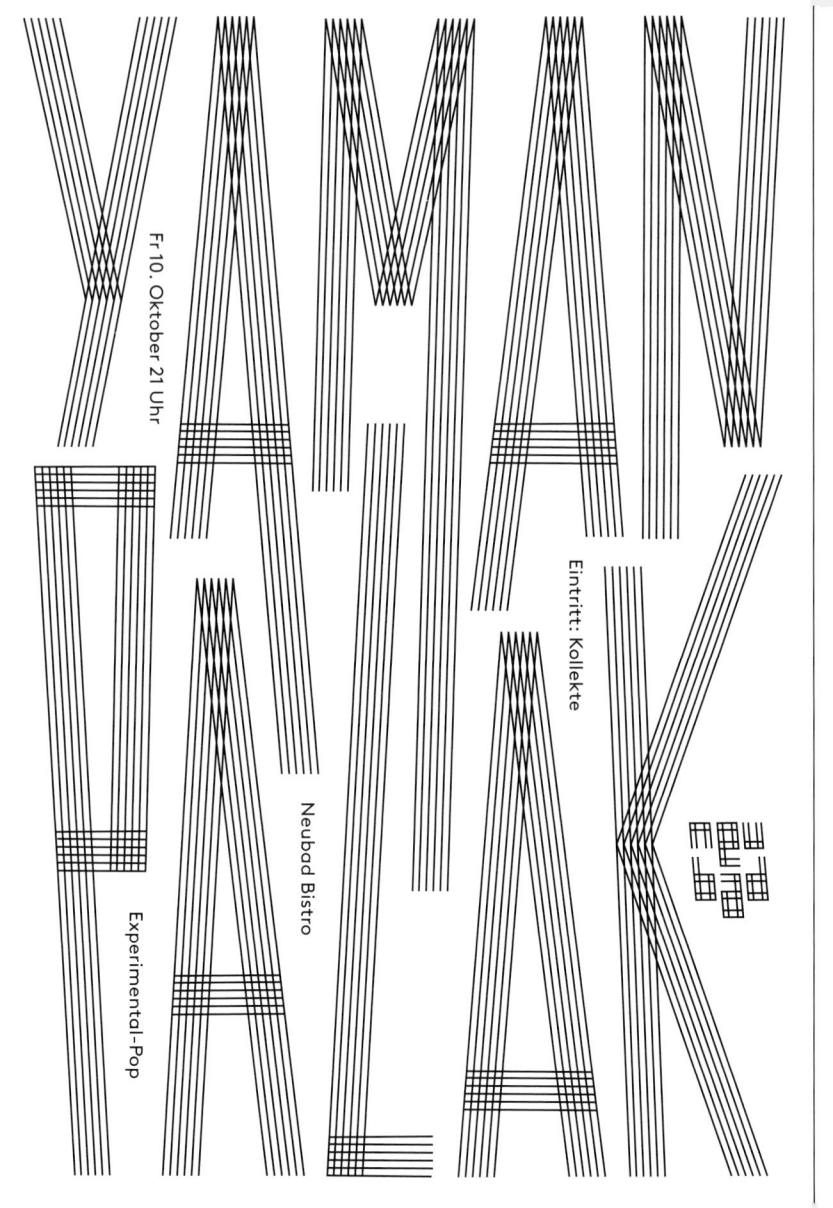

Fr 10. Oktober 21 Uhr

Eintritt: Kollekte

Neubad Bistro

Experimental-Pop

Silence of the Dance

STRANDGUT ROHMARKT

neubad

Immer am 3. Sonntag im Monat

Info/Anmeldung:
neubad.org/strandgut
www.neubad.org

Klangwelle präsentiert

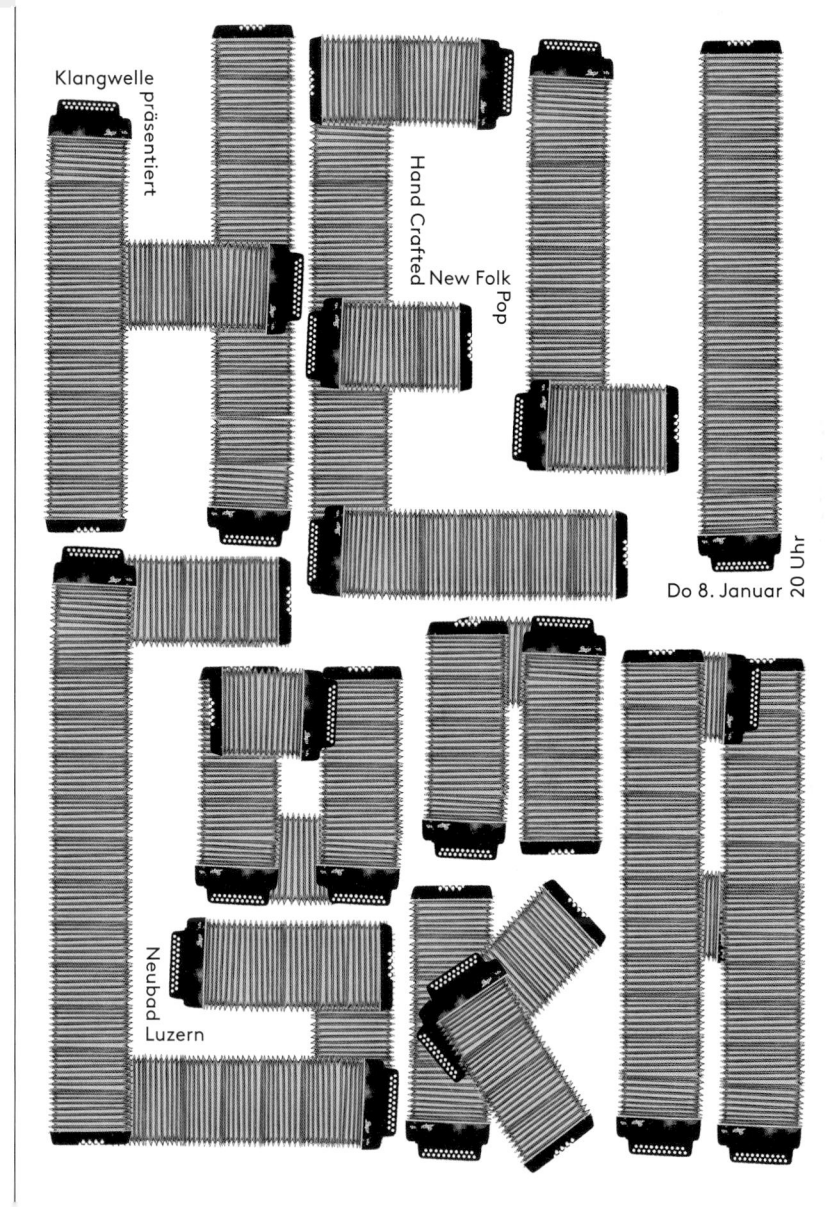

Hand Crafted New Folk Pop

Do 8. Januar 20 Uhr

Neubad Luzern

Jeden 2. Mittwoch
im Monat, 19–23 Uhr
14.1. / 11.2. / 11.3. /
8.4. / 13.5. / 10.6. / 8.7.

Burger & Klavier

neubad

Feine Bürger und Klavier für Bier: Spiel Klavier – wir spendieren Dir Bier!

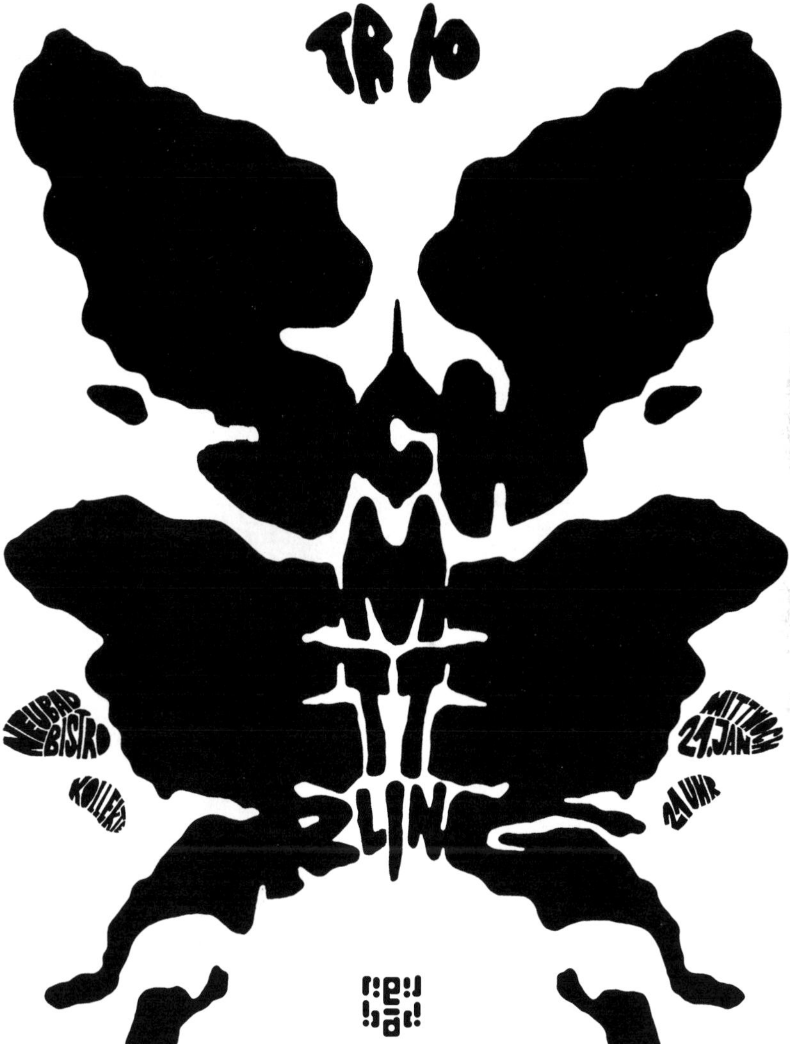
TRIO
NEUBAD
BISTRO
KOLLEKTE
MITTWOCH
21. JAN
21 UHR

WORKSHOP ORCHESTRA PRESENTS WILSON'S BY C.W. FEB PP

NEUBAD

BENEFIZ
NZNZNZ

6. FEB
23 UHR

SCHÜÜR

KUNTERBUNT

Dave Eleanor – Live (Hula Honeys)

NEUBAD

Ducks on Repeat (Neustadtmusik)

DO 12. FEB

22–5 UHR

Ramin (GMCA/WuzzTäzz)

EINTRITT FREI

Talin (Stromstoss)

Neubad
Pool

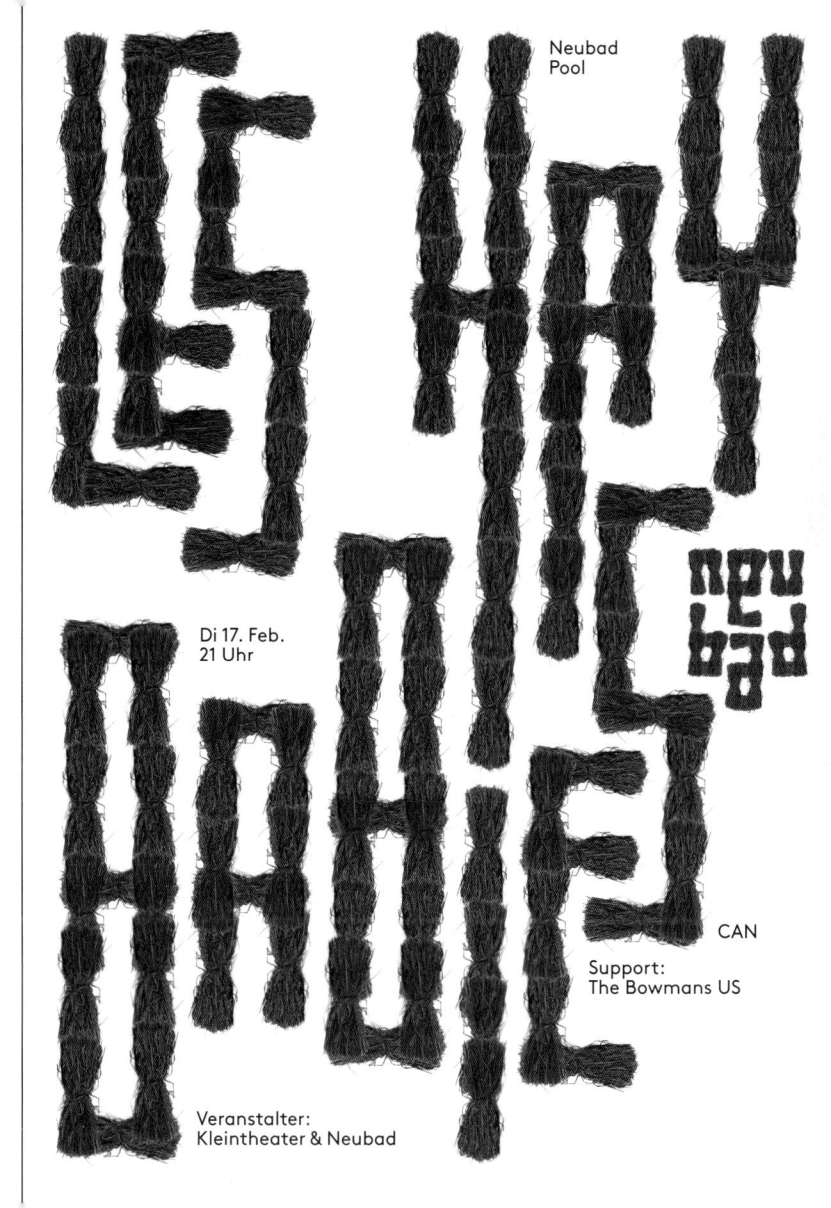

Di 17. Feb.
21 Uhr

neubad

CAN

Support:
The Bowmans US

Veranstalter:
Kleintheater & Neubad

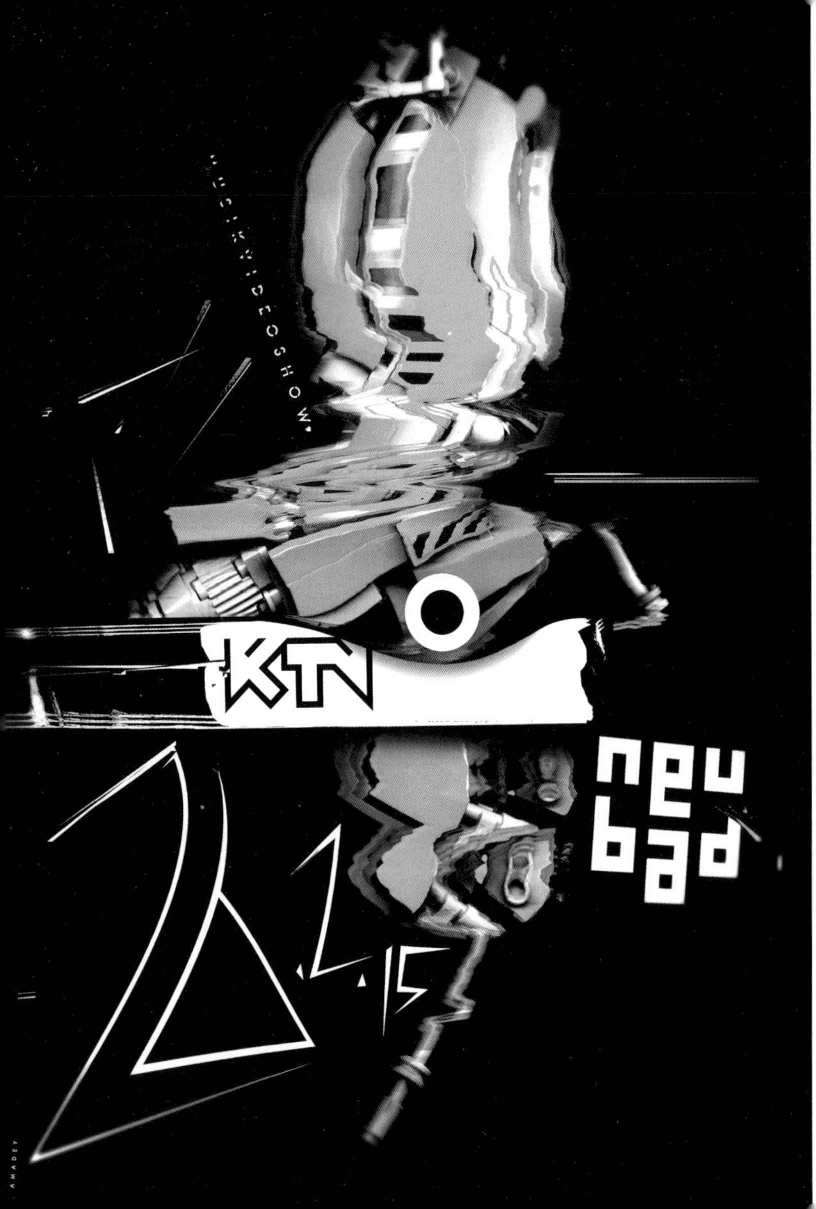
MUSIKVIDEOSHOW
KTV
neubad
AMADEY

Philipp Leon

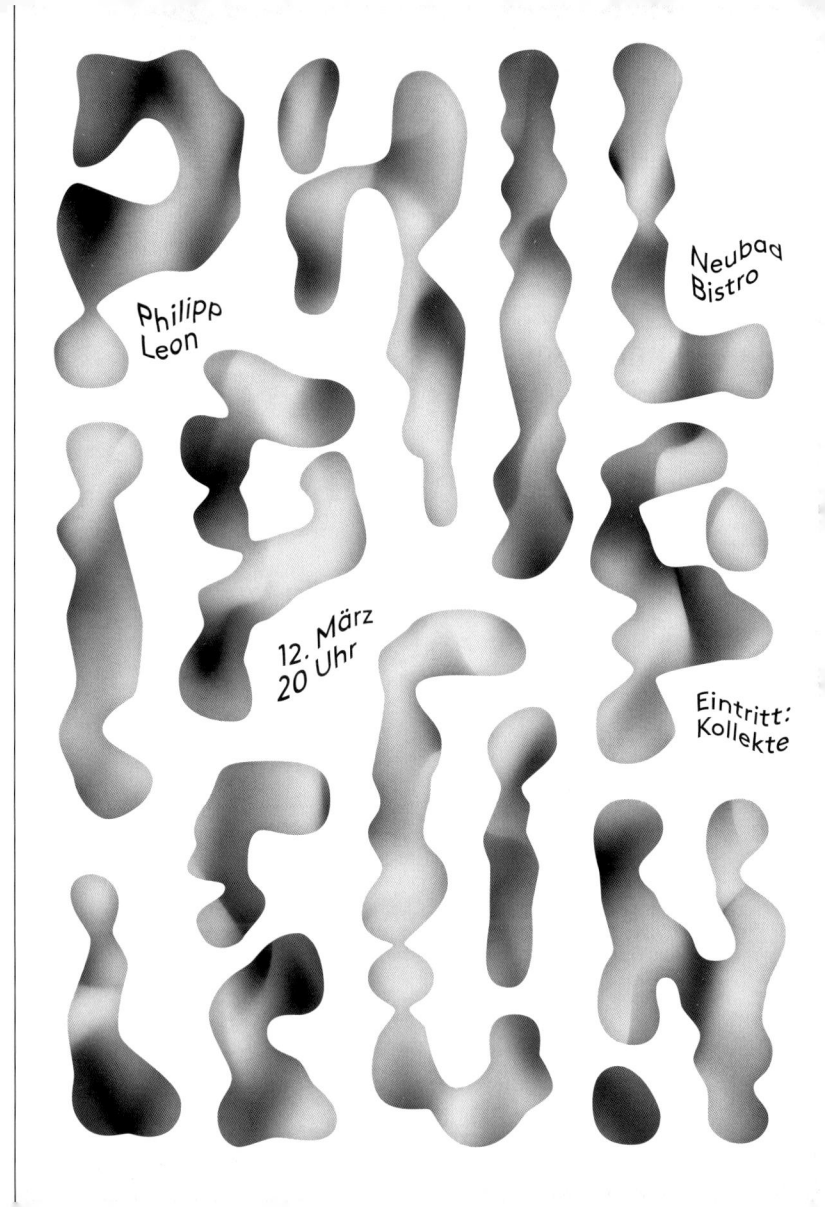

Neubad Bistro

12. März
20 Uhr

Eintritt:
Kollekte

KTV 17.3. NEUBAD

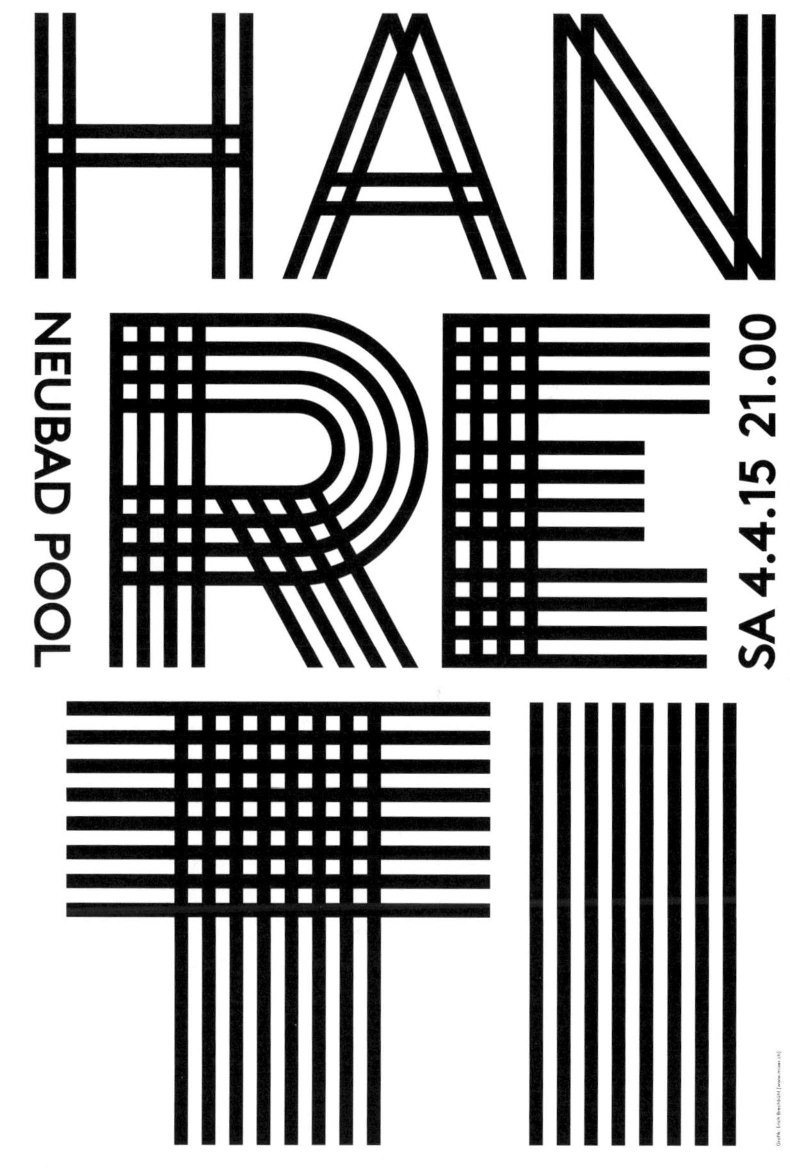

HAN
RE
TI
NEUBAD POOL
SA 4.4.15 21.00
Grafik: Erich Brechbühl [www.mixer.ch]

PALIN+PANZER

DI 7.4.15
20.00

NEUBAD
BISTRO

GOLDT
GOLDT
SCHADE UM DIE
SCHÖNE VERSCHWENDUNG
9. April 2015, 20 Uhr
Neubad Luzern

SCHWEIZER HOLZ TRIO

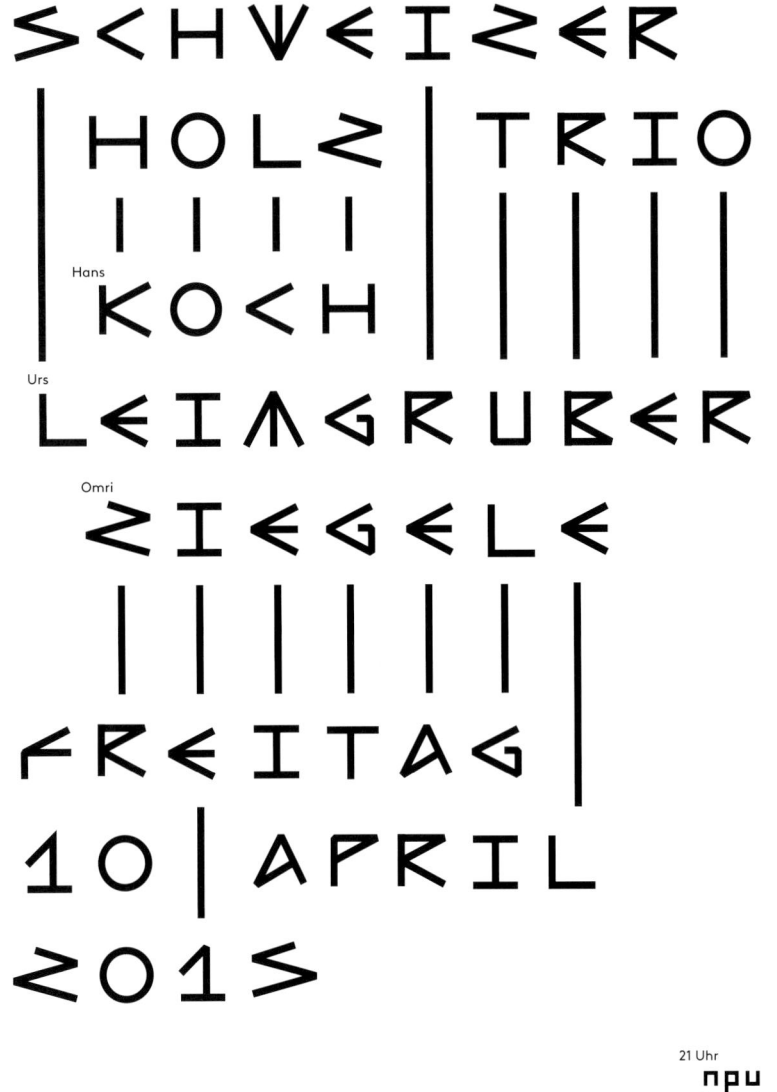

Hans KOCH
Urs LEIMGRUBER
Omri ZIEGELE

FREITAG 10 APRIL 2015

21 Uhr
neubad

16.04.15
21.00 UHR

KTV
MUSIKVIDEOSHOW
NEUBAD

DO 7. MAI

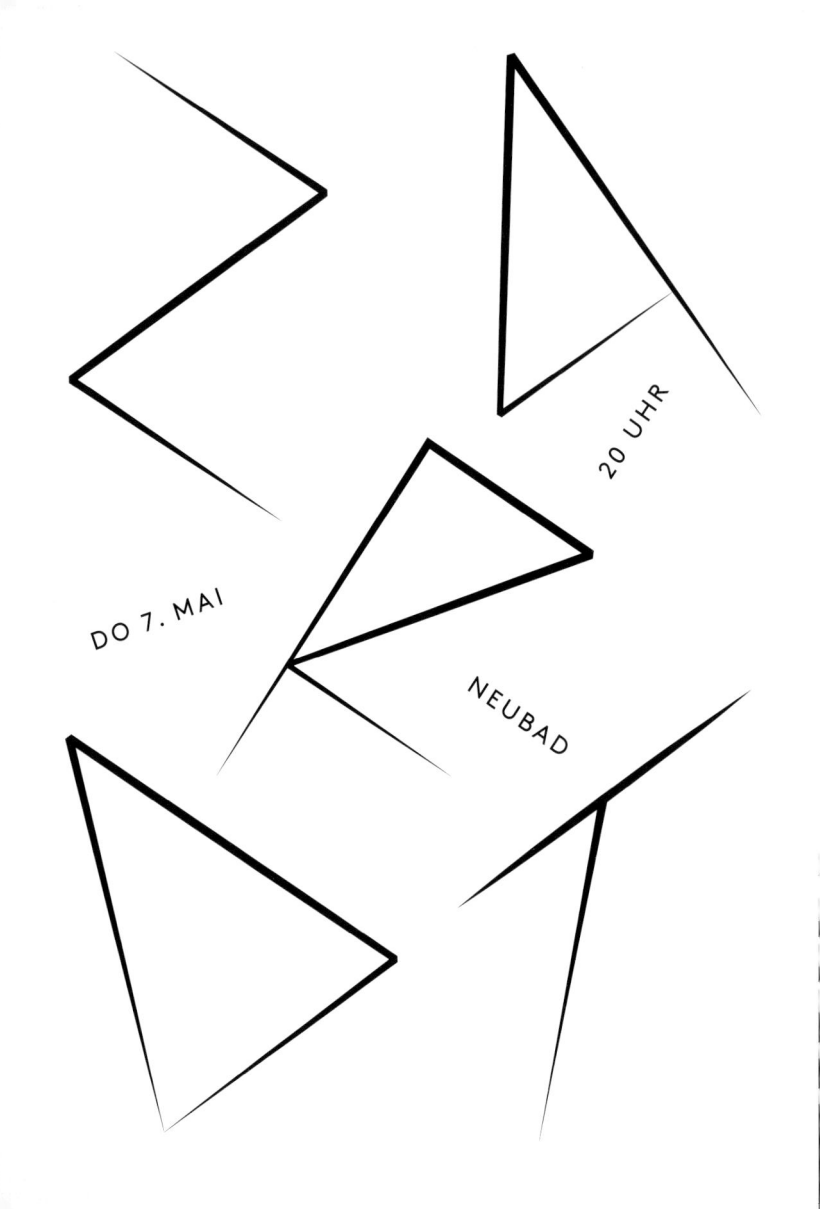

20 UHR

NEUBAD

Rp, Donnerstag, 23. April 2015 - 21:00, Bistro-Bühne Neubad

N° 16 — 18.A

DAS MAGAZIN

LESUNG
28. MAI 2015
20 UHR
NEUBAD LUZERN

MAX KÜNG

EINE FAST WAHRE
GESCHICHTE

Max Küngs Romandebüt über
die Liebe seines Lebens

ZAUBERNUSS LOUNGE DELUXE

DJS | SDANKE | MATTHIAS | JOSEPHINE | DAITAN

DEEPHOUSE | TECHHOUSE | DJS | SDANKE | MATTHIAS | JOSEPHINE | DAITAN

FREITAG | 29.05.15 | NEUBAD BISTRO | 22-04H

sommerfest

Samstag
6. Juni

ab 13.30 h
Neubad

EVE LINN TROUBLE

Mittwoch ~ 17. Juni 2015 ~ 21:00 ~ Neubad Luzern

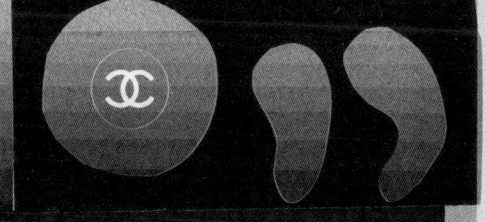

Grafik: Erich Brechbühl [www.mixer.ch]

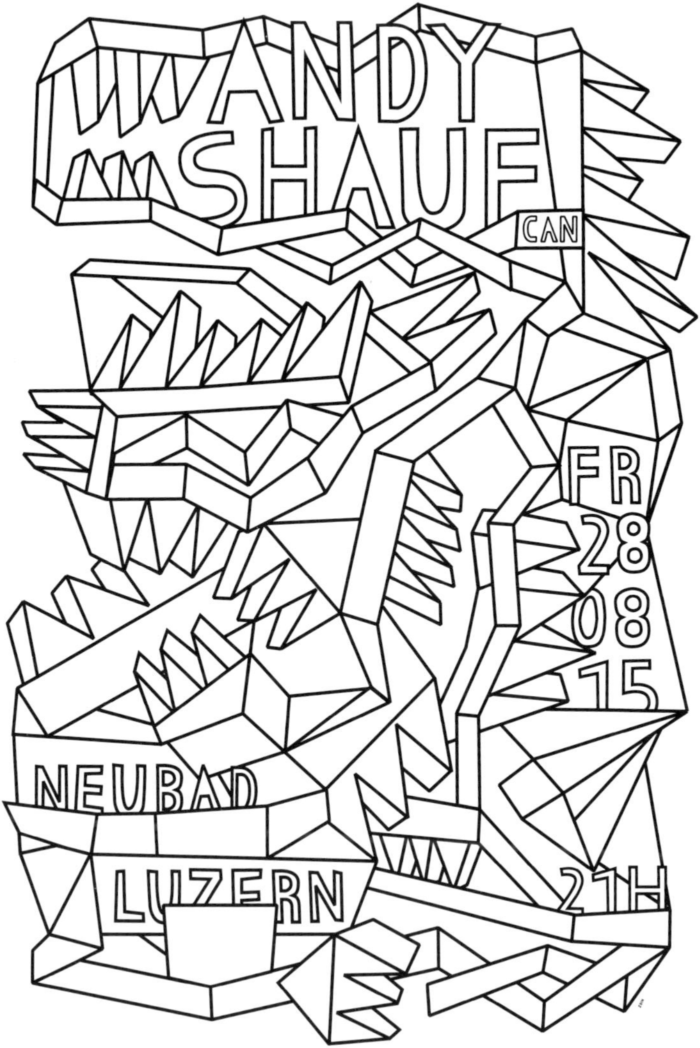
ANDY
SHAUF
CAN
FR
28
08
15
NEUBAD
LUZERN
21H

KTV/MUSIKVIDEOSHOW/NEUBAD/LUZERN/3.SEPTEMBER/2015

2 JAHRE
5./6.9.15

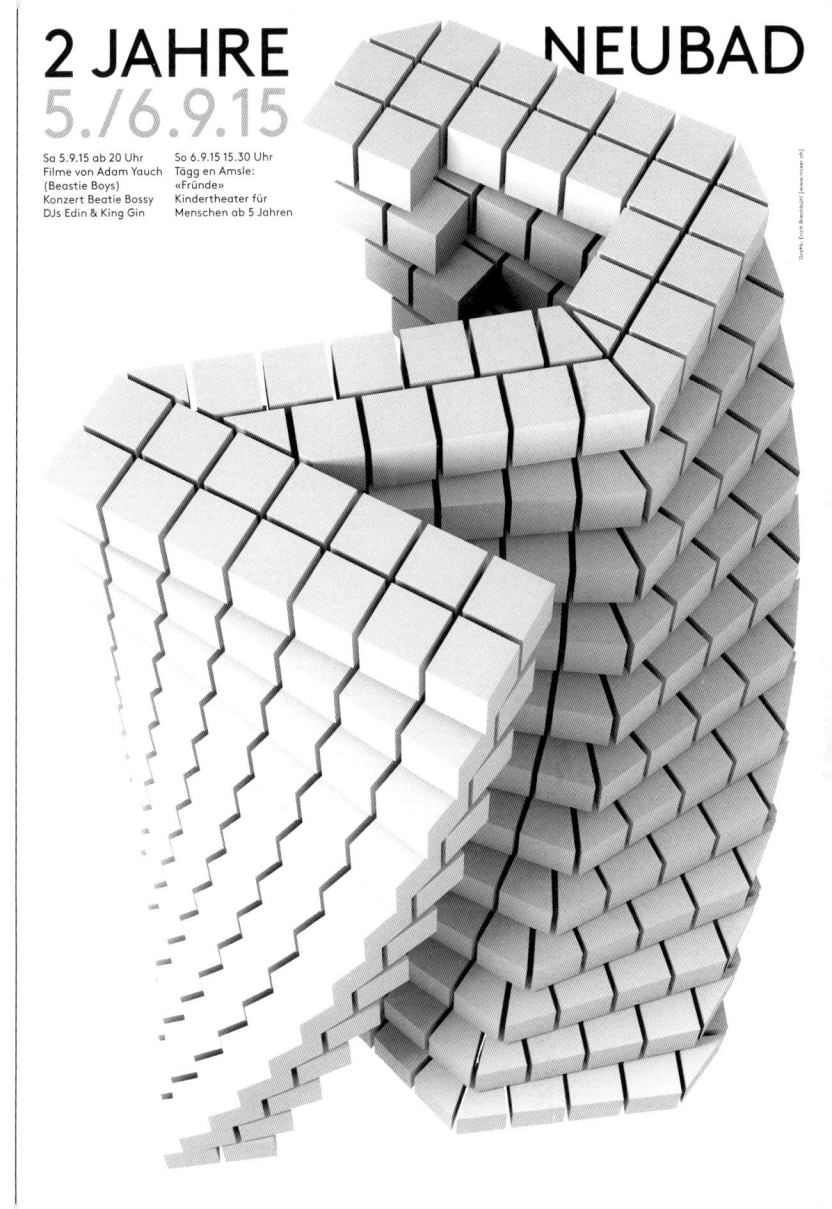

Sa 5.9.15 ab 20 Uhr
Filme von Adam Yauch
(Beastie Boys)
Konzert Beatie Bossy
DJs Edin & King Gin

So 6.9.15 15.30 Uhr
Tägg en Amsle:
«Fründe»
Kindertheater für
Menschen ab 5 Jahren

NEUBAD

anna webber

percussive mechanics

neubad
di 8.?.

20 uhr

Grafik: Rikke Landler [www.rikkelandler.dk]

REPAIR CAFÉ

2015
12. September
10. Oktober
14. November
10–14 Uhr
Neubad Luzern

NEUBAD

19.9.   **20:00**

WOODEN PEAK

Do 24. September 20 Uhr

Astronauts (UK)

Macuso Vikovsky

Neubad Bistro

Nicola Romano

Eintritt: Kollekte

Massstab 1:10000

GrafikBazar | Sonntag 27. 9. 15 | 12 bis 18 Uhr | Neubad Pool Luzern

AKU[M](space)QUINTETT

MAJA NYDEGGER
KEYS

MINIMAL JAZZ

ANDI SCHNELLMANN
BASS

MOLECULES

20 UHR

NEUBAD LUZERN

1. OKTOBER 2015

MANUEL PASQUINELLI
DRUMS

THIERRY LÜTHY
SAX

MARKUS ISCHER
GUITAR

BISTRO BÜHNE

JONAS FEHR
VISUALS

Antimoe

hill

Neubad
Do 8. Okt.
20 Uhr

HOW LONG LONG WOLF

9.10.
20 Uhr
Neubad
Bistro

Phil Hayes

**PHIL HAYES
+ THE TREES**
(ZH)
**15.10./20 H
NEUBAD**

http://www.neubad.org

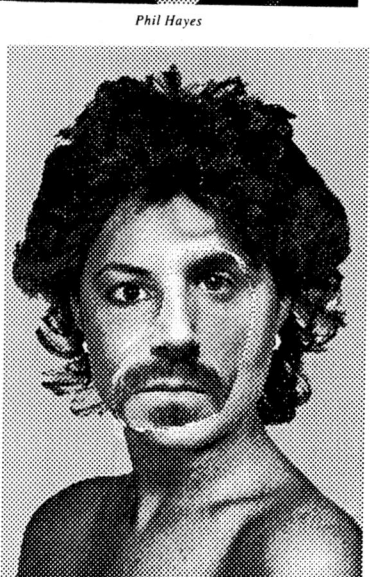

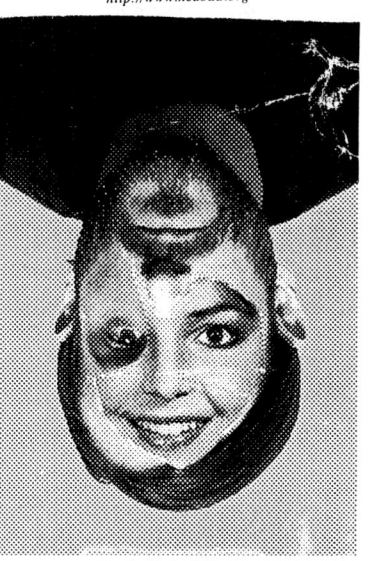

Sarah Palin (Tree-1)

Martin Prader (Tree-2)

nuun

neubad pool

support: karin steffen

17. oktober

21 uhr

pop-jazz konzert

THE DENTAL TRAUMA VERSUS

NEURAD
5 NOVEMBER
20.00 UHR

PLANET RENDEZ VOUS

Fr 6. Nov
19:30
DJ DeLucs
Disco für Menschen ohne und mit Behinderung
Neubad

FLUMMIE'S SAFRAN SESSIONS

Laurent Méteau's

METAMORPHOSIS

12. Nov.
20 Uhr

Neubad

Q	U	I	Z		D
E	R		P	O	P
U	L	A	E	R	K
U	L	T	U	R	
	F	R		1	3
	N	O	V		
2	O		U	H	R
N	E	U	B	A	D

Kaugummi zu kauen hilft gegen lästige Ohrwürmer.

Die Schweiz exportiert 31.110 Tonnen Käse jedes Jahr nach Deutschland.

Österreichs Warntafeln für Geisterfahrer werden durch Werbung auf der Rückseite finanziert.

2015 starben mehr Menschen durch Selfies als durch Haiangriffe.

Die erste Webcam der Welt zeigte einen Livestream einer Kaffeemaschine.

In Indien kann man Hochzeitsgäste mieten.

83 Prozent der vom Blitz getroffenen Menschen sind Männer.

Die 4 ist die einzige Zahl, die auch so viele Buchstaben hat, wie die Zahl selbst.

Die Gesichtsausdrücke von LEGO-Figuren werden immer wütender.

Christian Gasser

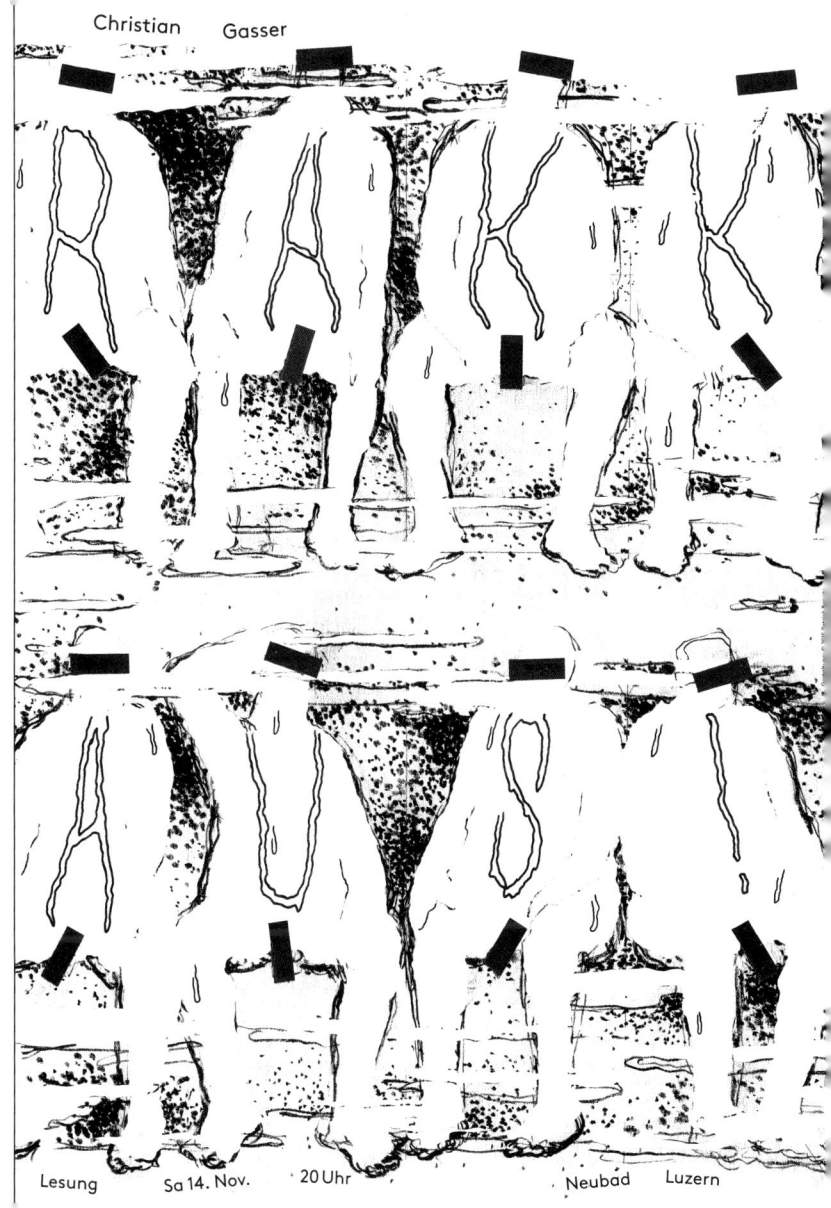

Lesung Sa 14. Nov. 20 Uhr Neubad Luzern

Julia Rüffert's

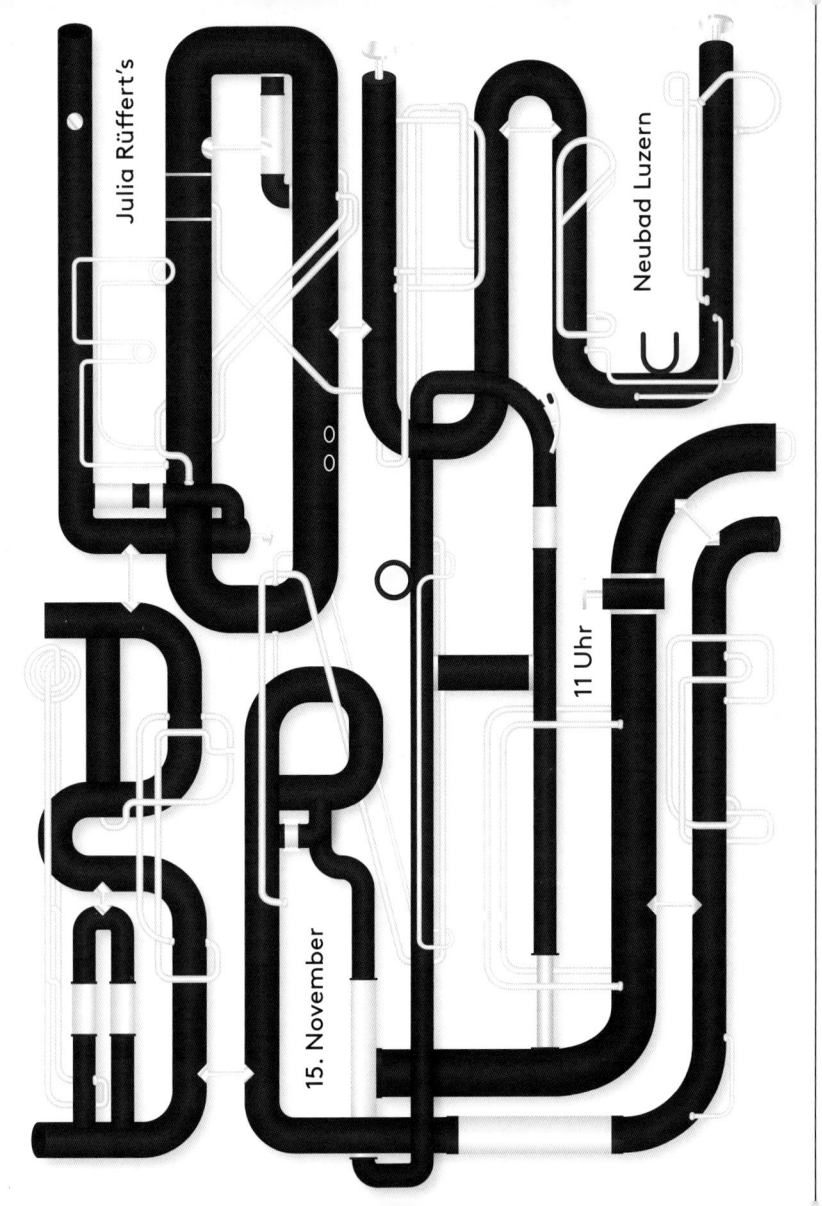

Neubad Luzern

15. November

11 Uhr

19.11.15 KTV NEUBAD 21H

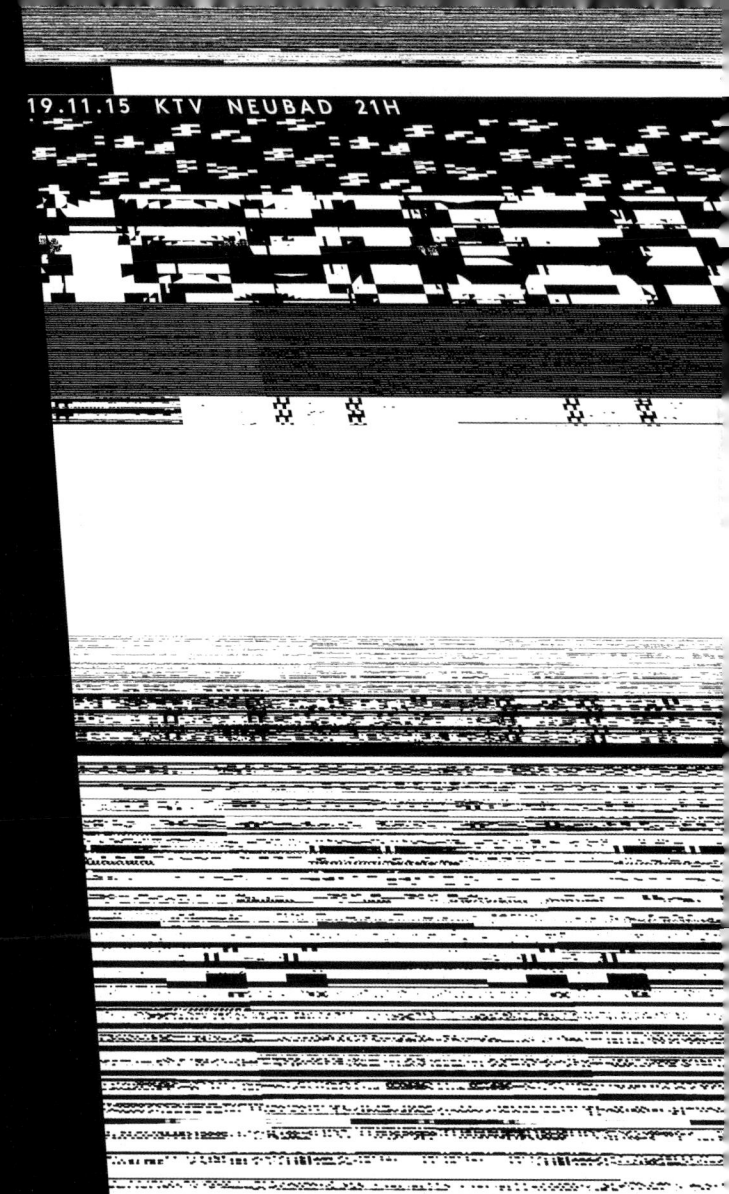

JAHRMARKT DER SCHÖNEN DINGE

MARKT FÜR JUNGE MODE
SCHMUCK UND ACCESSOIRES
SA 21.11.2015 14-24 UHR
NEUBAD LUZERN
NEUBAD.ORG/JAHRMARKT

FEATHER & STONE

SUPPORT: NEO NEO (CH)

DONNERSTAG
26. NOVEMBER
20 UHR IM NEUBAD

Помог ли вам яйца?
о дорогой! что дело тонкое в настоящее время
нет яиц ?!
Шаде. Мне нужно большое Яйца.
очень большой ...
но .. хочу тебя Конфеты?
конфеты ?! Верни мне мою устные флоры !
Велик телом, да мал делом.
мне не нравится конфеты.
даже не один?
TROIKA TRASH CH/PA
DJ LADY PAPA
27.NOVEMBER 21H NEUBAD LUZERN
Бросьте его, как жарко Бросьте его, как жарко ...

KONZERT
NEUBAD
LUZERN
E.-BASS/EFX.: THOMAS TAVANO
KEYS./SYNTH./PIANO: ROBERTO DOMENICONI
DRUMS: FELIX PERRET
ALTO-CLARINET/EFX.: CHRISTOF ZURBUCHEN
10. DEZEMBER
DONNERSTAG
21 UHR
GESTALTUNG: SINA EGGER

NEUBAD BISTRO

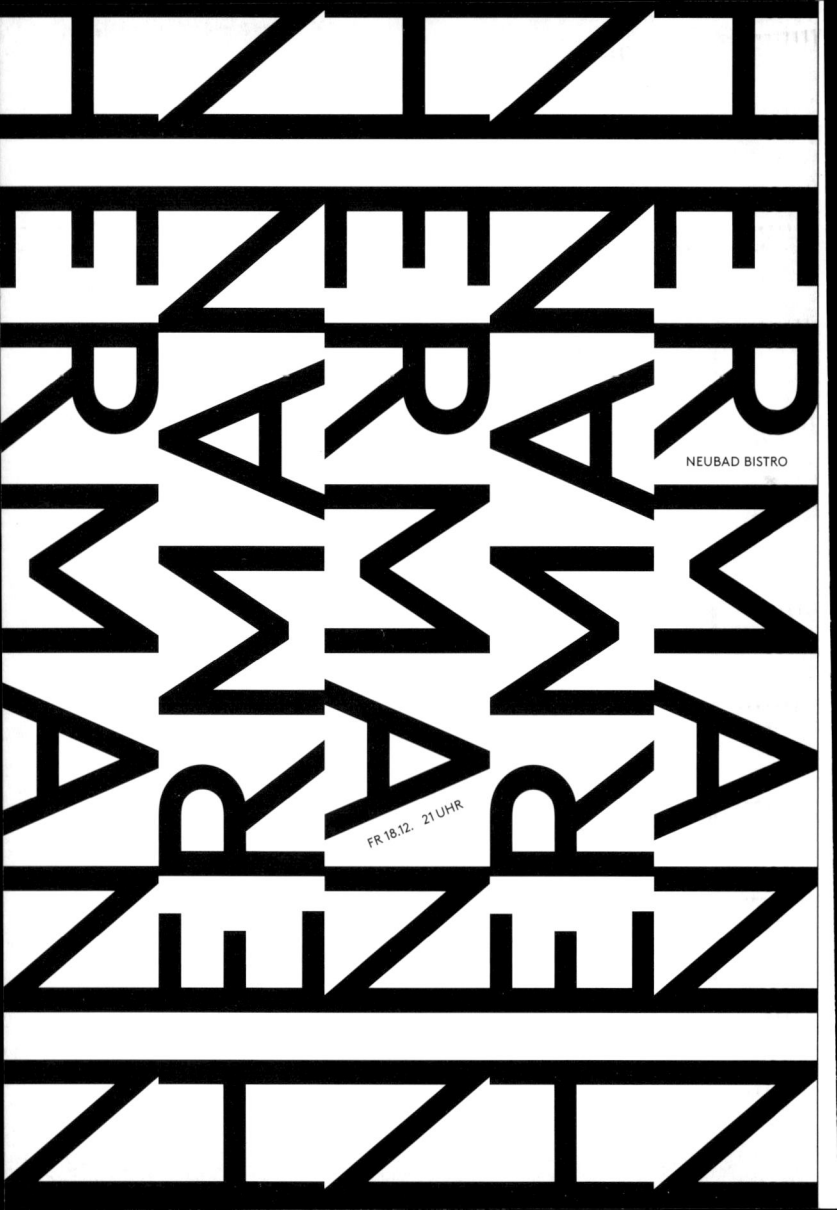

FR 18.12. 21 UHR

BURGER

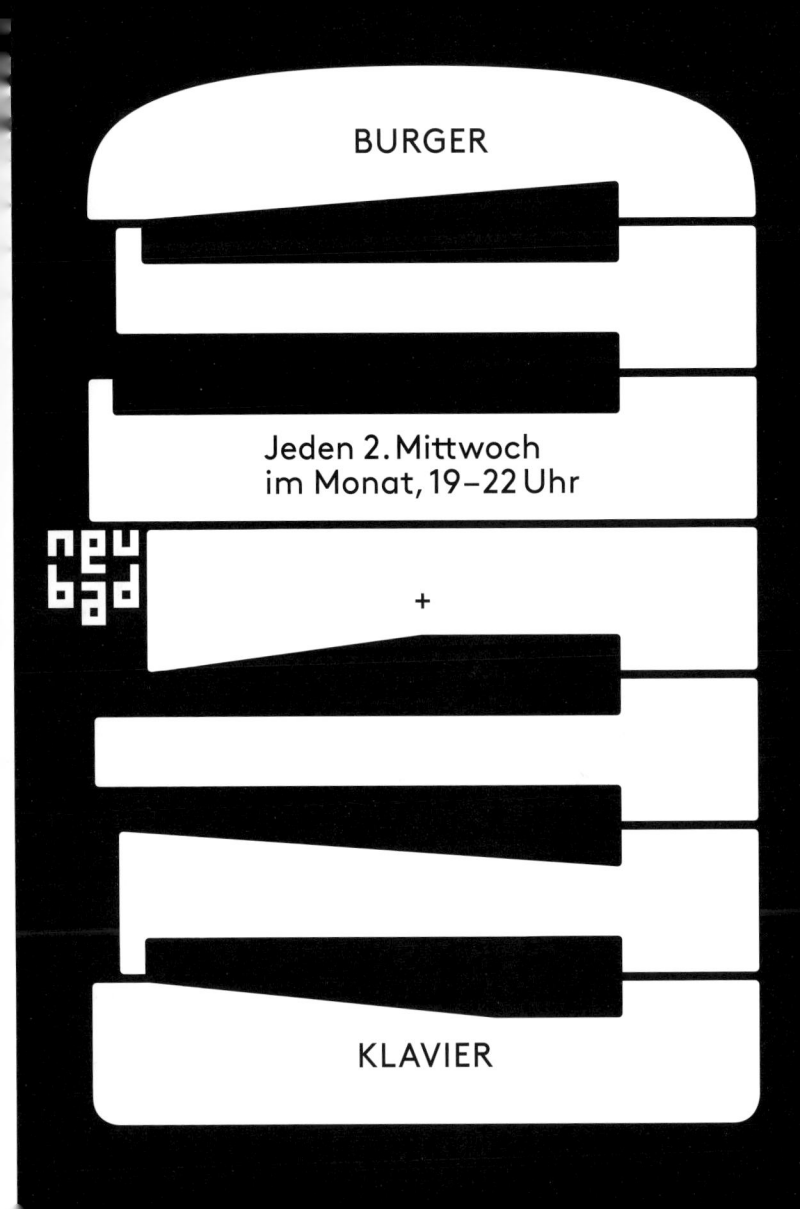

Jeden 2. Mittwoch
im Monat, 19–22 Uhr

+

KLAVIER

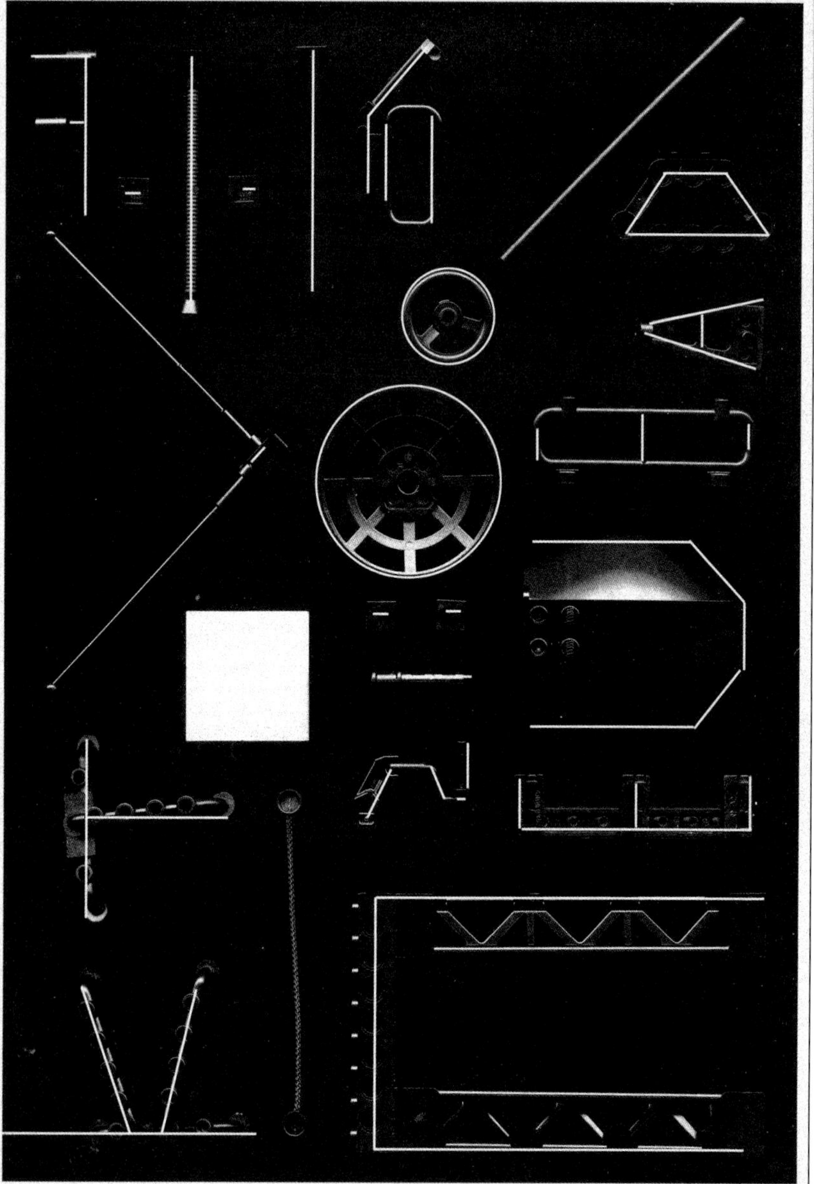

FREISTIL

MUSIKJOURNALISTEN PRÄSENTIEREN LIEBLINGSSONGS

Michael Gasser, Basel
Neulad

Freitag 8.1. 20 Uhr

NOW AGO

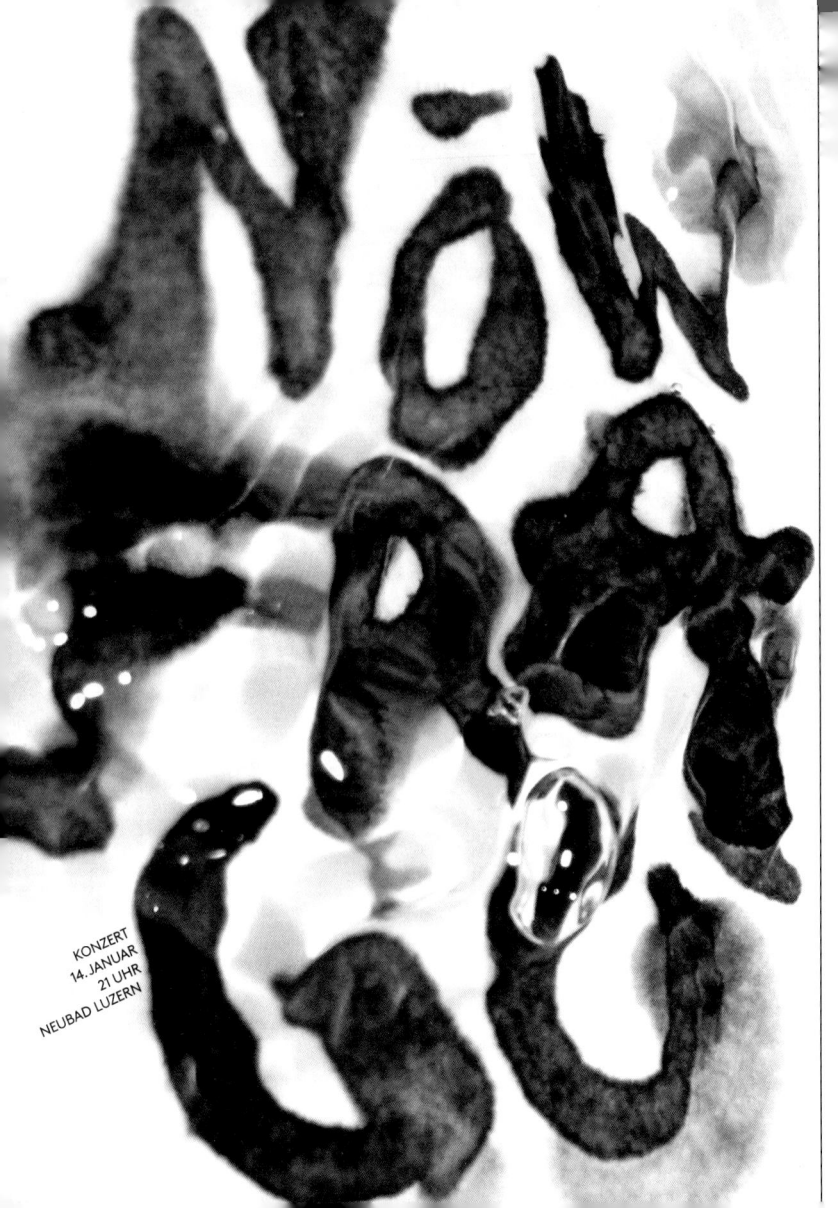

KONZERT
14. JANUAR
21 UHR
NEUBAD LUZERN

HANDLE

BASEMENT SERIES
NEUBAD KELLER

DO 25. JAN. 21H
MOVING TARGET SUPPORT
PIRMIN BOSSART DJ

FR 26. JAN. 21H
SWEET OLD SUPPORT
SAVE THE VINYL DJ

SA 27. JAN. 21H
TOPAZ SUPPORT
CHOCOLOCOZOLO DJ

Pirmin Bossart

FREISTIL

MUSIKJOURNALISTEN PRÄSENTIEREN LIEBLINGSSONGS

Mittwoch, 5. Feb. 20 Uhr

Neubad

11.02.2016
DONNERSTAG
NEUBAD LUZERN
21:00 UHR

HENNING

Support:
Sebastian Stinning

Freitag 21
12.2.2016 Uhr

Neubad
Luzern

STILL UND DUNKEL / BIT-TUNER

CH – AUDIOVISUELLE PERFOMANCE
CH – DJ SET

NEUBAD LUZERN
KONZERT
21:00
20.2.23

MISS KSH KHI

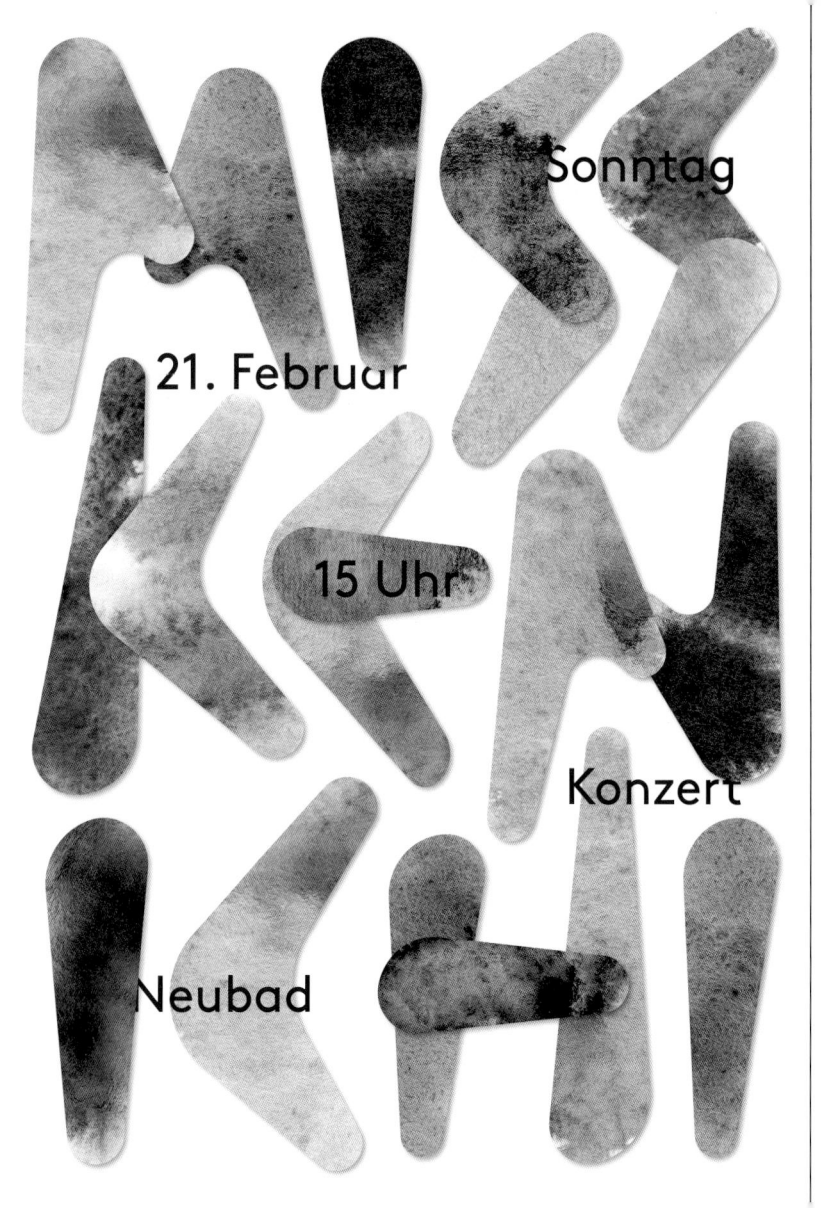

Sonntag
21. Februar
15 Uhr
Konzert
Neubad

FREISTIL

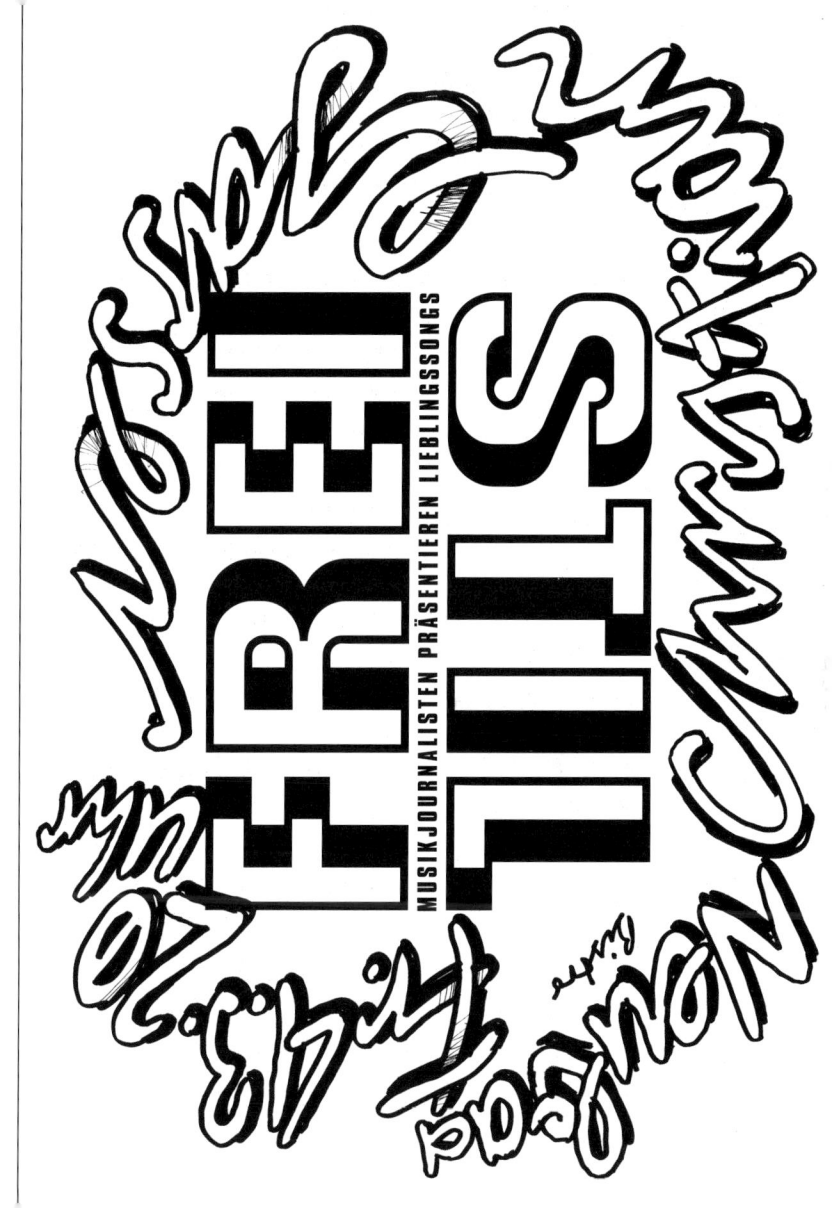

MUSIKJOURNALISTEN PRÄSENTIEREN LIEBLINGSSONGS

Nochtspeicher Monbijou Neuengamer Freitag 26 Uhr

TALL TALL TREES   FR 4. MÄRZ 2016   NEUBAD
(USA)   KONZERT   21H   LUZERN

DIE PLATTENBÖRSE
IM NEUBAD
SONNTAG
6. MÄRZ 2016
10–17 UHR
ANMELDUNG & INFOS:
WWW.NEUBAD.ORG/PLATTENKISTE

rudi hayden

Konzert
10. 03. 2016
21.00 Uhr
Neubad
Luzern

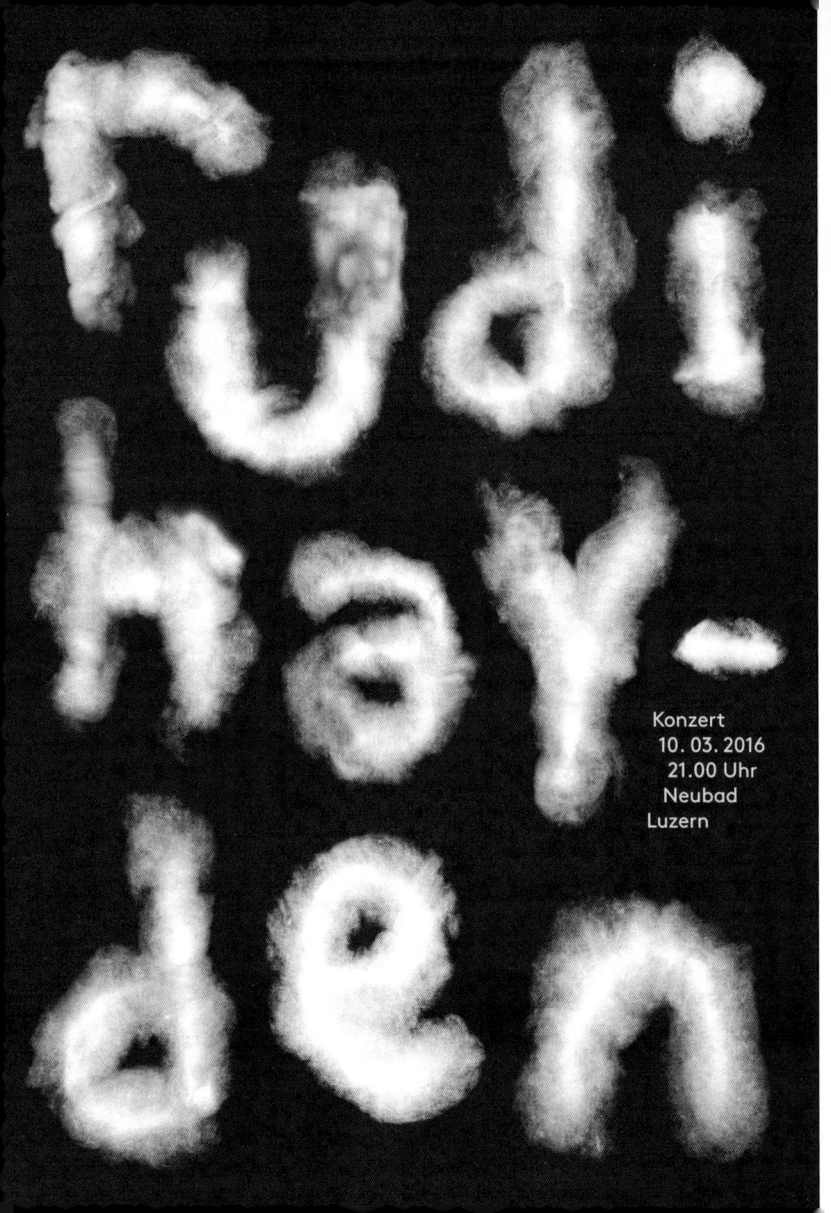

Retchritschi im Neubad

TYPO: PENG PENG

20:00h
do 24.3.

31. MÄRZ — 21 UHR — KONZERT — NEUBAD — SUPPORT: EAST SISTER

KONZERT *MITTWOCH* **6.4.16** *21.00* **NEUBAD LUZERN** *MIT* **WEIRD BEARD** CH
FLORIAN EGLI S **DAVE GISLER** G **MARTINA BERTHER** EB **RICO BAUMANN** DR

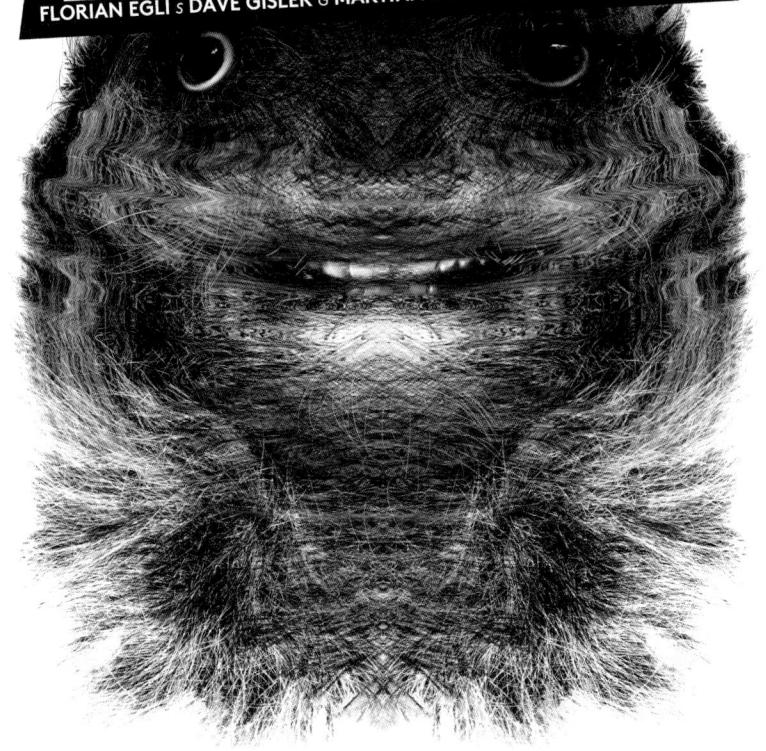

ZARDT FRIEND

7. APRIL
21.00

KONZERT

NEUBAD

SATTELFEST
Die Velobörse im Neubad

9. April 2016
Neubad Luzern

Velo-Annahme 10 bis 12 Uhr
Velo-Verkauf ab 13.30
(für Vereinsmitglieder ab 13 Uhr)

MITTWOCH

JONAS ALASKA

20.04.2016

21:00 Uhr

JONAS ALASKA (NO)

LONG TALL JEFFERSON (LU)

NEUBAD LUZERN

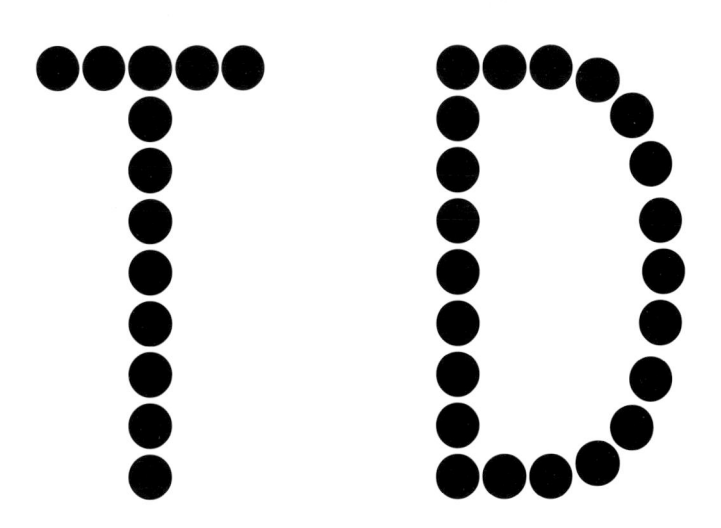

THE DIAMOND ROAD SHOW: DIGGER BARNES & PENCIL QUINCY — 21.04. — 21 UHR — NEUBAD POOL

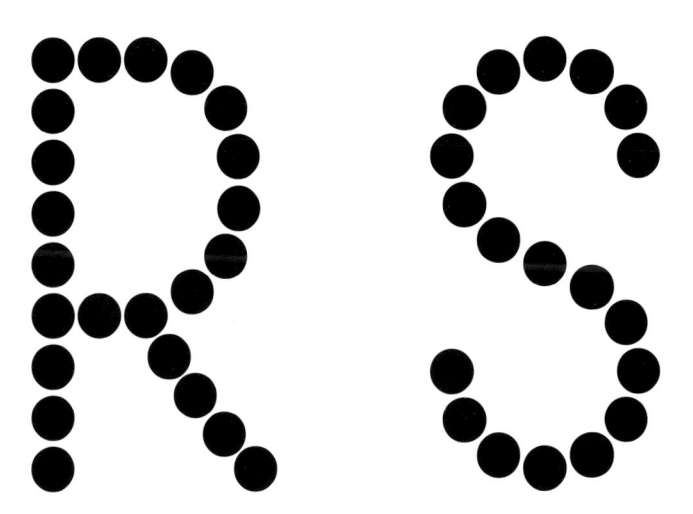

waving hands

konzert

anschl.
tanz
musik:
the
giant
extra
fancy

neubad
luzern
Fr 22.4. 21h

NICHT GANZ HUND

ERT

4. Mai 2016
20 Uhr
Neubad Luzern

Das Ratespiel zu Musik und anderen Nebensächlichkeiten anschl. mit den Quizmastern INDIEnachttanzen

NEUBAD

KTV

5.5.

FREISTIL

MUSIKJOURNALISTEN PRÄSENTIEREN LIEBLINGSSONGS

Urs Hangartner
Norbert Leisegang
6. mai 20 uhr

KASPAR VON GRÜNIGENS BOTTOM ORCHESTRA

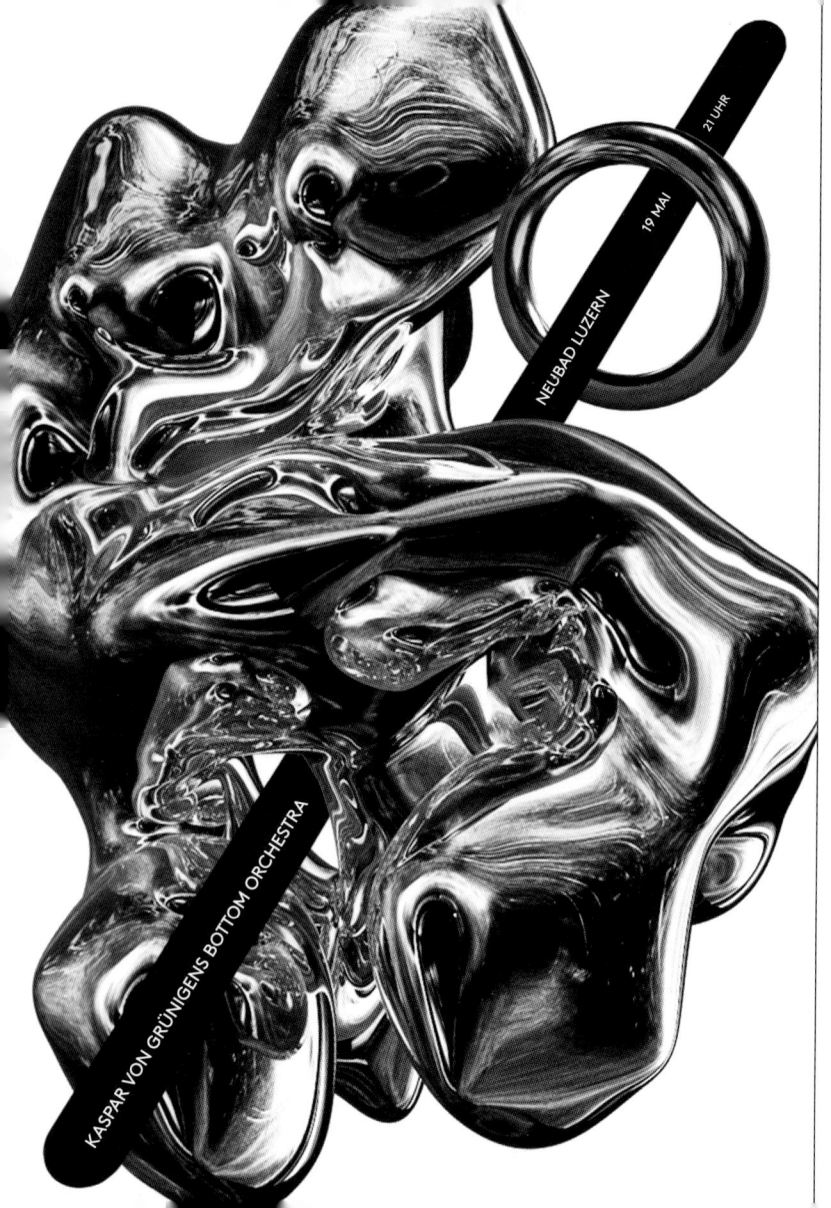

NEUBAD LUZERN

19 MAI

21 UHR

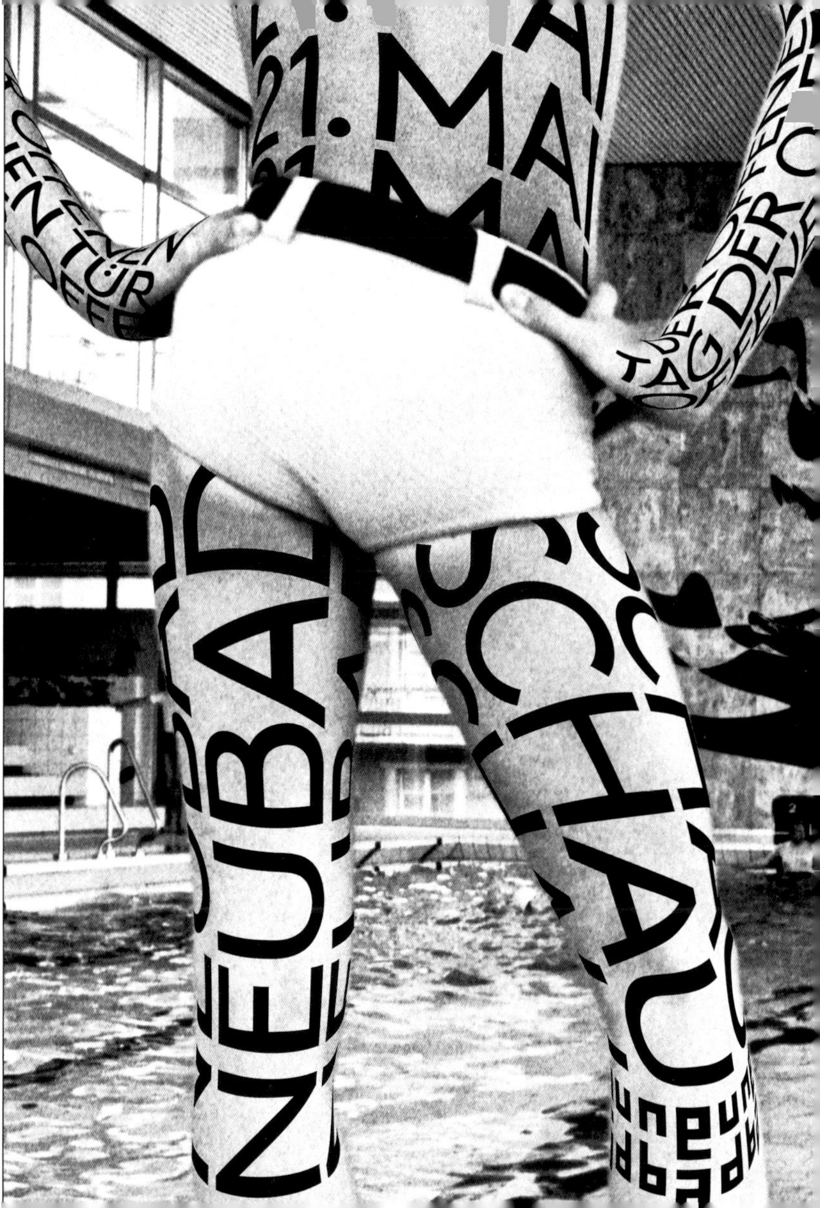
21. MAI
TAG DER
NEUBAU

KONZERT

ADIQUAT

26. MAI

20.00 UHR

NEUBAD

GARTENKINO

NEUBAD
18.8.–3.9.
TERRASSE

Mit dem Blick nach oben
Mit dem Blick nach oben
Mit dem Blick nach oben
Mit dem Blick nach oben
Mit dem Blick nach oben
Mit dem Blick nach oben
Mit dem Blick nach oben
Mit dem Blick nach oben
Mit dem Blick nach oben
Mit dem Blick nach oben
Mit dem Blick nach oben
Mit dem Blick nach oben
Mit dem Blick nach oben
Mit dem Blick nach oben
Mit dem Blick nach oben
Mit dem Blick nach oben
Mit dem Blick nach oben
Mit dem Blick nach oben
Mit dem Blick nach oben
Mit dem Blick nach oben

Videoinstallation
Neubad-Pool

Premiere:
Fr. 2. September
20 Uhr

weitere Vorführungen:
Sa. 3. September
19 – 22 Uhr

So. 4. September
10 – 14 Uhr
Eintritt: Kollekte

FKK

NADJA ZELA KONZERT 2.SEPTEMBER DJ FETT NEUBAD BISTRO

GRAFIK: ISABELLE MAUCHLE

Das Musiker
Blind Date

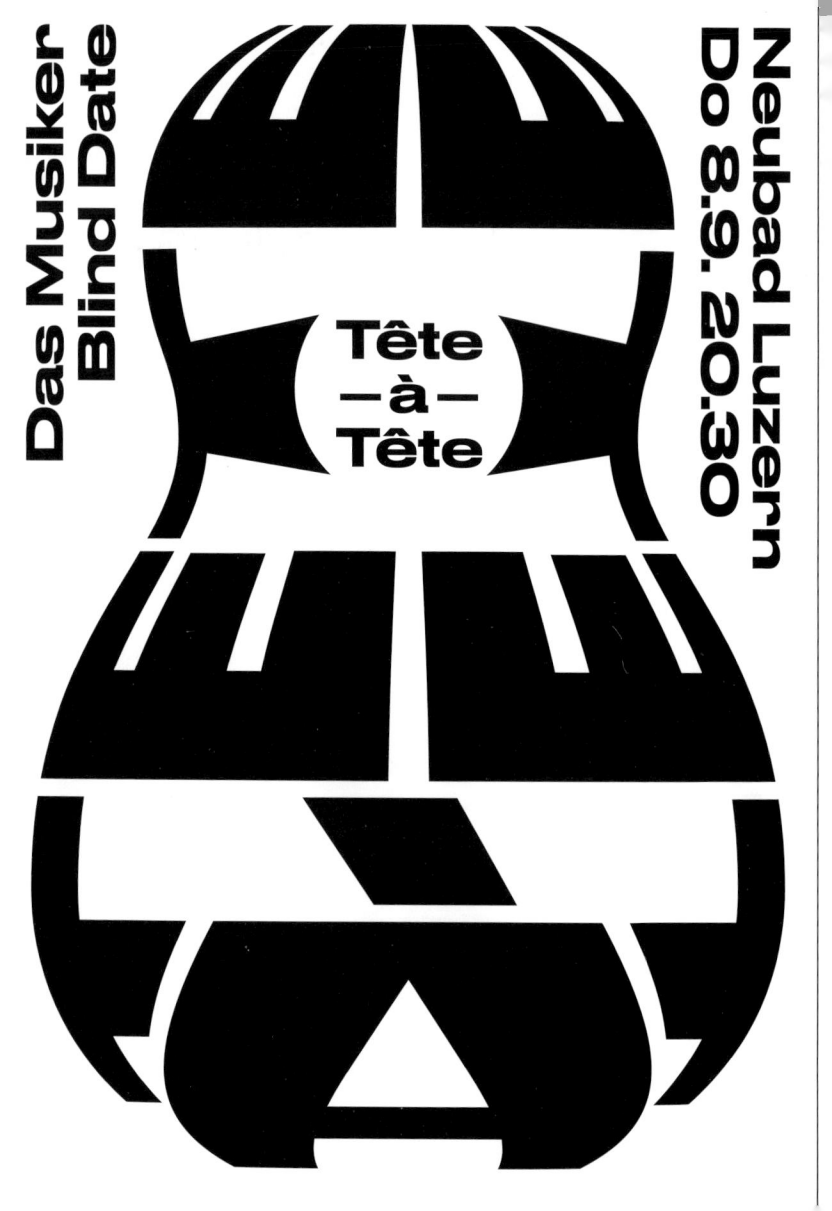

Neubad Luzern
Do 8.9. 20.30

Tête
—à—
Tête

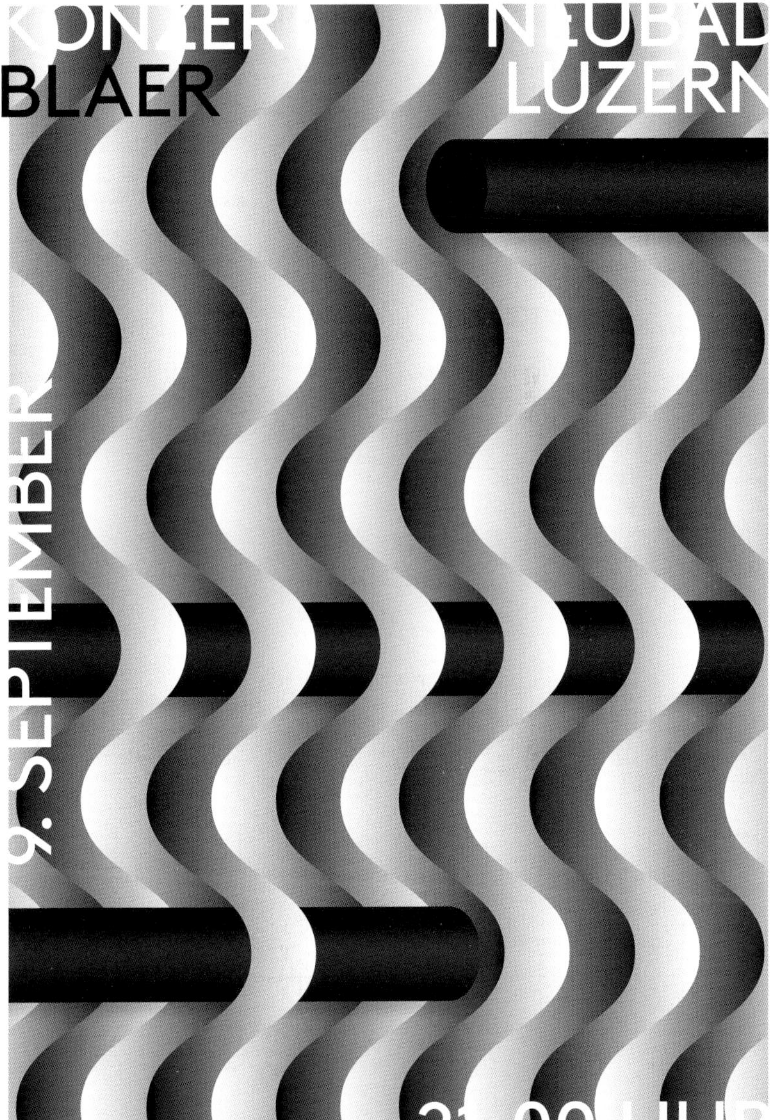
KONZERT
BLAER
NEUBAD
LUZERN
9. SEPTEMBER
21.00 UHR

HEROES
OF THE FLUMMIE
VERSE
MUSIKABEND
21.00 UHR
NEUBAD
10.09
GRAFIK: BUEROZWOLCH

INSIDE THE BAXTER BUILDING

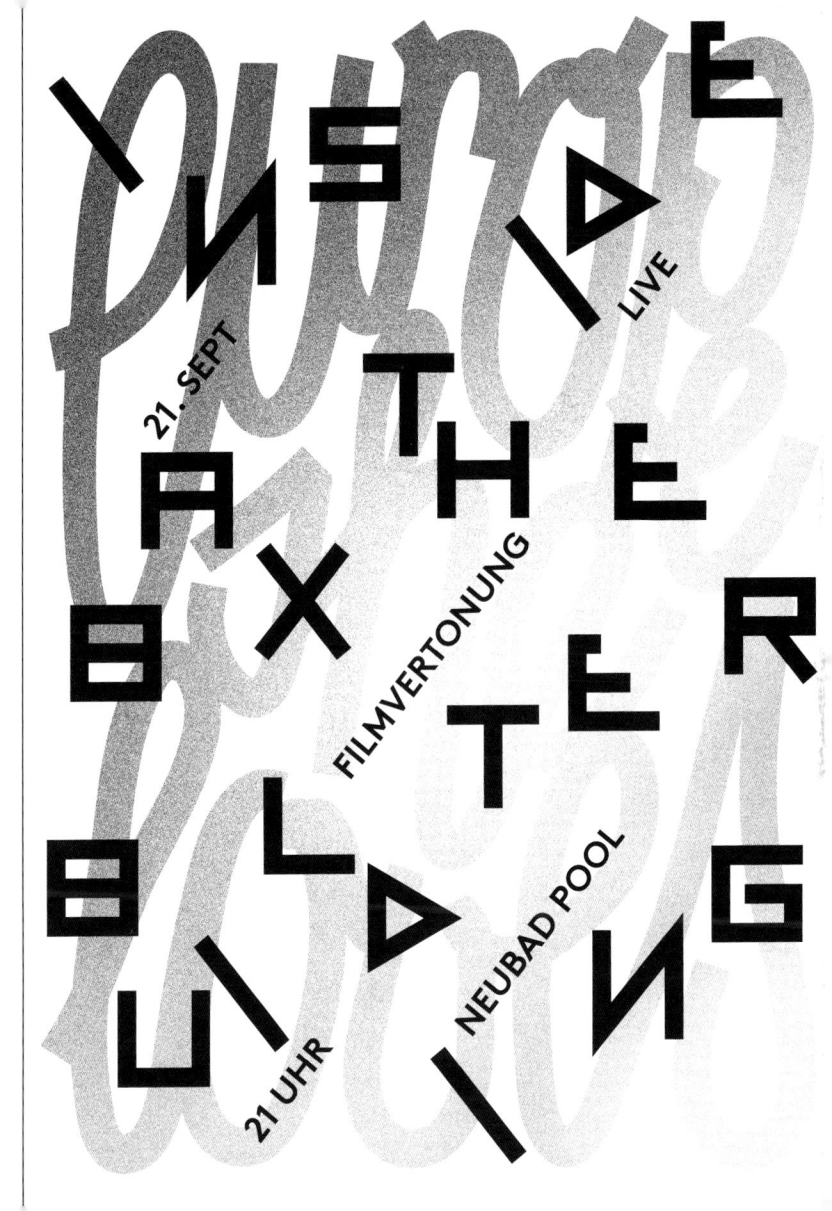

21. SEPT · LIVE · FILMVERTONUNG · NEUBAD POOL · 21 UHR

23./24. SEPTEMBER 2016
PANCH
PERFORMANCE ART NETWORK CH IM NEUBAD
POOL

FREITAG 23.9.16   **AB 20H**

Präsentation der Internetplattform: www.panch.li

PERFORMANCES
Beat Unternährer
Fe-Male: Laura Laeser
Daniel Häller
Claudia Bucher
Judith Huber
Dominik Lipp
3π: Oona Bucher
Zita Bucher
Daniela Zurmühle
Barbara Wyss

SAMSTAG 24.9.16
12-24H

PERFORMANCES
The Gathering extended

PANCH

FR 15.-
SA 15.-

PANCH PERFORMANCE ART NETWORK CH
EIN PROJEKT IM RAHMEN VON FKK IM NEUBAD LUZERN
Frische Kunst & Kultur

FKK

6.10. KTV NEU BAD

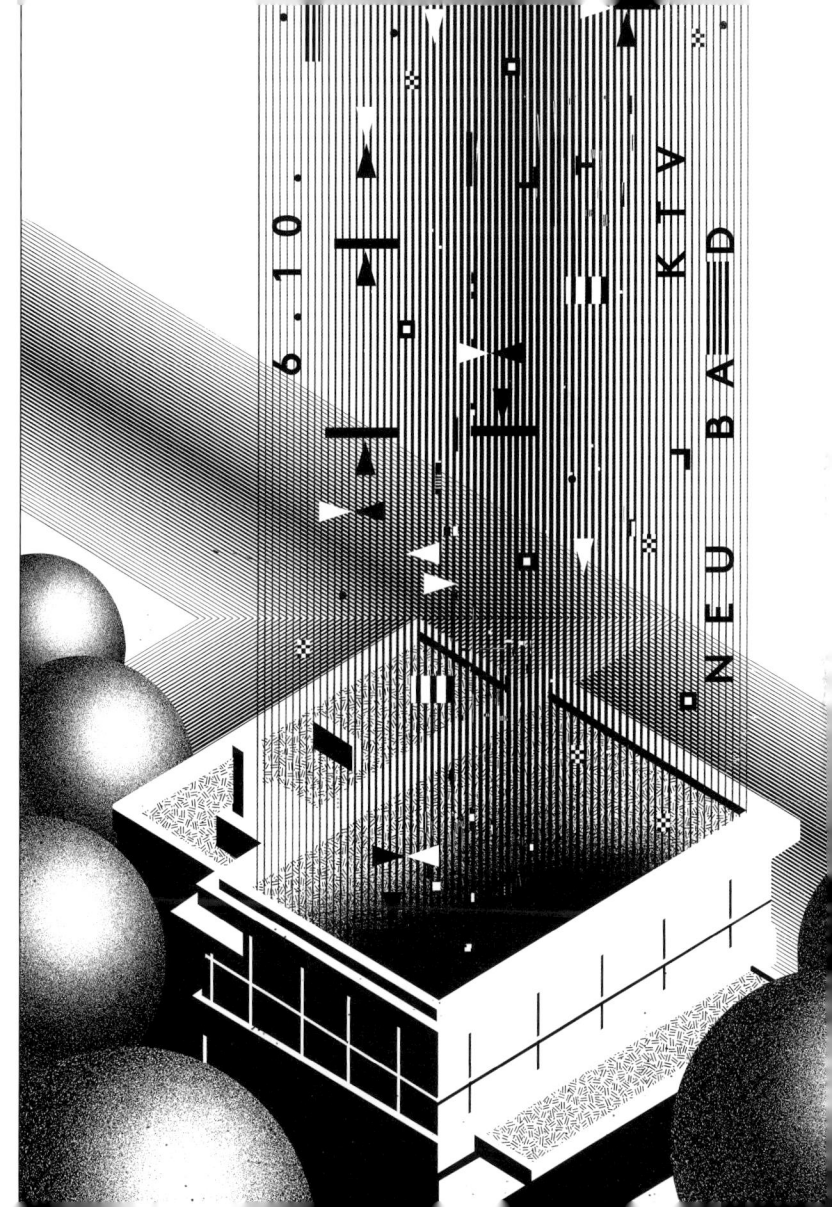

Konzert im Pool um 21 Uhr

DER TRANSFORMER

DJ MOTIE

8. OKTOBER · 21.00 NEUBAD LUZERN

KONZERT
12.10

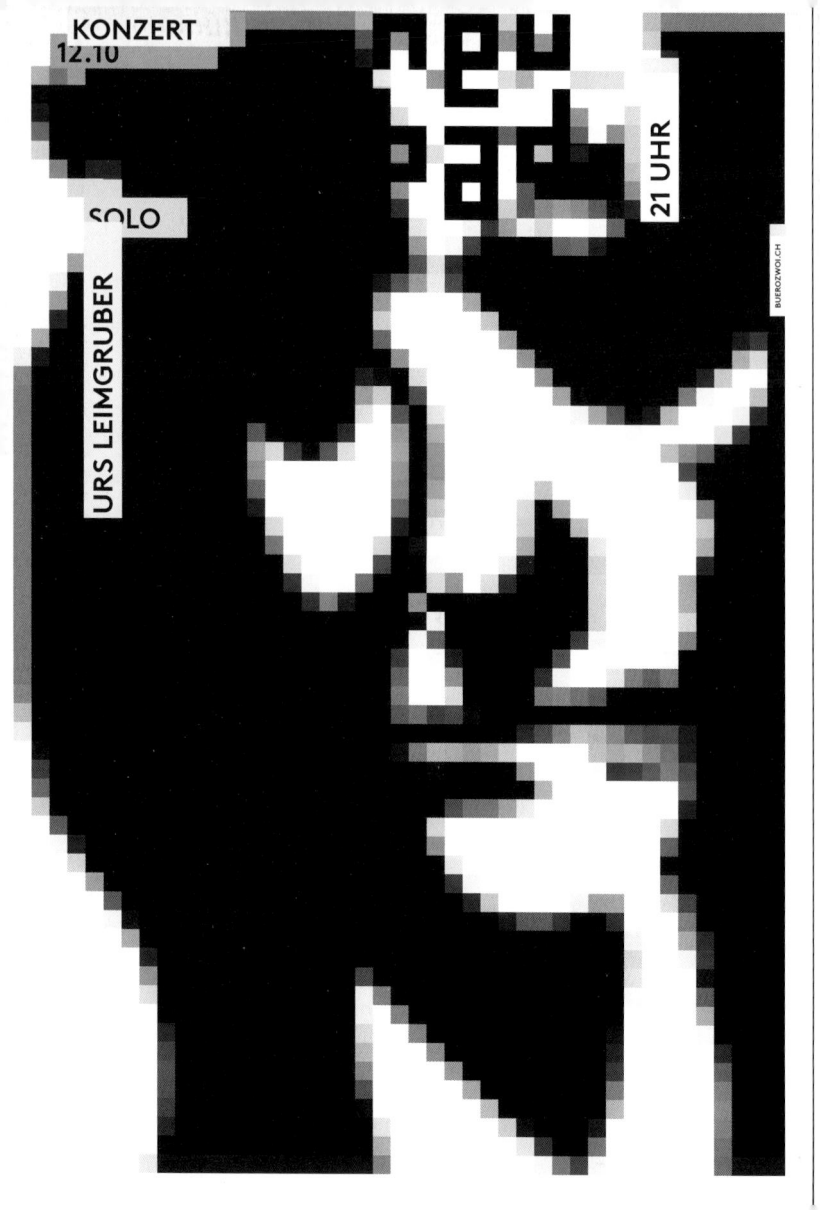

neu
ad

SOLO

21 UHR

URS LEIMGRUBER

BUEROZWOI.CH

ANORAQUE

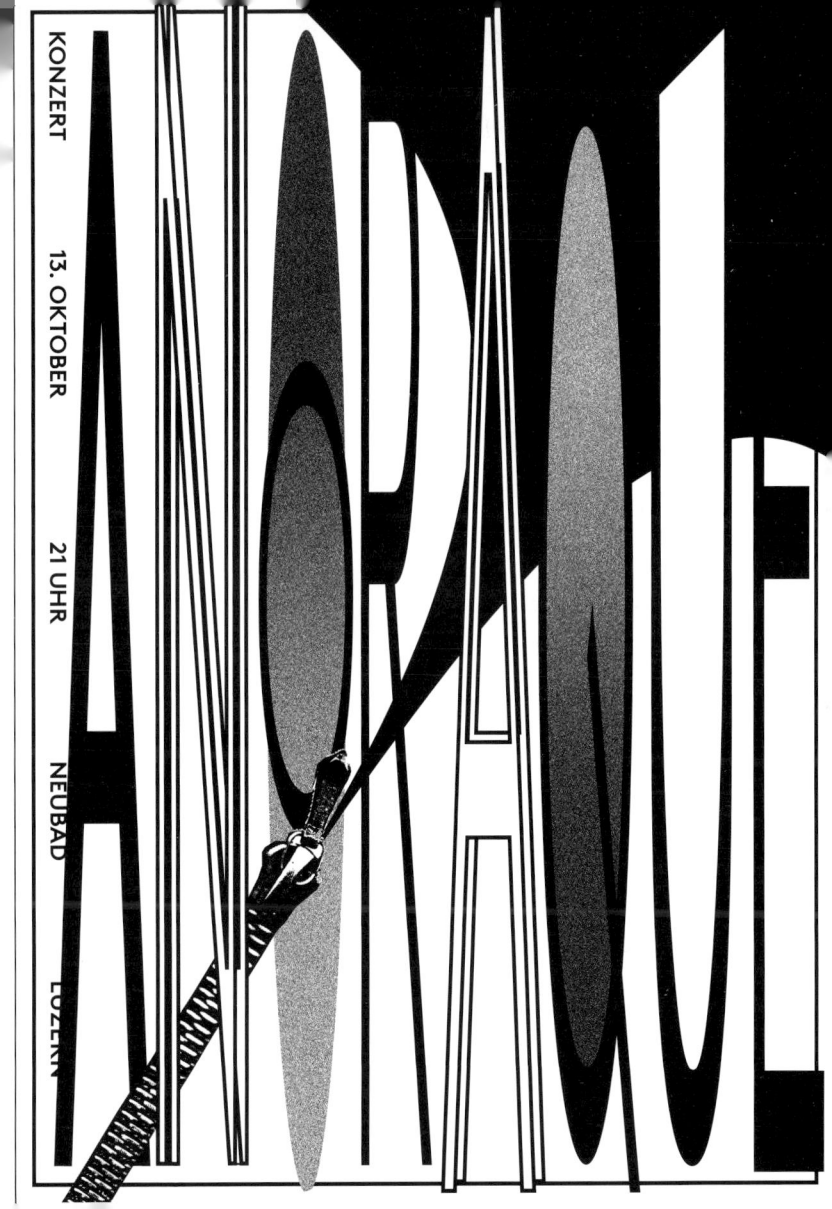

KONZERT

13. OKTOBER

21 UHR

NEUBAD

LUZERN

BAYONNE [US]

KONZERT

14. OKT

22 UHR

ORANGE PEEL DJ's

NEUBAD KELLER

HEROES OF THE FLUMMIEVERSE

MUSIKABEND
NEUBAD 21:00
15.10

HINTER WONDER LAND

PETER ESTERMANN P
ARNO TROXLER DR
SIMON KAUFMANN B

KONZERT
DI 18.10.2016 20.30 UHR
DI 1.11.2016 20.30 UHR
DI 6.12.2016 20.30 UHR
NEUBAD LUZERN

Dachs SG

20. Oktober
21.00 Uhr
Neubad
Luzern

Touch LU

À Fonds Perdu

22.10. – 18.12.16
Vernissage, 21.10.16, 18.00

Mit Fotografien von:

Shannon Zwicker
Franca Pedrazzetti
Hans U. Alder
Caroline Schnider
Nico Sebastian Meyer
Anja Wurm
Mathias Walther
Johanna Gschwend
Stephan Wittmer
Niklaus Lenherr
Nina Staehli
Claudia Walther
Christina Niederer
Larissa Lakshmi Odermatt
Thurry Schläpfer
Heidi Hostettler
Raisa Durandi
Jonas Petermann
Lorenz Olivier Schmid
Daniela Kienzler
Julia Moebus
Michael Scherer
Milos Zappa
Andrina Keller
Johanna Näf
Mara Frey
Anne-Sophie Mlamali
Daniela P. Meier
Adrian Bättig
Brigitta Maria Andermatt
Dominik Zietlow
Herbert Zimmermann
Mischa Christen
Mo Henzmann
Raffaela Bachmann
Patrick Blank
Moritz Hossl

Neubad
Galerie

THE GREAT HARRY HILLMAN [CH] & POMMEL HORSE [CH]

27. OKTOBER
21:00

KONZERT IM NEUBAD

3. November
21.00 Uhr
Neubad
Luzern

W
O
L
F
M
A
N
N

NEUBAD   KTV

STEVE!-KONZERT-10.NOVEMBER-21:00-NEUBAD-LUZERN

Neubad
Jahrmarkt
der schönen
Dinge
Sa 12.Nov 16:00
Neubad Luzern
Markt für junge Mode · Schmuck · Accessoires

MISTER MILANO

Biel

18. Nov
21:00
Neubad
Luzern

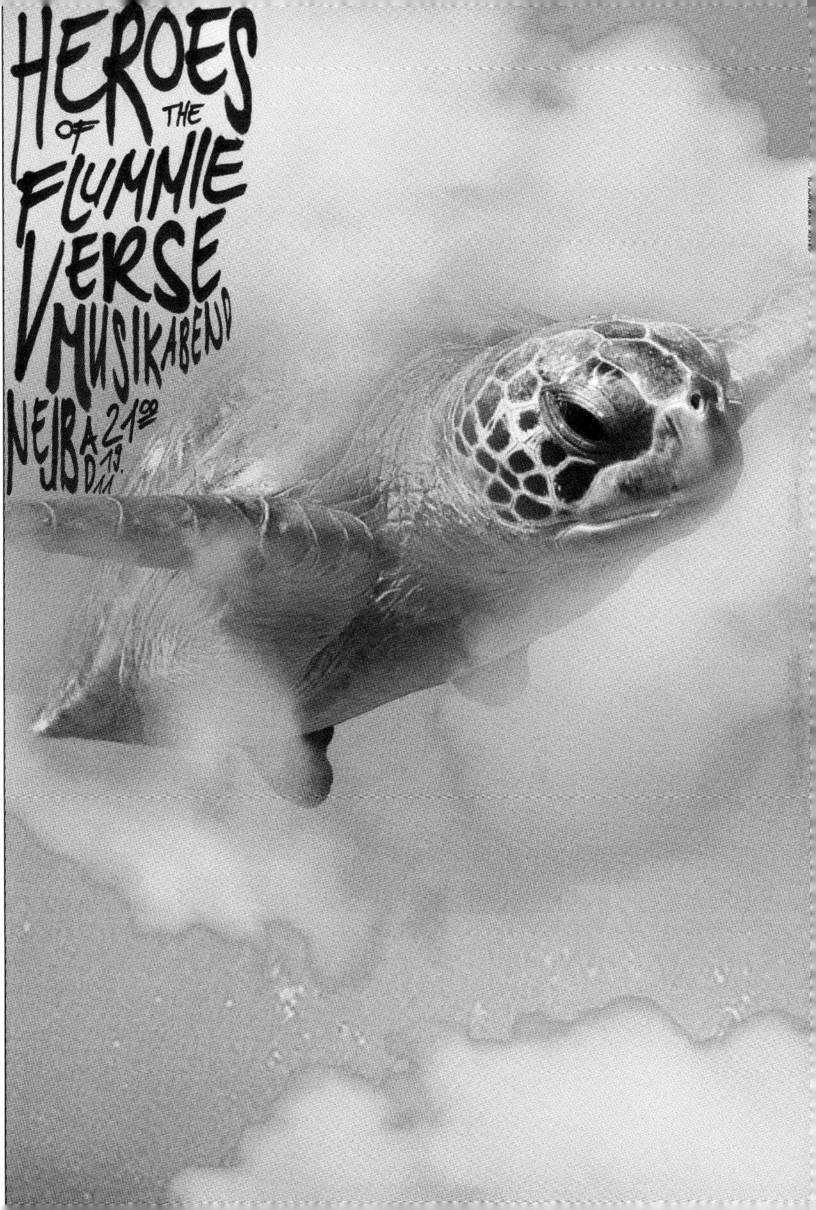
HEROES
OF THE
FLUMMIE
VERSE
MUSIKABEND
NEUBAD
21^{00}
11.19.

Max Küng

Lesung

22 Nov
20 Uhr
Neubad

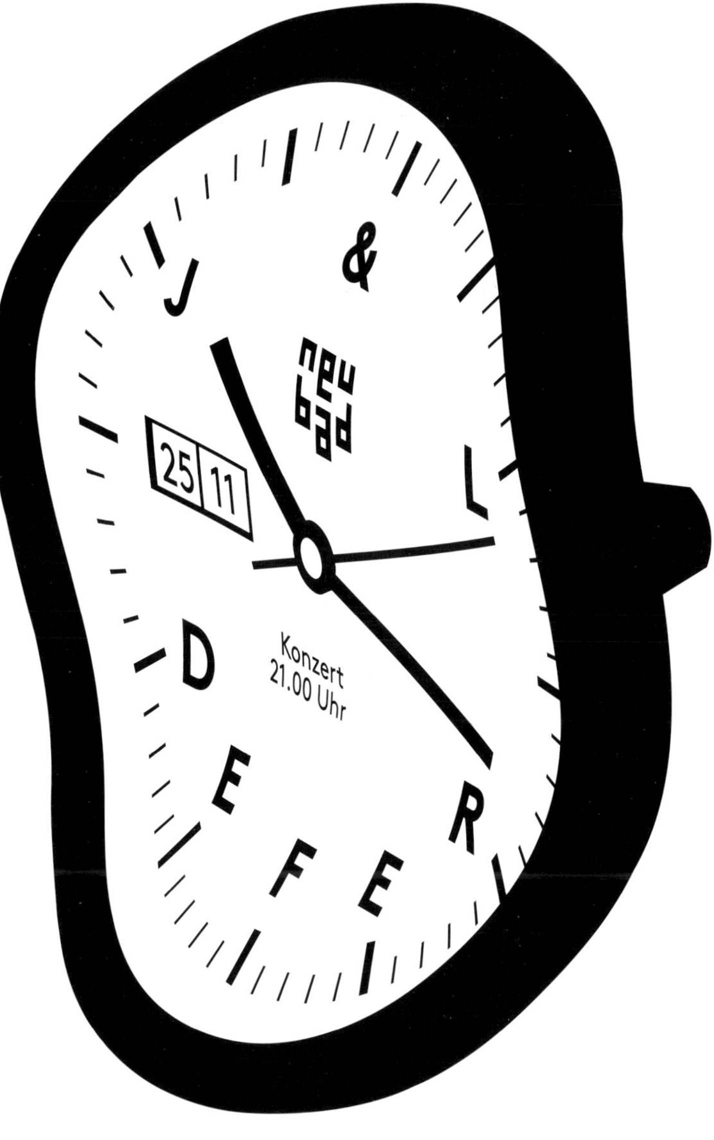

J & L
neu bad
25 11
D
Konzert
21.00 Uhr
E
F
E
R

21H
2.12.16
YELLOW TEETH vs
SLEEPYHOUSE LU
NEUBAD

NEUBAD
CD-TAUFE
DISTANCIAS

JULIO AZCANO

20:15

3·12·2016

OHRENSCHMAUS
FESTIVAL
IM NEUBAD

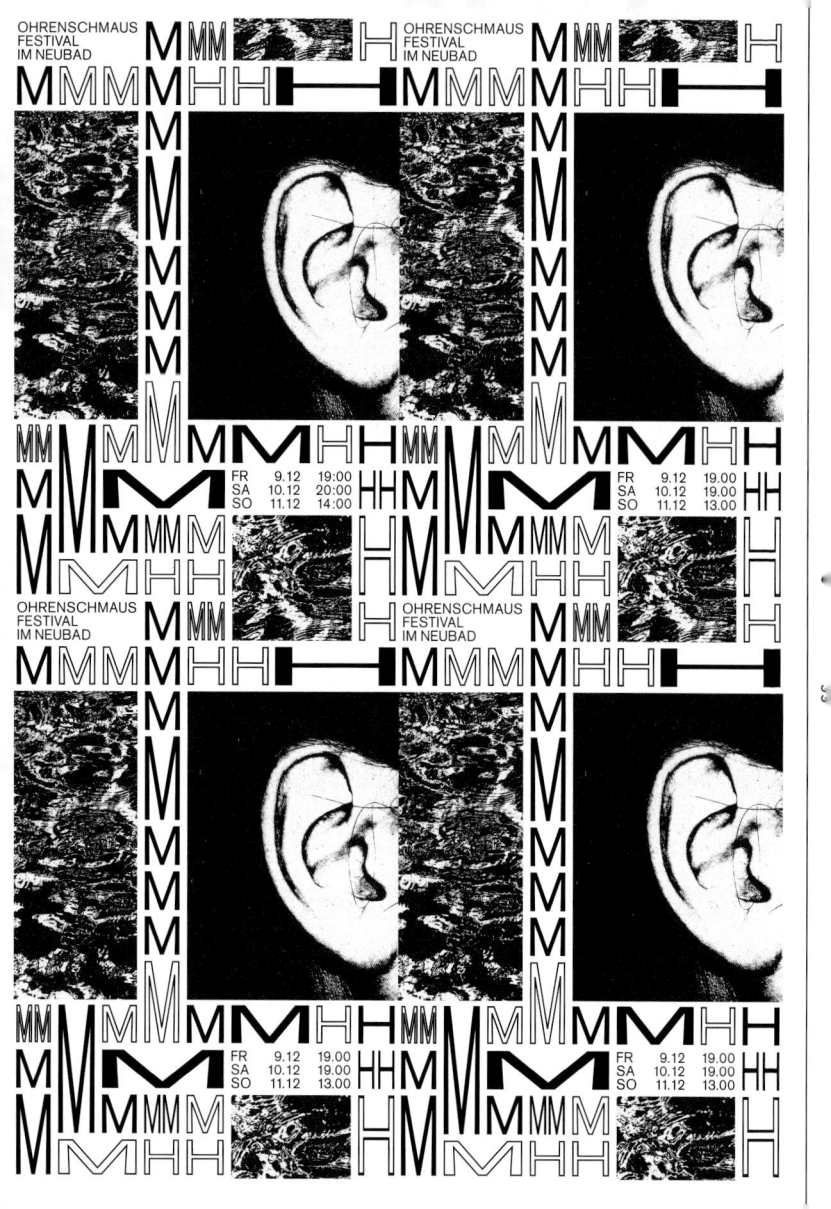

FR	9.12	19:00
SA	10.12	20:00
SO	11.12	14:00

HEROES of the FLUMMIE VERSE

MUSIKABEND
NEUBAD
21:00 UHR
10.12

rung.

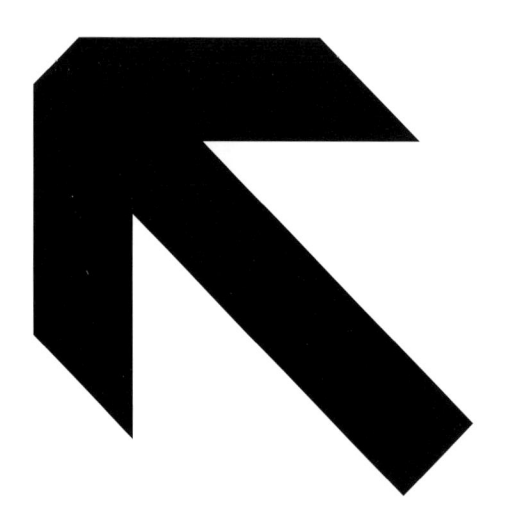

Jeweils am letzten
Dienstag im Monat
um 19.30 Uhr im

Neubad.

Füh

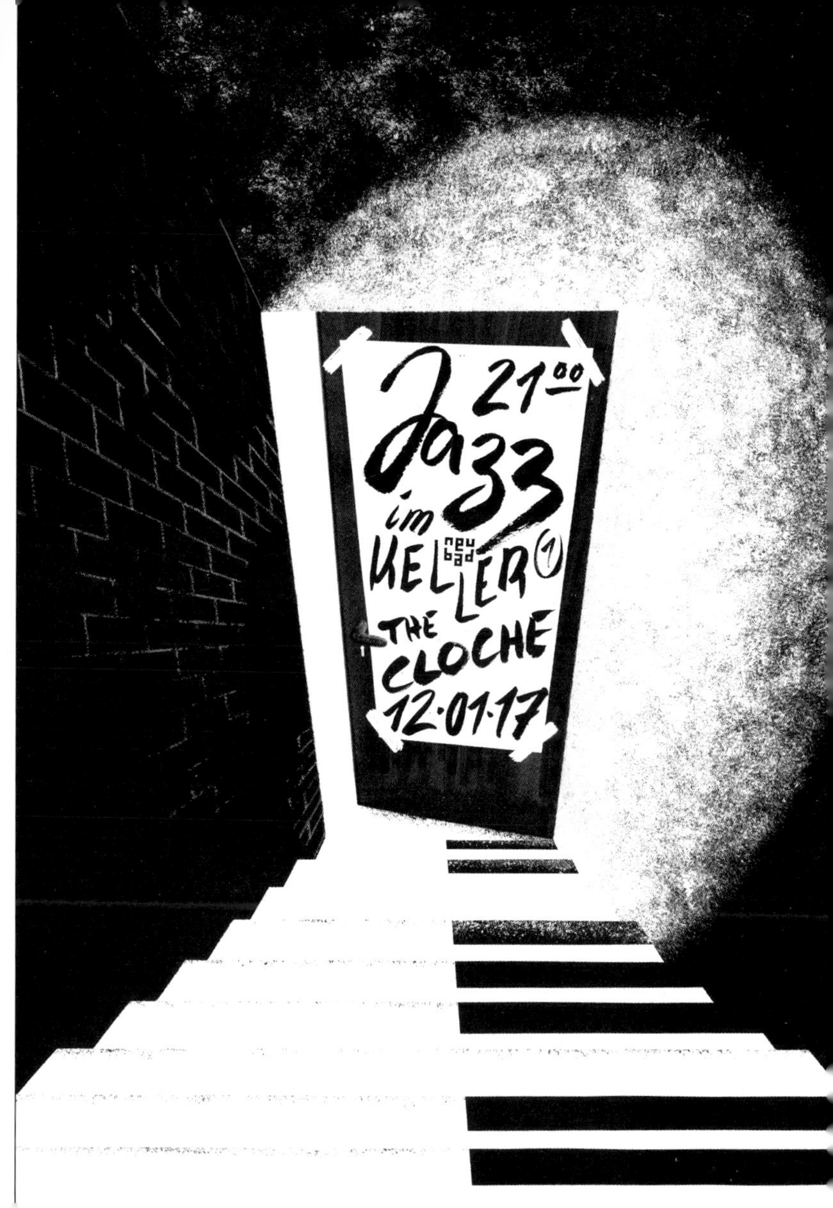
21⁰⁰
Jazz
im
neu bad
KELLER 1
THE
CLOCHE
12·01·17

Alright Gandhi DE
Konzert 19. Januar 21 Uhr **Neubad**

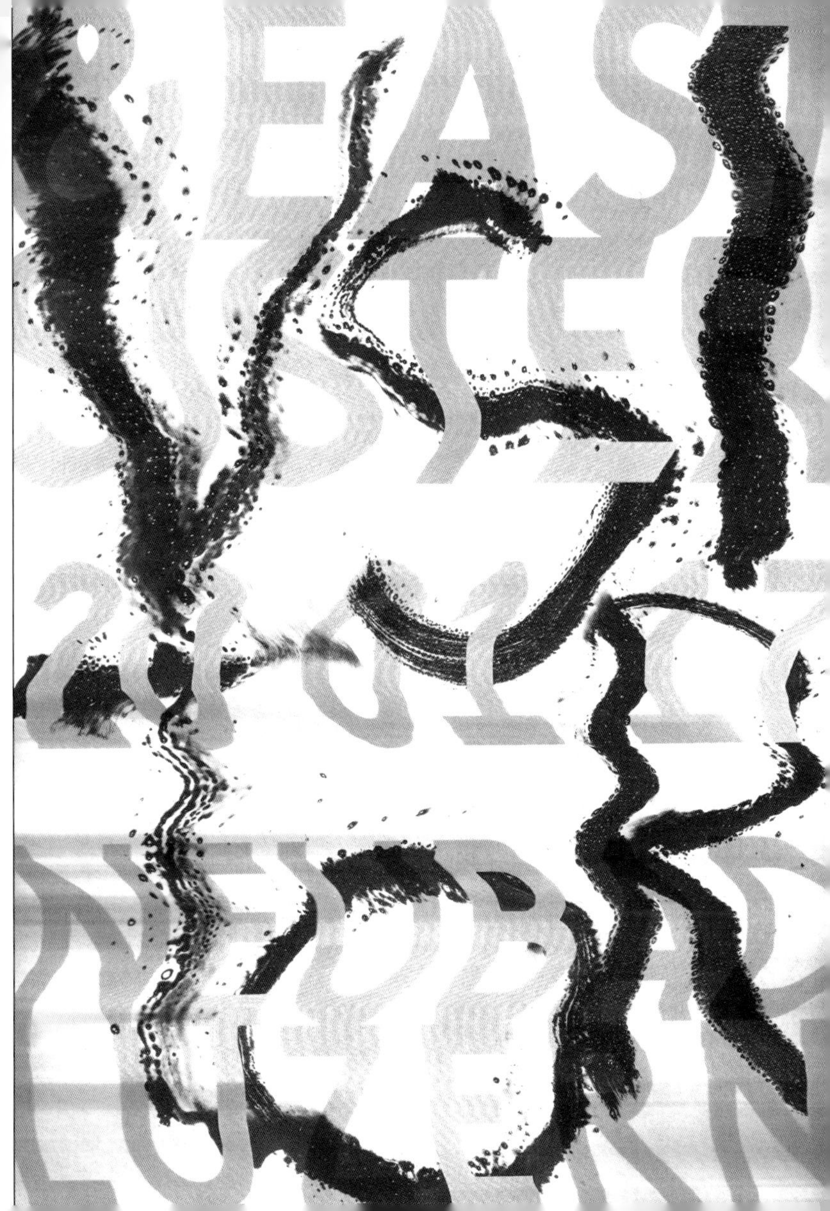

(CH/LU)

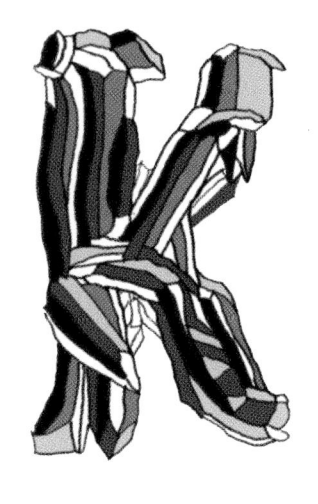

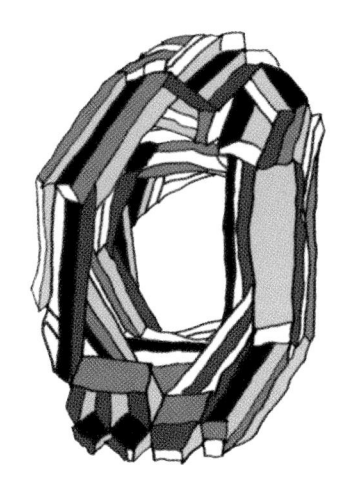

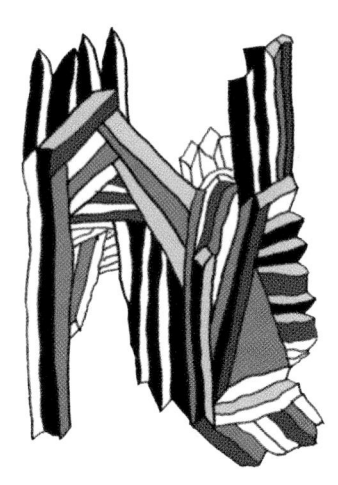

KILON

26. JANUAR 2017 *Plattentaufe* 21 H – NEUBAD

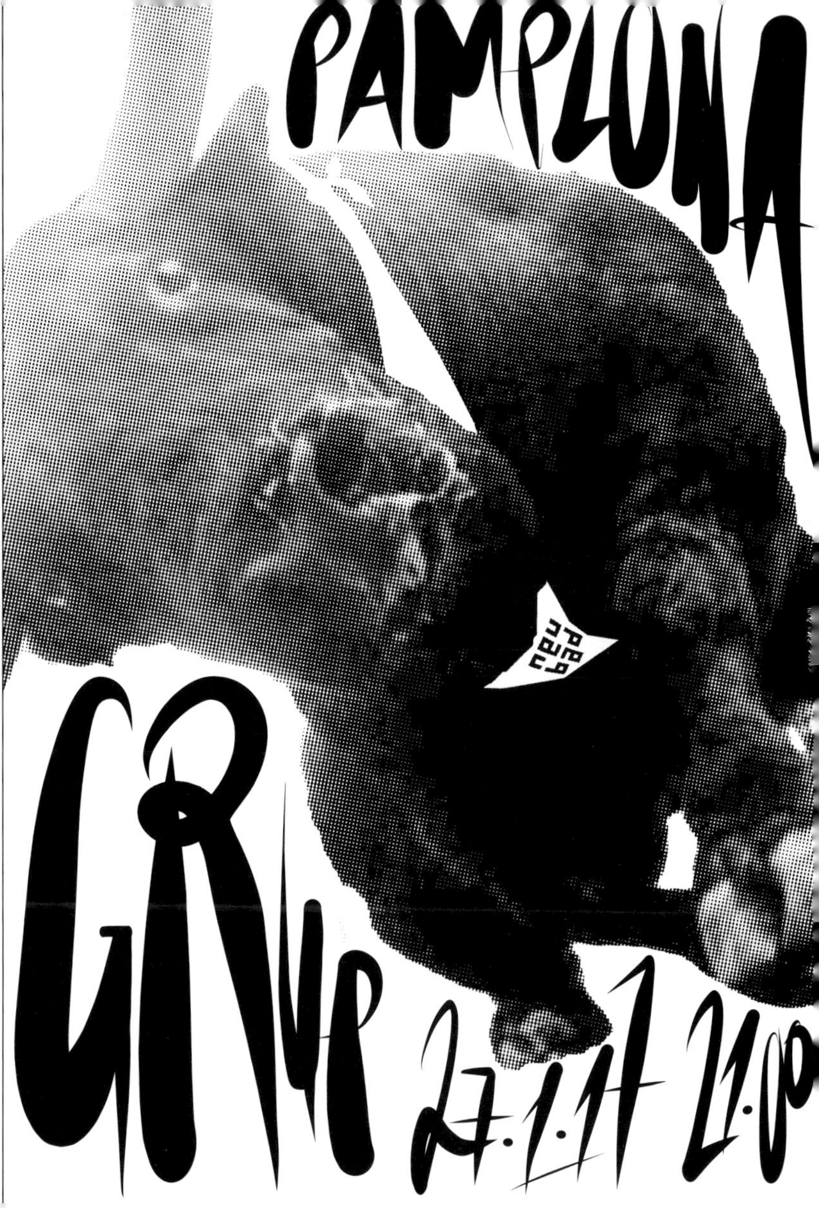
PAMPLONA
GRUP
27.1.17 21.00

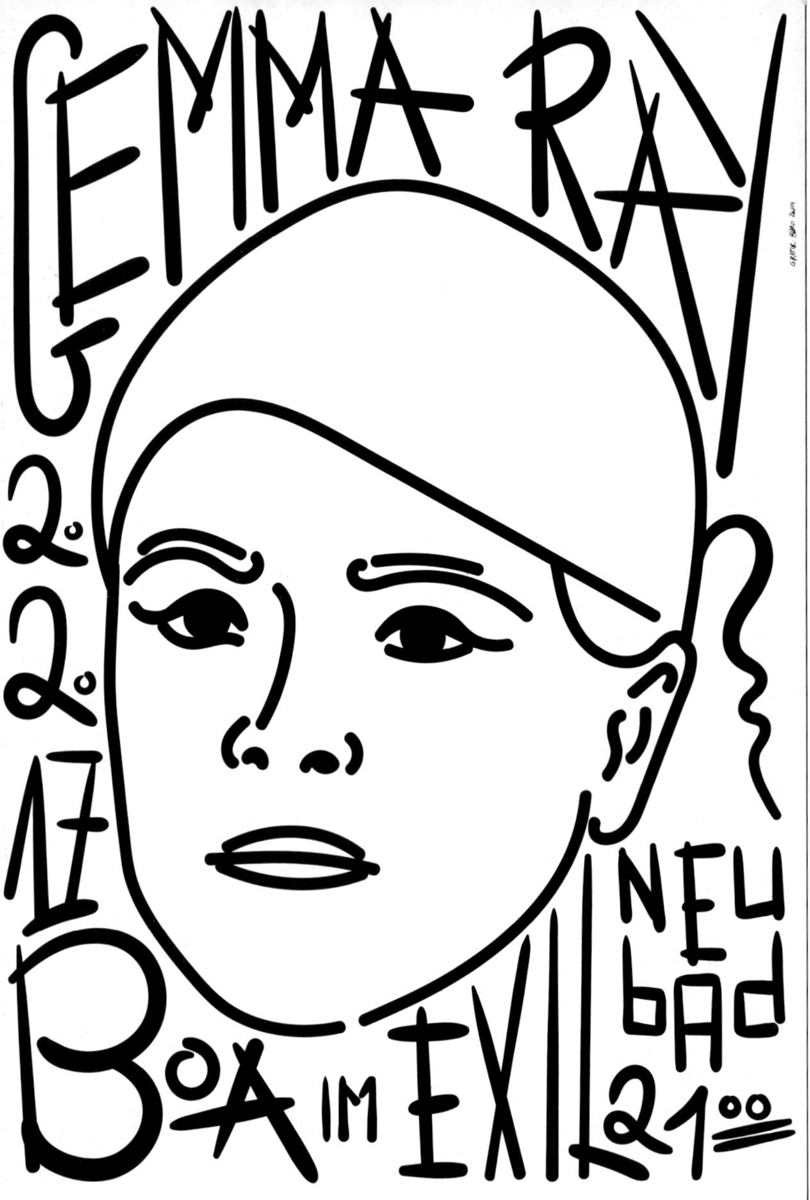
GEMMA RAY
2. 2. 17
BOA IM EXIL
NEU bad
21 00

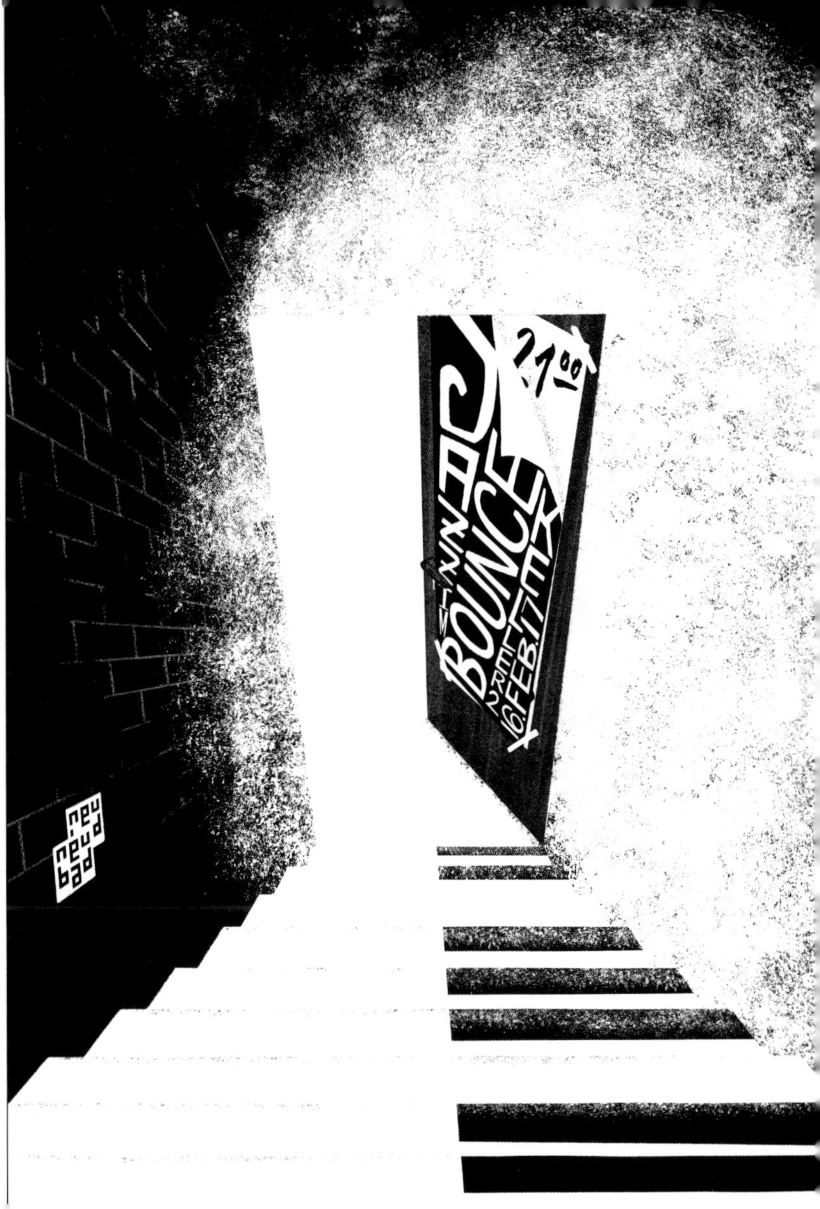
BOUNCE
16. FEB. 17
neu neu bad

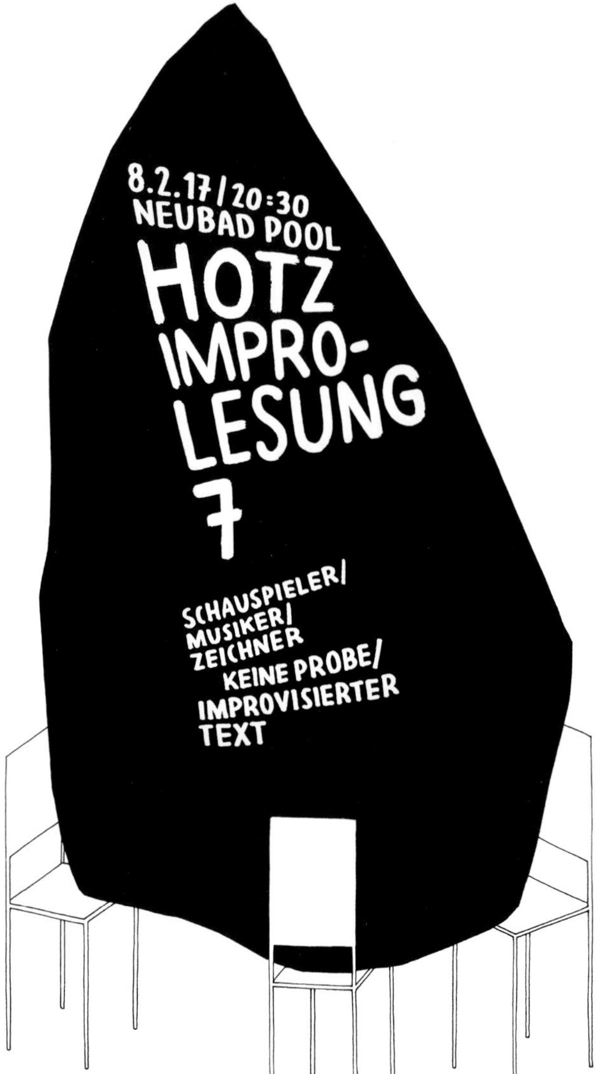

ANJAWICKI.CH

PHIL HAYES
+THE TREES

NEUBAD
9.2.17—21.00

LE REX [CH/BE]   NEUBAD   11 FEBRUAR   21 UHR

10TH NEUBAD POETRY

20:00

17.02.17

Wooden Peak

23.02.17
21.00
Neubad

EINWEGWUNDERKAMMER
25.2–28.4.17

neu Neubad
bad Galerie

Vernissage, 24.2.17–18.00   Künstlergespräch, 22.3.17–18.30   Finissage, 28.4.17–18.00

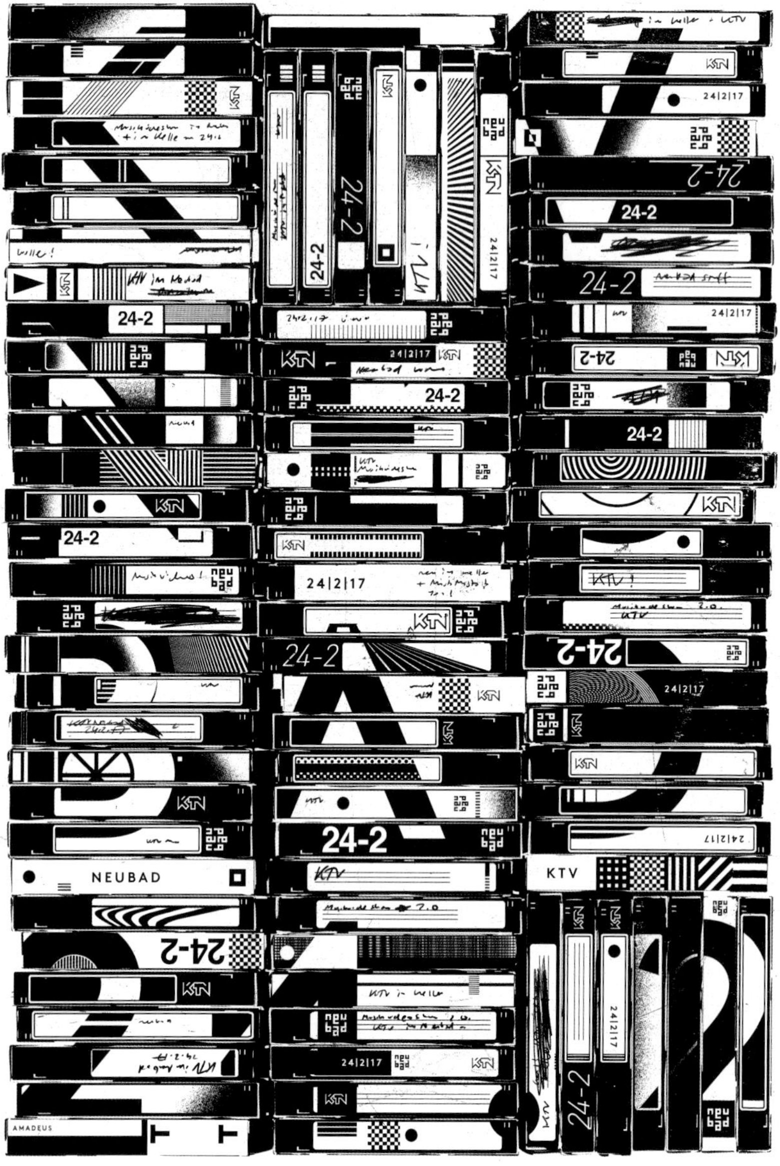

24-2
24|2|17
NEUBAD
KTV
AMADEUS
neu bad

ZEBRA

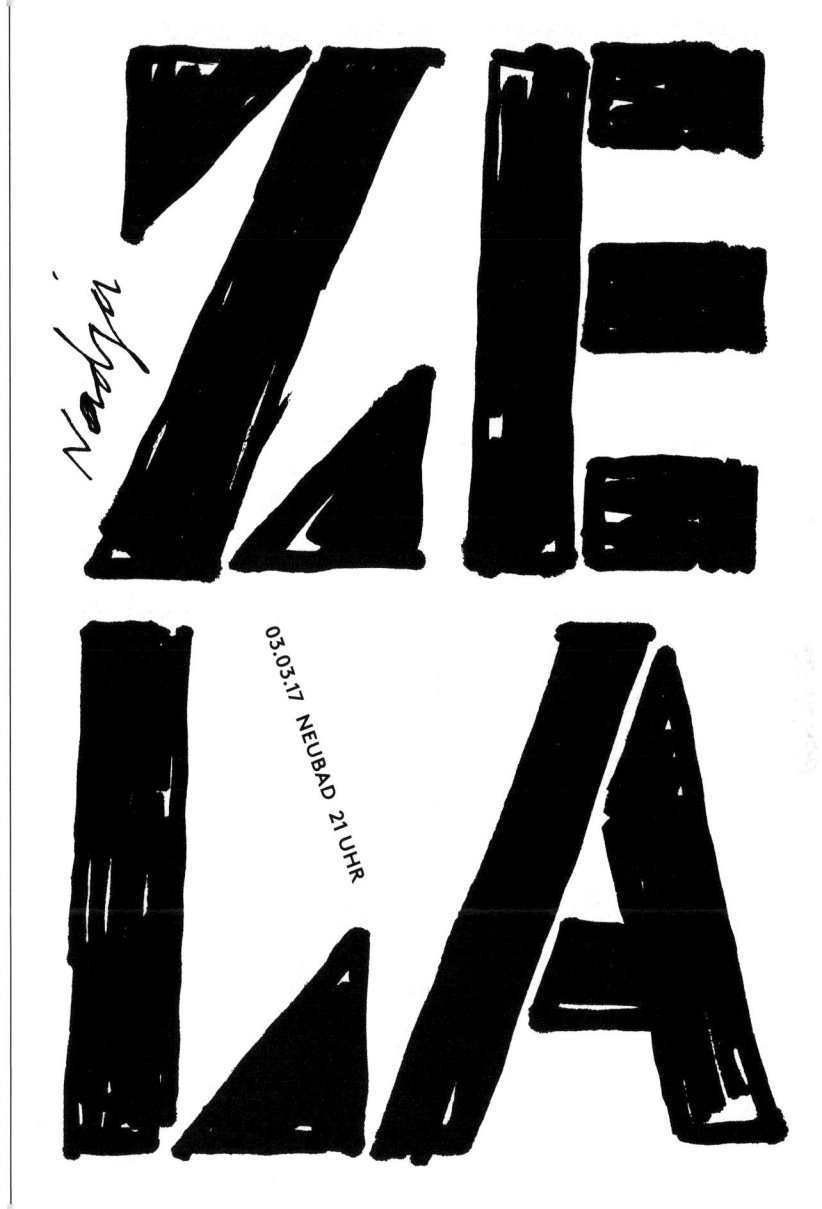

Nadja

03.03.17 NEUBAD 21 UHR

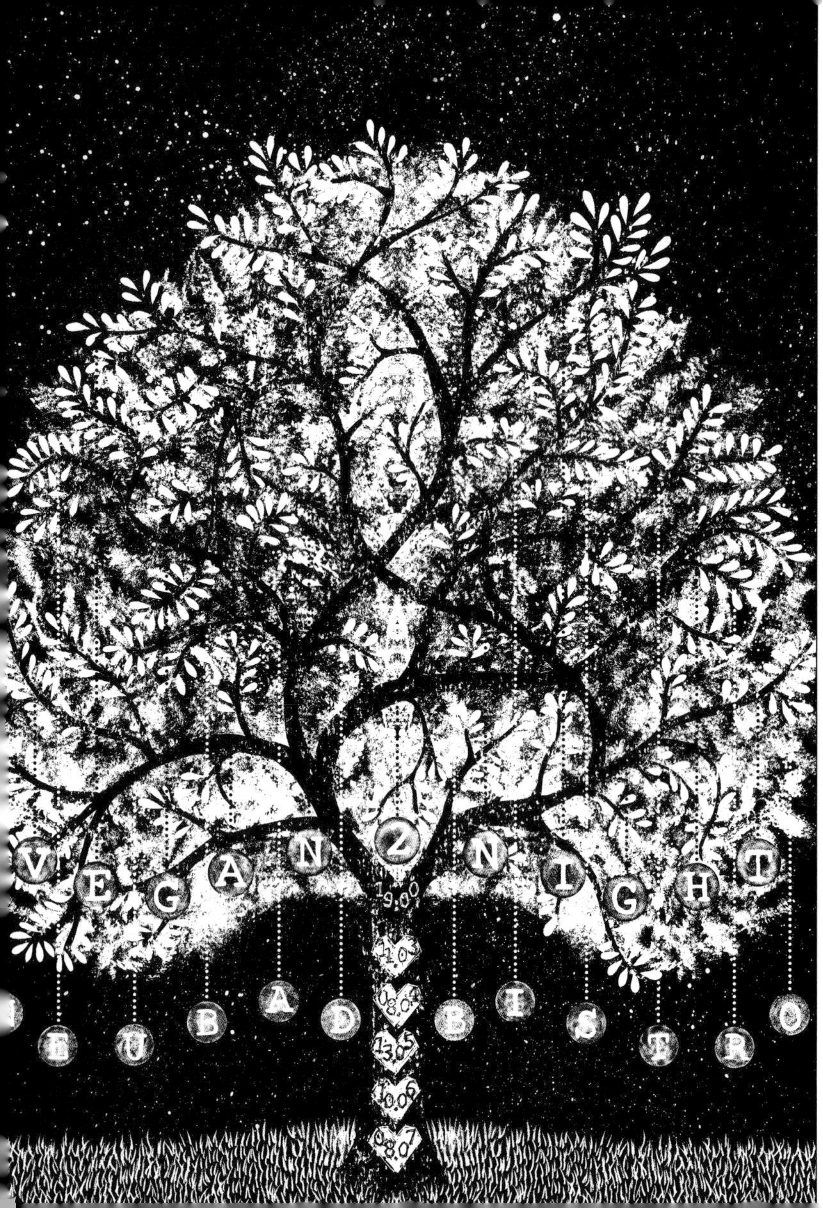
VEGAN 2 NIGHT
EUBAD BISTRO
19.0
11.03
08.04
13.05
10.06
08.07

Lose Mol!

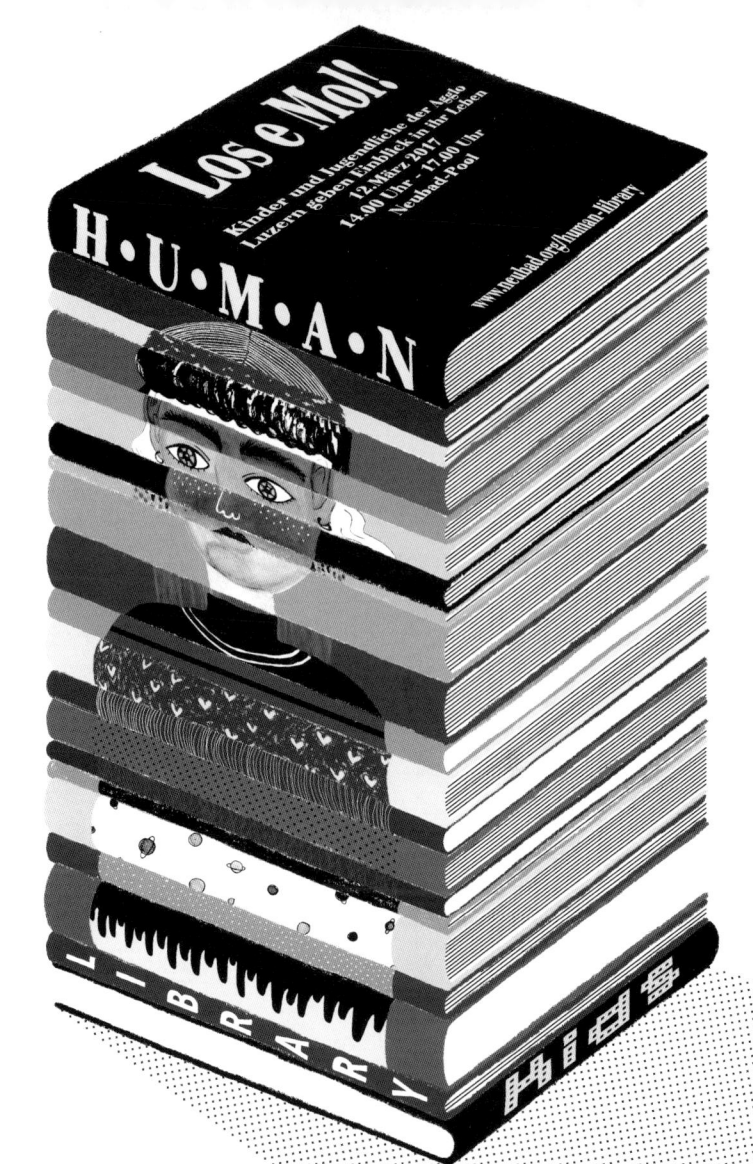

Kinder und Jugendliche der Agglo Luzern geben Einblick in ihr Leben

12. März 2017
14.00 Uhr – 17.00 Uhr
Neubad-Pool

www.neubad.org/human-library

H·U·M·A·N LIBRARY

a=f/m LU

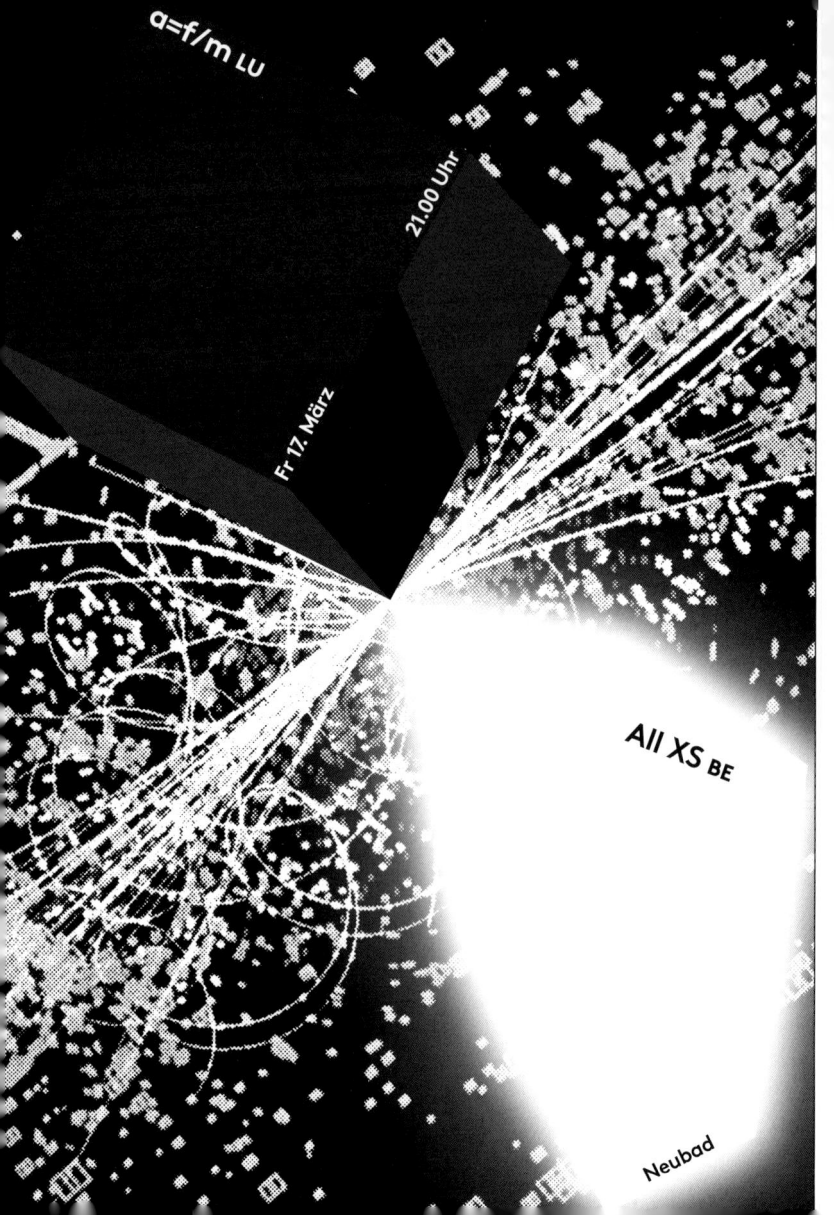

Fr 17. März 21.00 Uhr

All XS BE

Neubad

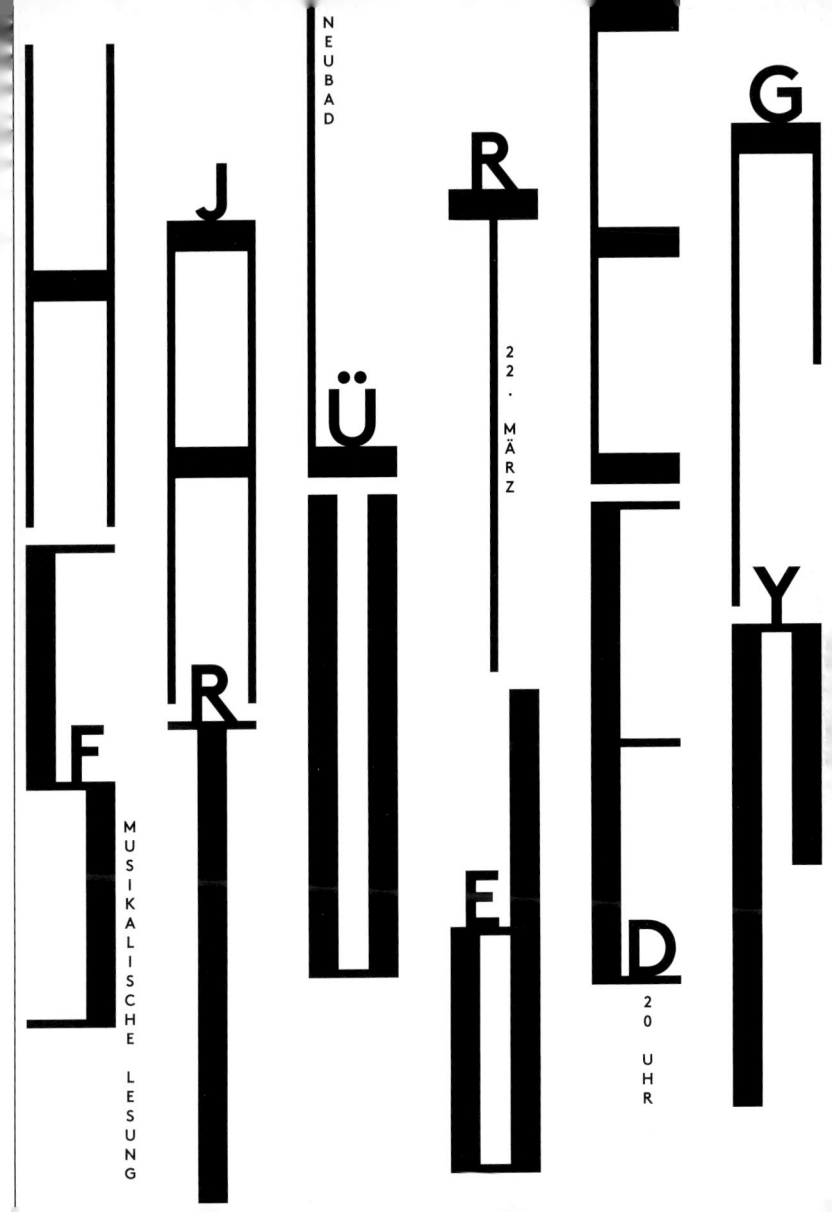

NEUBAD

JÜRG FREY

R

22. MÄRZ

EDUARD

G
Y

MUSIKALISCHE LESUNG

20 UHR

jazz im keller 3
23.03.1
me & mobi
21.00
neubad

Fr 24. März
Konzert im Keller
22 Uhr

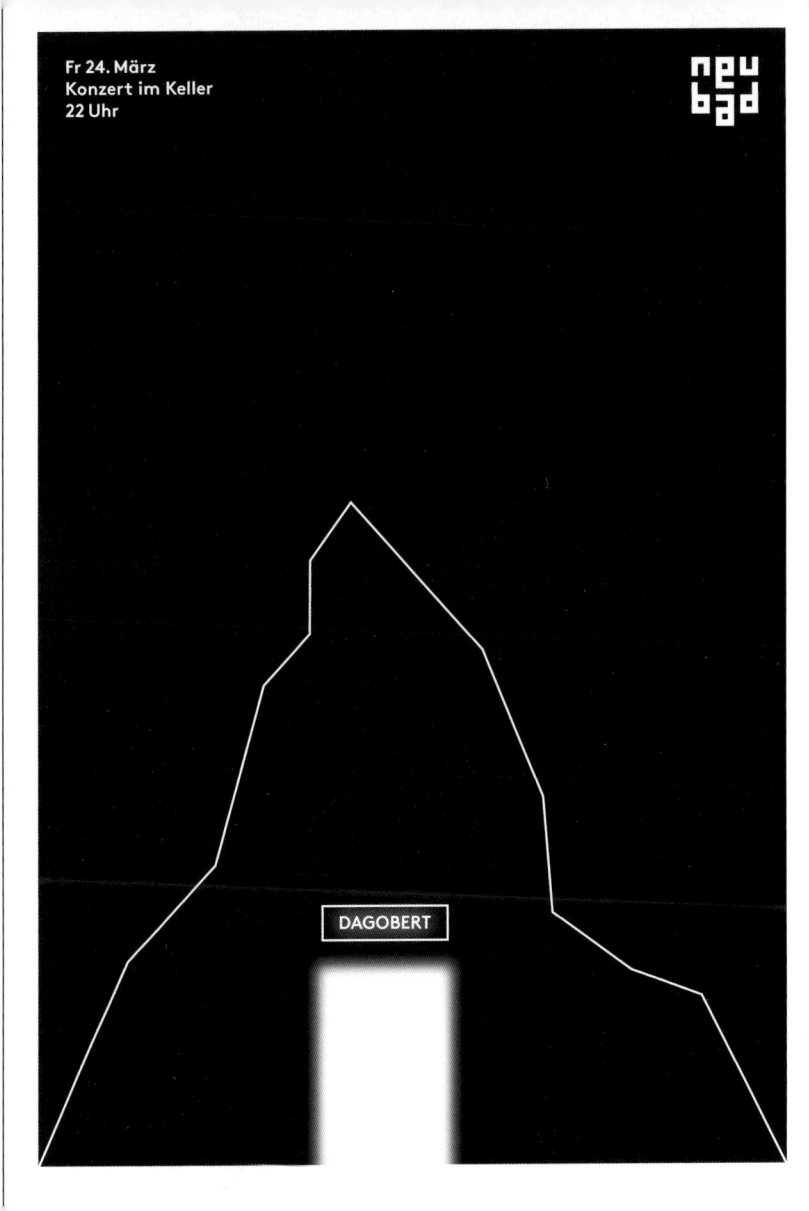

neubad

DAGOBERT

Solotage – Festival für
Ein-Mann-Frau-Orchester
Neubad Luzern 30.3. – 1.4.
2017

25.2.

felder melder

ink!

kack musikk

31.3.

iokoi

hardly booked

bit-tuner

neubad

22h

DIE STUNDE DER WAHREN EMPFINDUNG

6.4.17 20.30

geträumt

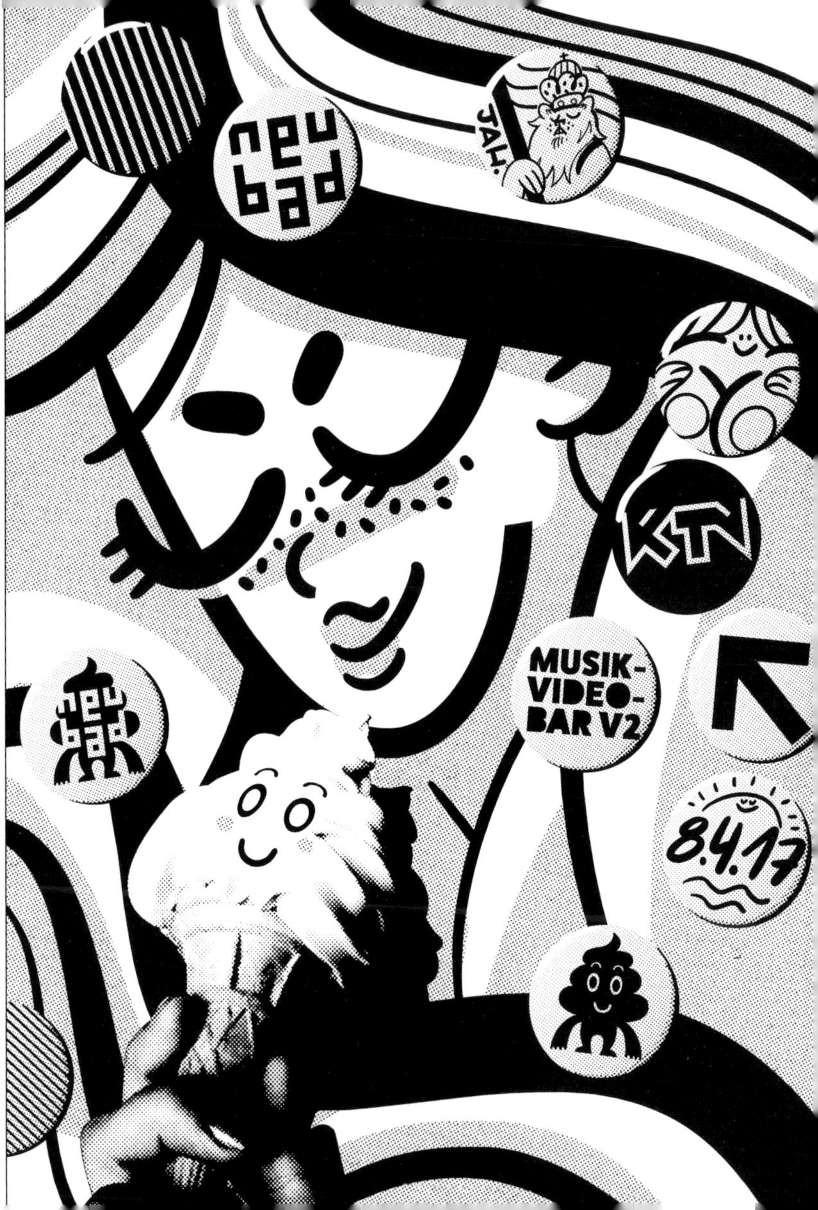
neu bad
JAH.
MUSIK-
VIDEO-
BAR V2
8.4.17

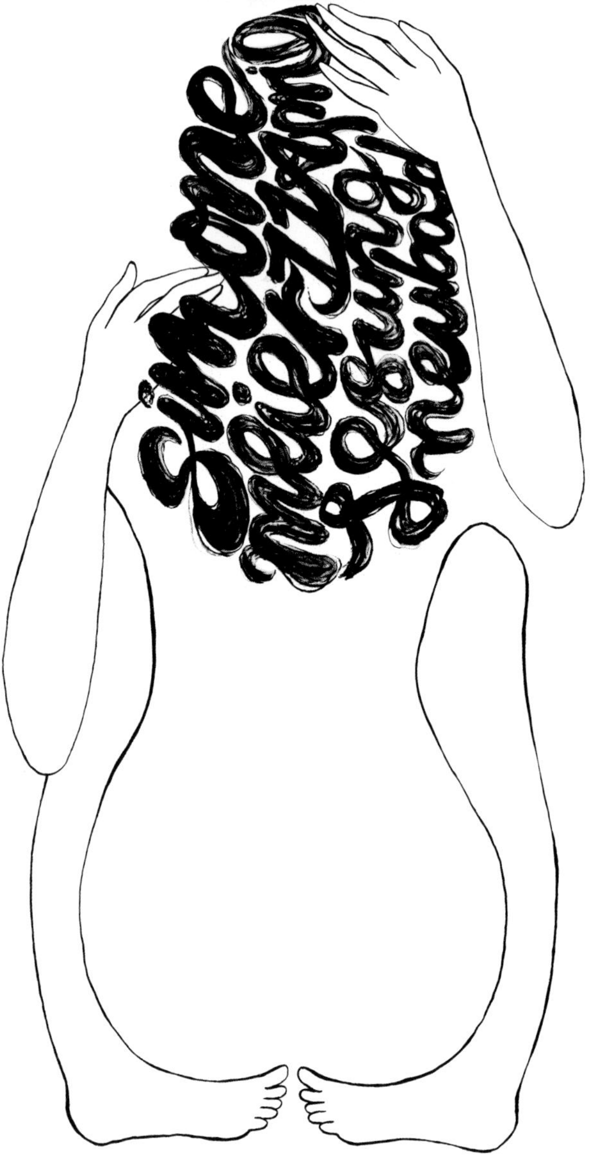

POETRY
11TH NEUBAD
SLAM
20:00
13.04.17

plattentaufe

HAUBI SONGS ®

& after show
melodie sinfonie
14.4
neubad

HÖREN SIE STIMMEN?

EINE AUDIO-VISUELLE COMIC-VERTONUNG

SAMSTAG
15. APRIL
2017
21:00
IM
NEUBAD

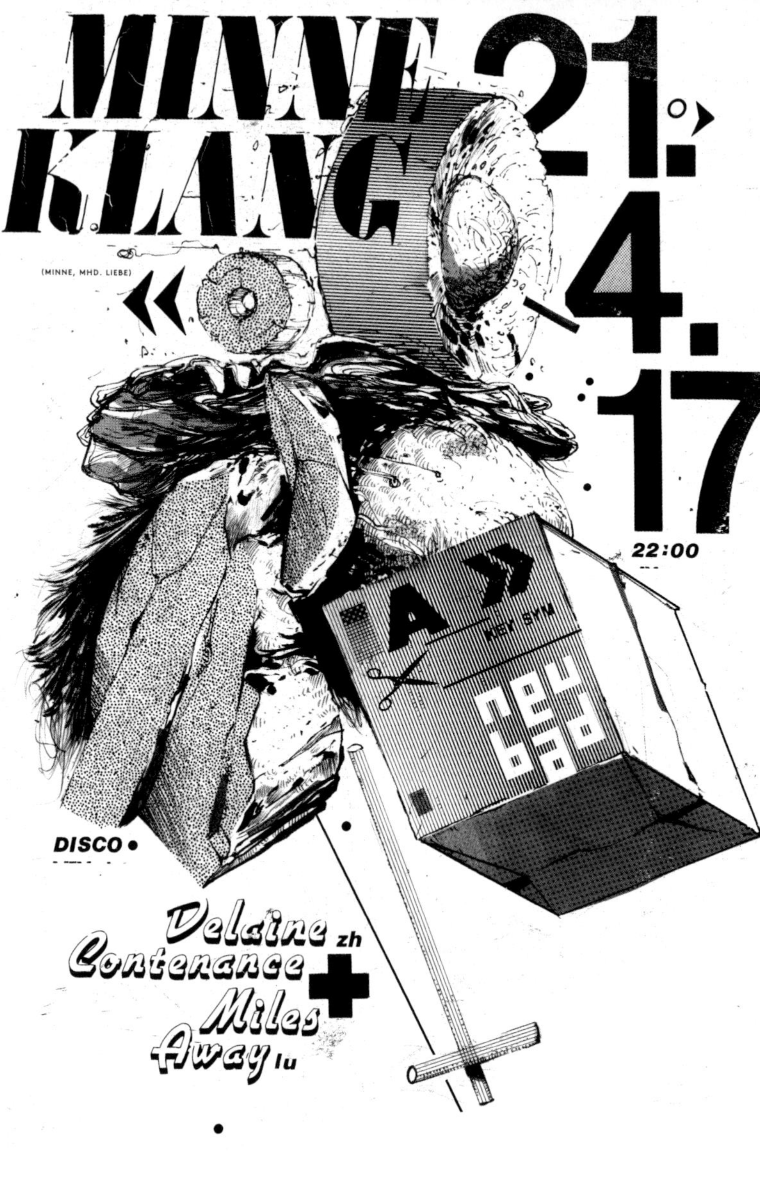

ARTUR FAST + AMADEUS WALTENSPÜHL

GangArt
JAZZ
IM
KELLER
4
21:00
NEUBAD
27.04
Becky M.
JUPITER
neubad

verloren

Shannon Zwicker
Belinda Kernen
12.05.–07.07.2017

Neubad Galerie

KING
SIZE
BED

LAS ROBERTAS | KONZERT | NEUBAD KELLER | 26. MAI 2017 | 21 UHR

**JAHRMARKT
DER SCHÖNEN STICHE**

TATTOOKUNST
IM NEUBAD
27.5.2017
16 — 23 UHR
28.5.2017
12 — 17 UHR

TEMPORÄR
Zwischennutzungstage

*Neubad Luzern
1.–2. September 2017*

THIS IS NOT AMERICA

EIN ANDERER BLICK AUF DIE USA

2.9 – 5.11.2017

neu Neubad
bad Galerie

Vernissage
2. September 2017, 18.30

Lesung mit Jennifer Bennett
22. September 2017, 18:30

Buchvernissage & Gespräch mit Hans U. Alder
11. Oktober 2017, 18:30

Finissage
3. November 2017, 18:30

Unterstützt vom Kanton Zug

5. September
17. Oktober
12. Dezember

wo: im Neubad-Pool
jeweils von 19.00 – 22.00 Uhr

KARAOkey-Abend im Neubadpool

Bissher. Wer es zu wichtig nimmt, verspricht, zu kritisieren oder objektiv zu deklarieren wird bei diesem aussergewöhnlichen Sprachkurs Deutsch auf eine spielerische Art und Weise gelernt. Der Schlüssel dazu heisst Karaoke. Mit Spiel und Spass, wird gesungen, gerappt, gelacht und getanzt. Der Anlass steht allen offen, die sich die deutsche Sprache aneignen wollen, gerne Karaoke singen oder sich gerne mit Menschen anderer Kulturen austauschen.

KARAOkey
Neubad Luzern

23. August
6. September
20. September
4. Oktober
18. Oktober
1. November
15. November
29. November
13. Dezember

wo: im Neubad-Keller
jeden zweiten Mittwoch, jeweils
von 15.30 – 17.30 Uhr

KARAOkey-Workshops

NEUBAD SLAM
20.00 UHR
08 SEPTEMBER

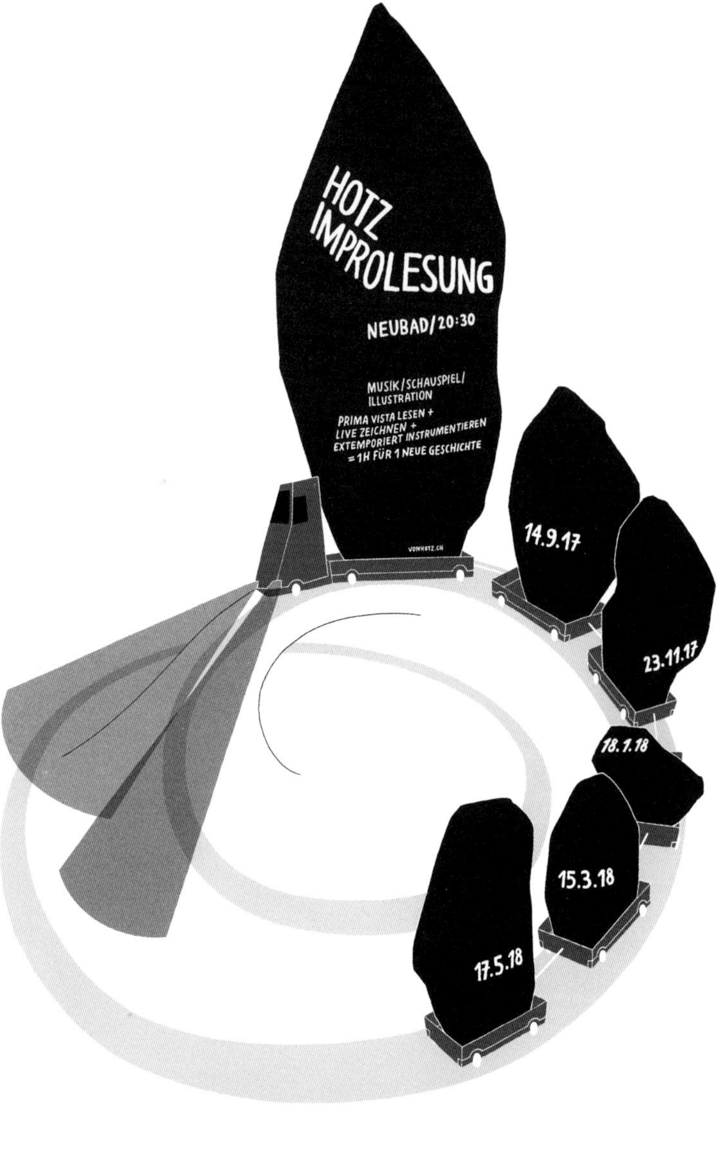

ANJAWICKI.CH

PURPLE TURTLE MUSIC SOUP

NEUBAD BISTRO
TOBO + MISTA
KORSETT
21:00
FREE

15. SEP
20. OKT
17. NOV
22. DEZ

Y33BA [US]
KONZERT

16.09.2017
21.00 UHR

NEUBAD
LUZERN

OFTE
MAMPFT
QUARK

16. Sep.
21. Okt.
25. Nov.
16. Dez.

Neubad Kinderklub

Neubad Luzern

Jeweils
10.00 Uhr

Eine Sängerin, ein Musiker und ein Zeichner erzählen gemeinsam Geschichten.

GRAFIKBAZAR
WELTFORMAT PLAKATFESTIVAL
NEUBAD

MODUL
KULTWERBUNG

EINTRITT FREI

12-18H

SO 24.9

THE GREAT HARRY HILLMAN

28. SEPTEMBER 2017 AB 21.00 UHR KONZERT/PLATTENTAUFE NEUBAD LUZERN

Tanz auf dem Keller

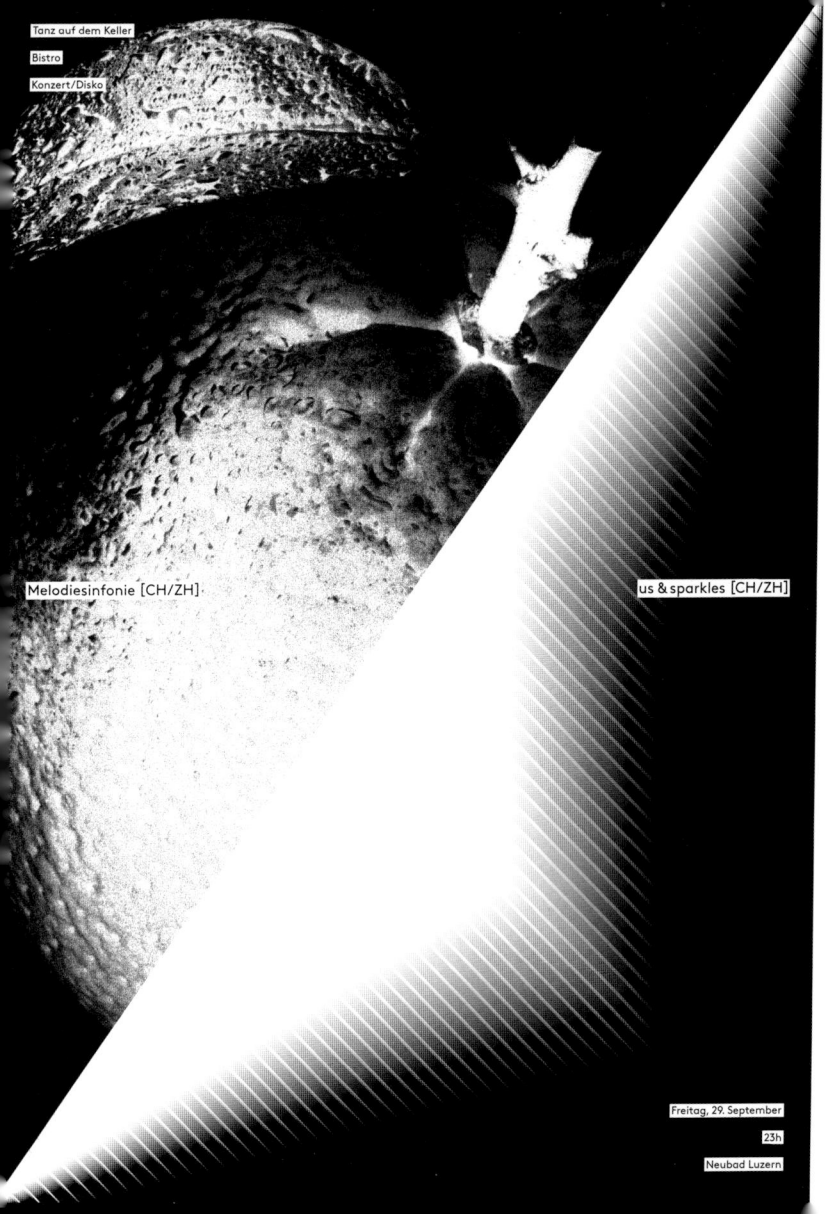

Bistro

Konzert/Disko

Melodiesinfonie [CH/ZH]

us & sparkles [CH/ZH]

Freitag, 29. September

23h

Neubad Luzern

5.10.2017
20.30 h

zerbrochen

Michael Nau [US]   Konzert   Freitag 6.10.2017   21 Uhr   Neubad Luzern

Monotales
Monotales
Monotales
Monotales
Monotales
Monotales
Monotales
Monotales

Fr., 13. Oktober, 21°°   Konzert im Neubad

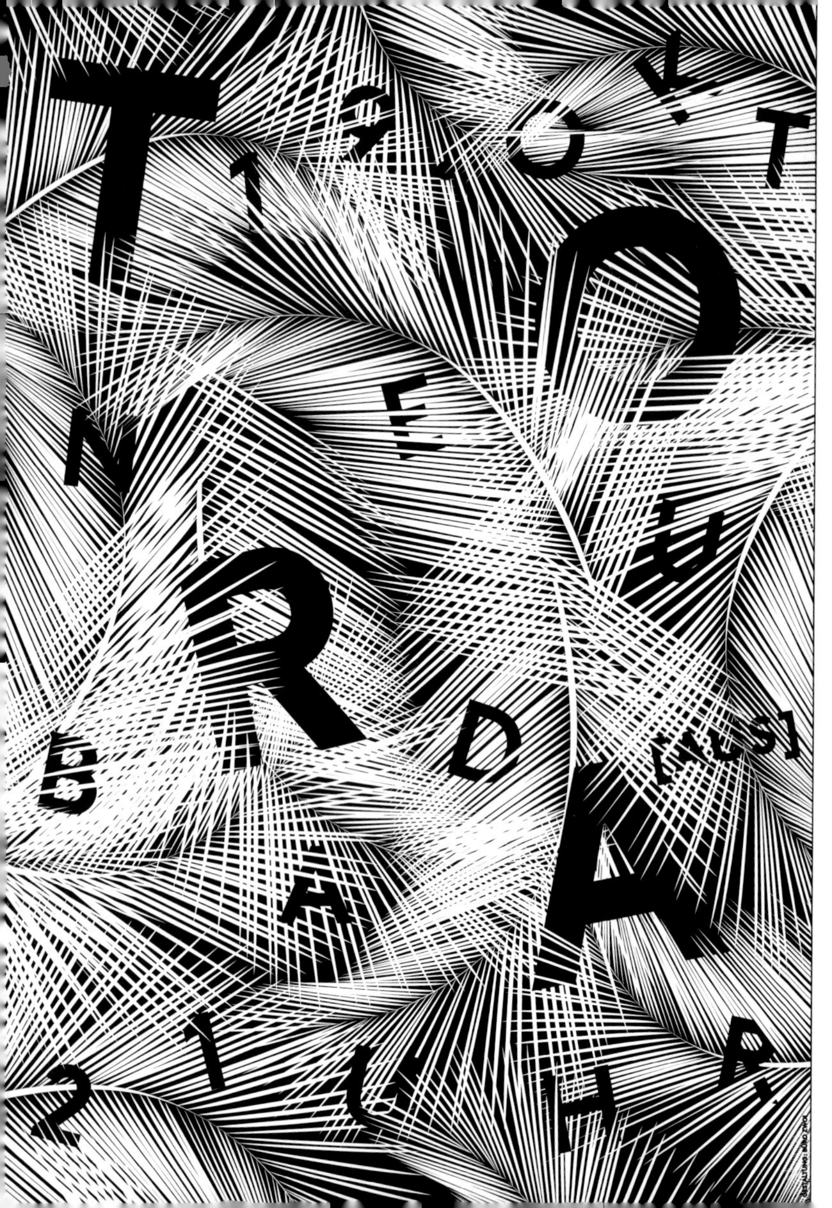
GESTALTUNG: BÜRO ZWOI

AGAR
AGAR

**20. OKT.
NEUBAD**
KONZERT
22 UHR

21. Oktober 21:00 Uhr

Sophia Kennedy

Neubad Luzern

Konzert

(DE)

Support
Little Fellow (CH/LU)

QUIZ DER POPULAER KULTUR

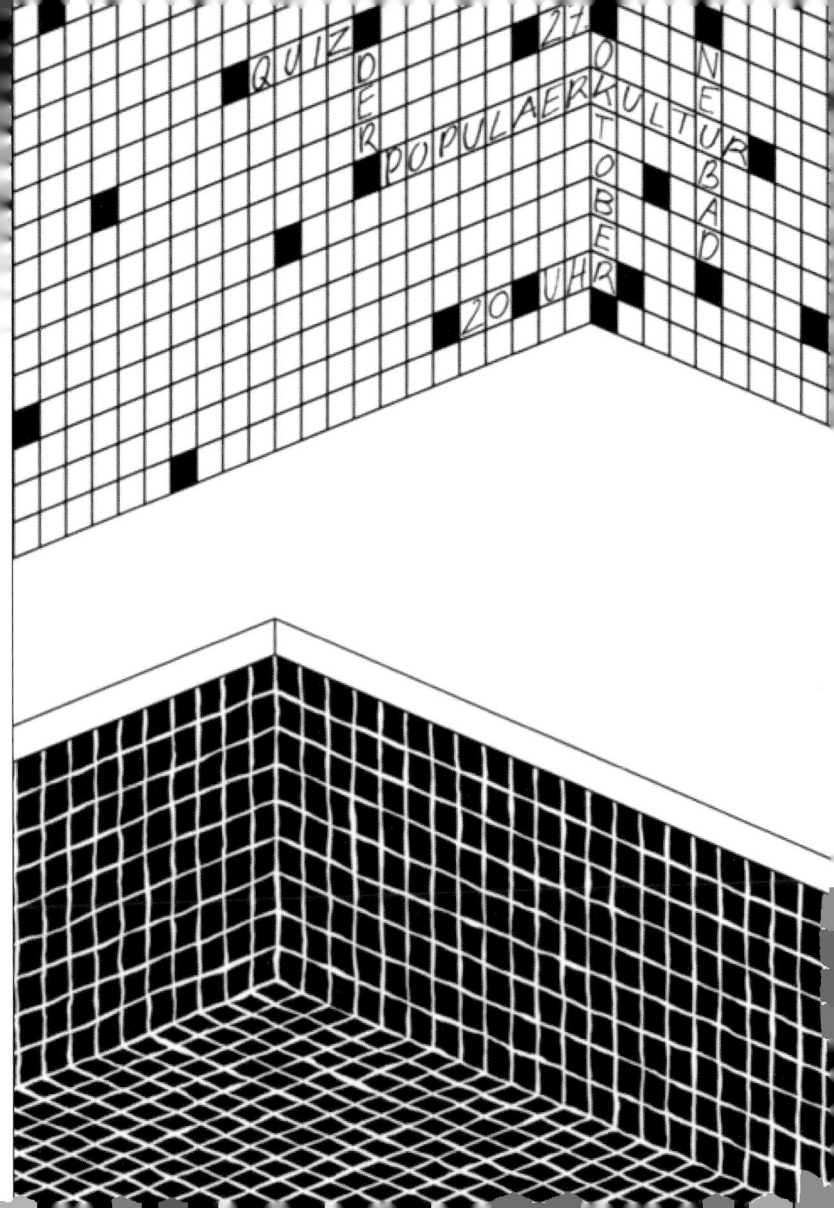

27. OKTOBER

NEBAD

20 UHR

SISELABONGA

KONZERT 27.10.17
21.00 NEUBAD

Haley Heynder-ickx [US]

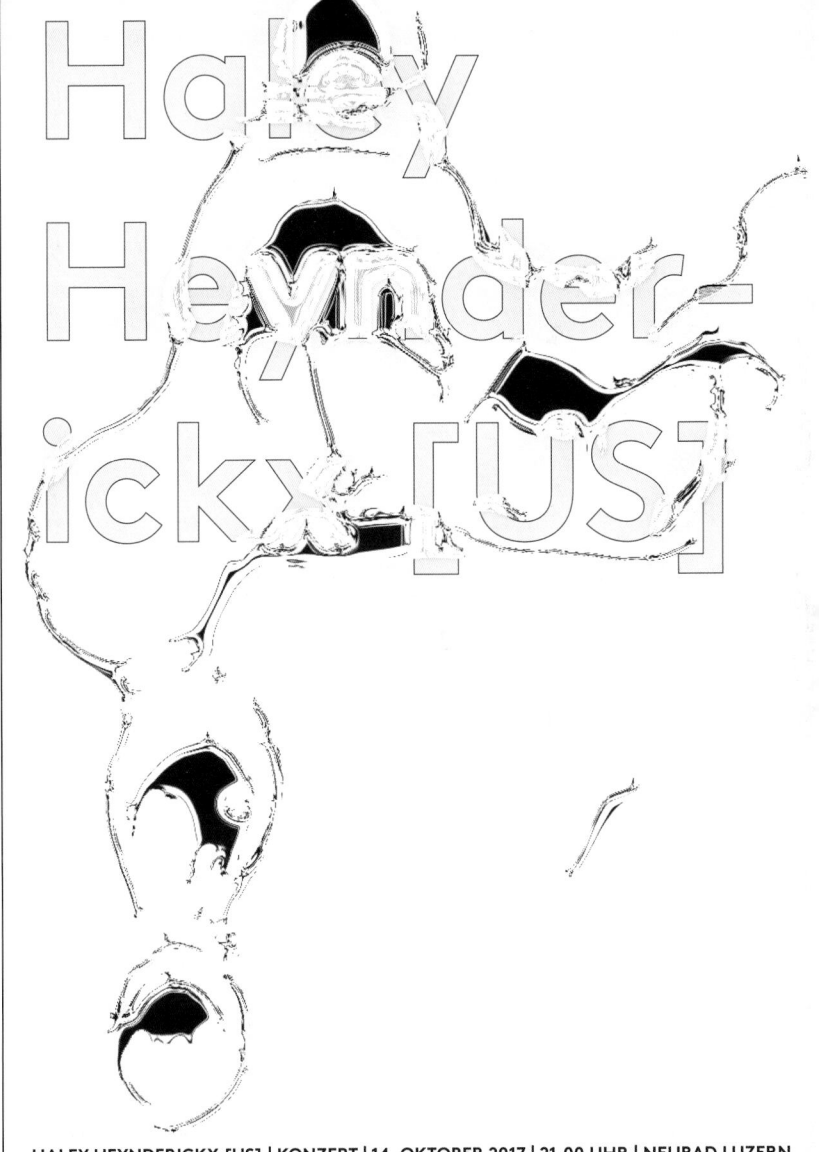

HALEY HEYNDERICKX [US] | KONZERT | 14. OKTOBER 2017 | 21.00 UHR | NEUBAD LUZERN

JAHRMARKT DER SCHÖNEN DINGE

16–23 Uhr
Neubad
28. Okt.

2.11.2017
20.30 h

DIE STUNDE DER WAHREN EMPFINDUNGEN

verliebt

21 Uhr

Konzert

2henning
[CH/LU]

Freitag, 3. Nov.

Neubad

Gib no chli, Michu.
Gib no chli, Michu.
Gib no chli, Michu.
Gib no chli, Michu.
Gib no chli, Michu.
Gib no chli, Michu.

Pedro Lenz & Michael Pfeuti
Musikalische Lesung

7. November 2017
20 Uhr

Neubad Luzern
Pool

GOOD_YEAR

09. Nov. 2017 – 19. Jan. 2018
Stephan Wittmer, Neubad Galerie

The
Cloche
10. November 17
21.00 Konzert
Neubad
Luzern

OHNE WASSER NEUBAD 10+11 NOVEMBER 2017
KEIN LEBEN   LUZERN 20:00

Hellmüller Trio

Konzert

Do 16. Nov 21h!

Neubad Luzern

Neubad geht aus:

DENGUE DENGUE DENGUE

17. Nov. 2017
23h

Support: Andele Andele [PER]

Uferlos Luzern

NICHT GANZ NEUBAD LUZERN FR 17.11. HUNDERT QUIZ 20:00 H

LEGENDARY LIGHTNESS

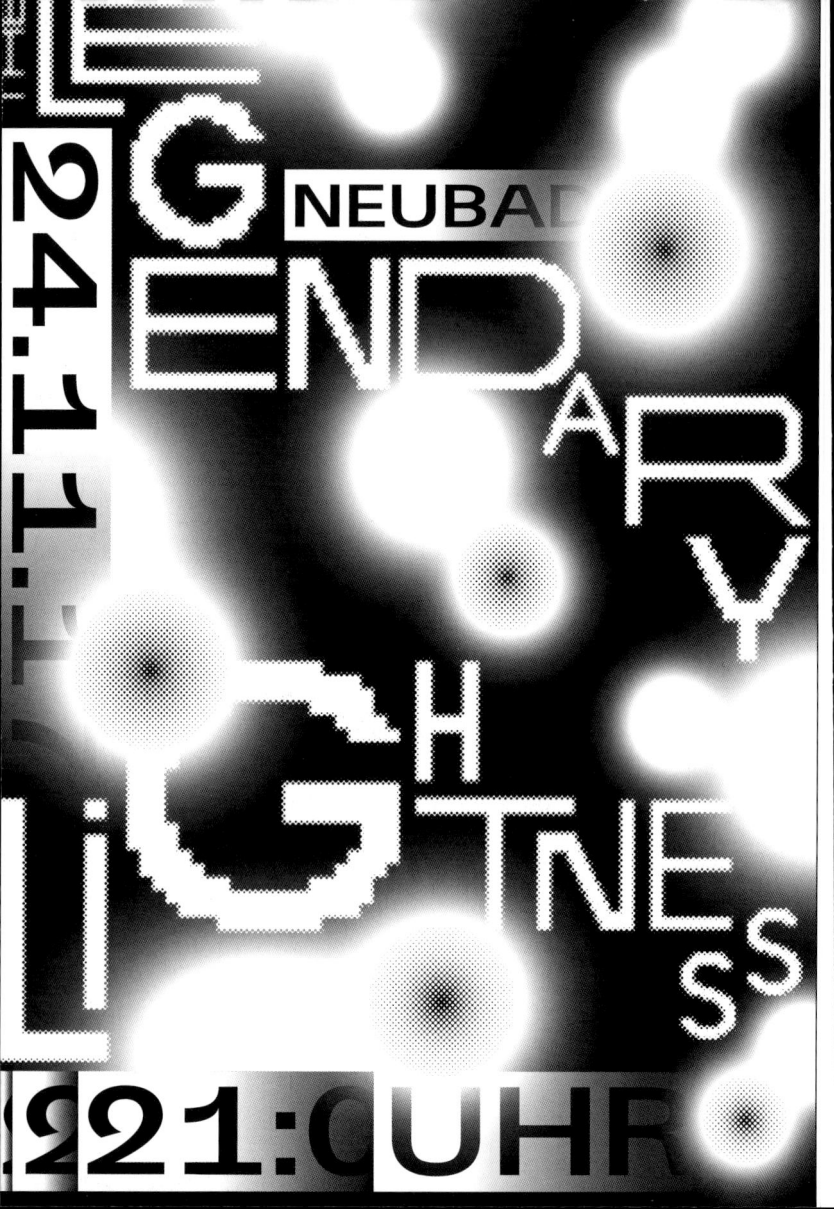

NEUBAD

24.11.

21:00 UHR

25.
–26. Nov.
Weihnachtsma
Neubad Luzern-
Hallen-luja
studio lindhorst-emme

PAYKUNA

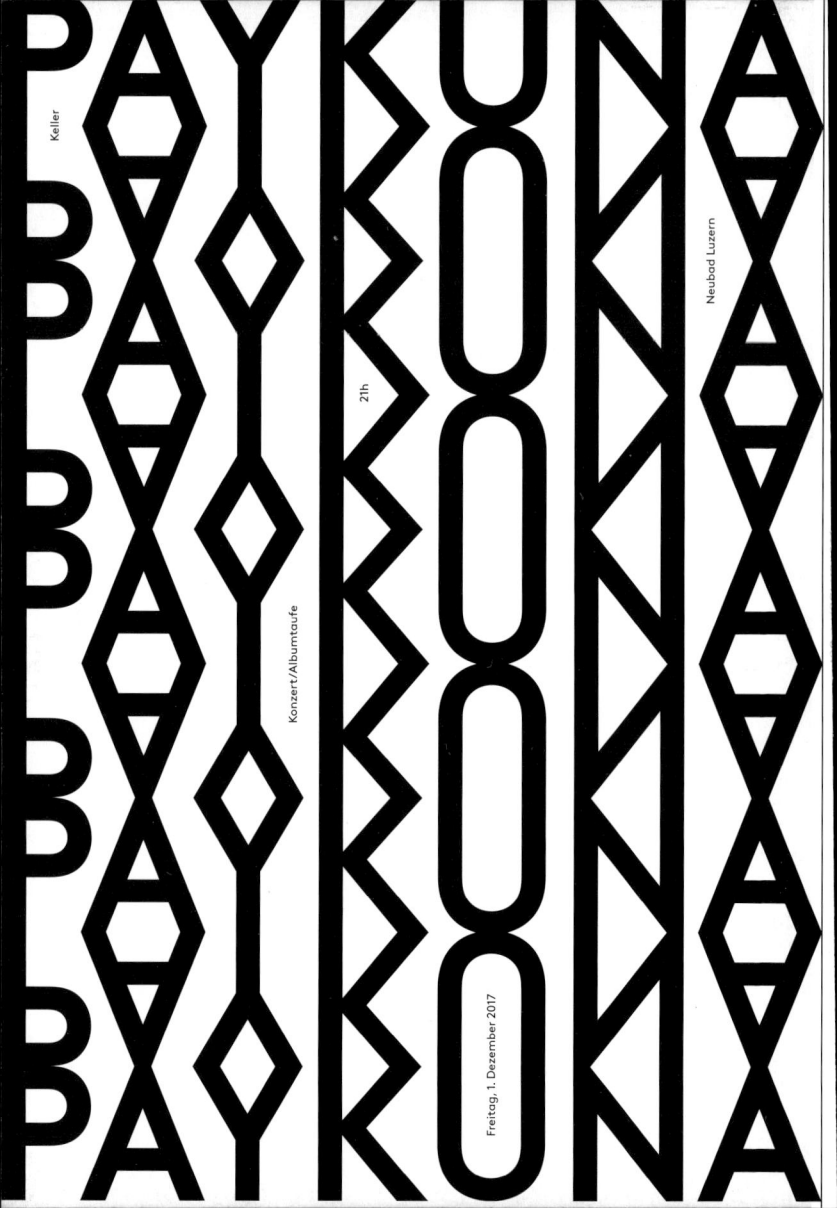

Keller

Konzert/Albumtaufe

21h

Freitag, 1. Dezember 2017

Neubad Luzern

NEUBAD KONZERT

OMRI ZIEGELE WHERE'S AFRICA

**14 DEZ 17
21.00**

16. DEZEMBER 2017

NEUBAD SLAM

20:00 UHR

neubad

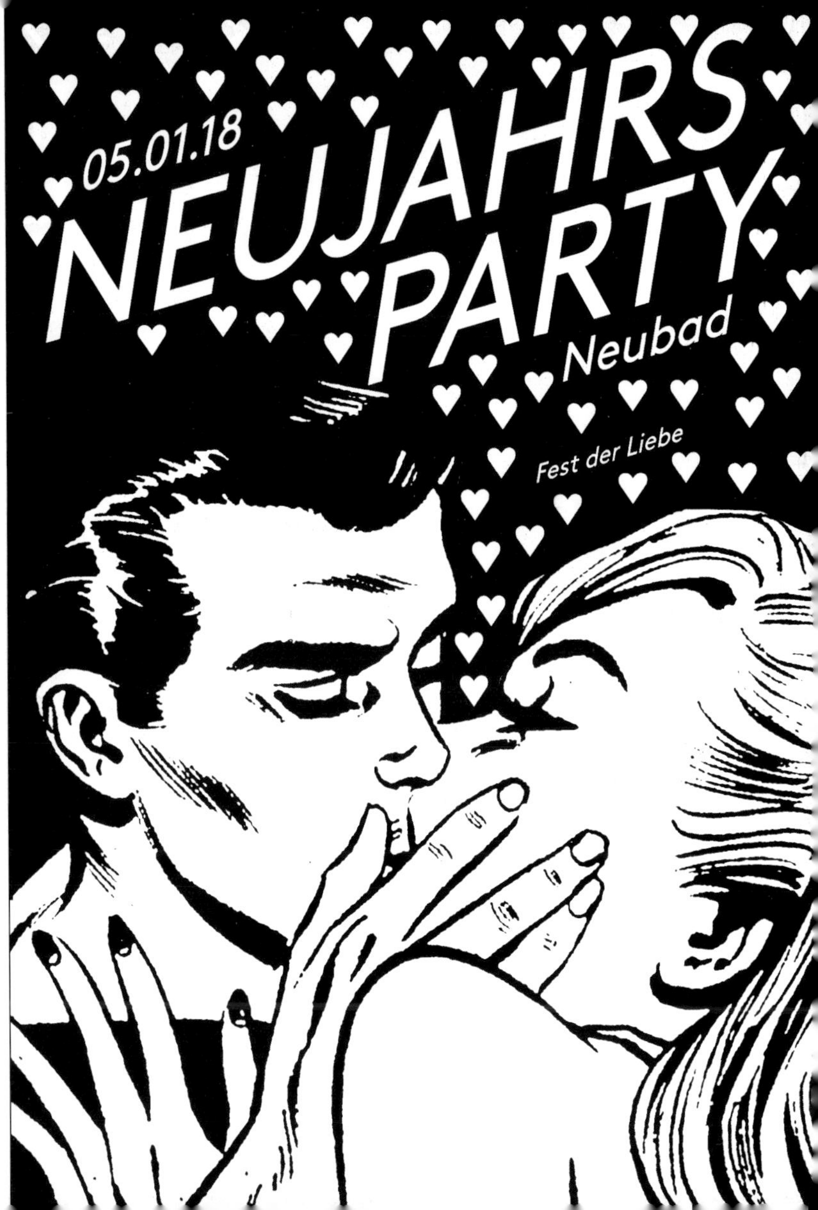
05.01.18
NEUJAHRS
PARTY
Neubad
Fest der Liebe

STRANDGUT
neu bad
07.01.18 ZUSATZTERMIN
21.01.18
04.02.18 ZUSATZTERMIN
18.02.18
04.03.18 ZUSATZTERMIN
18.03.18
15.04.18
20.05.18
WWW.BENJAMINHERMANN.CH

BORU-SIA-DE

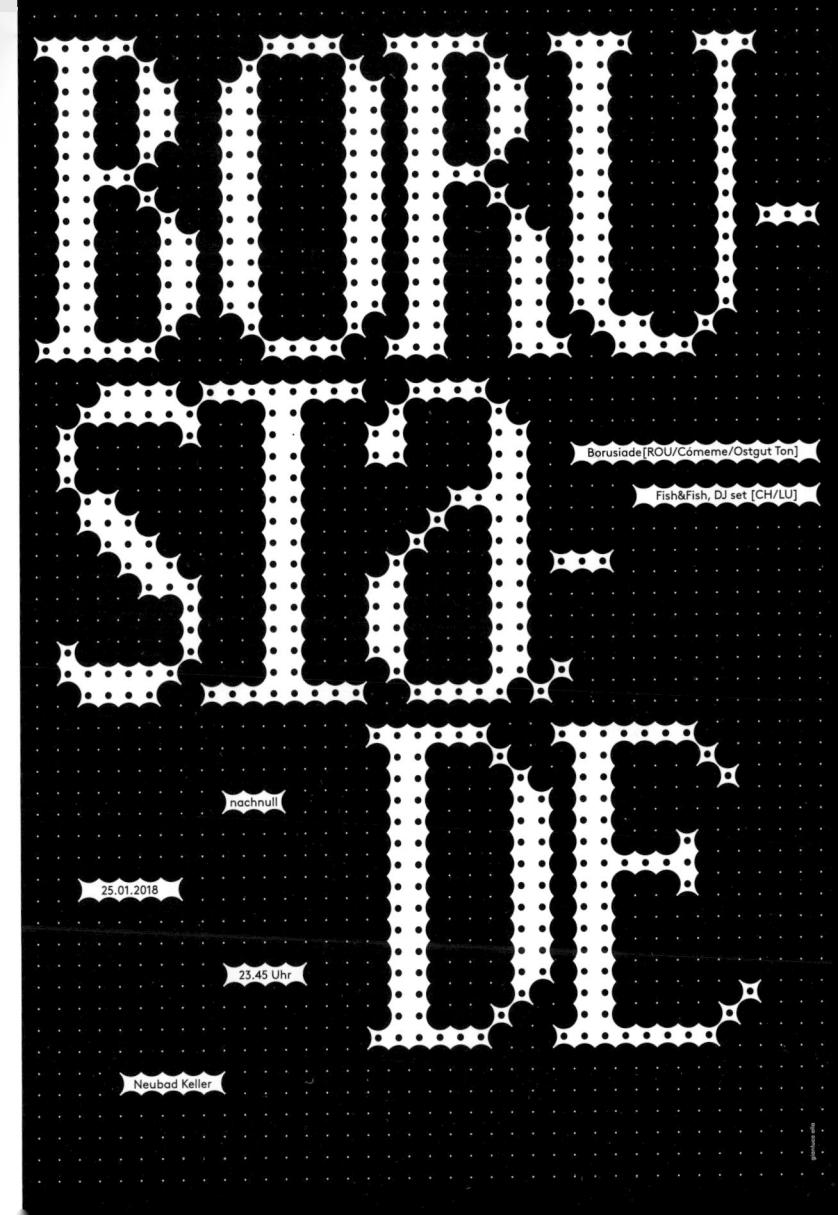

Borusiade [ROU/Cómeme/Ostgut Ton]

Fish&Fish, DJ set [CH/LU]

nachnull

25.01.2018

23.45 Uhr

Neubad Keller

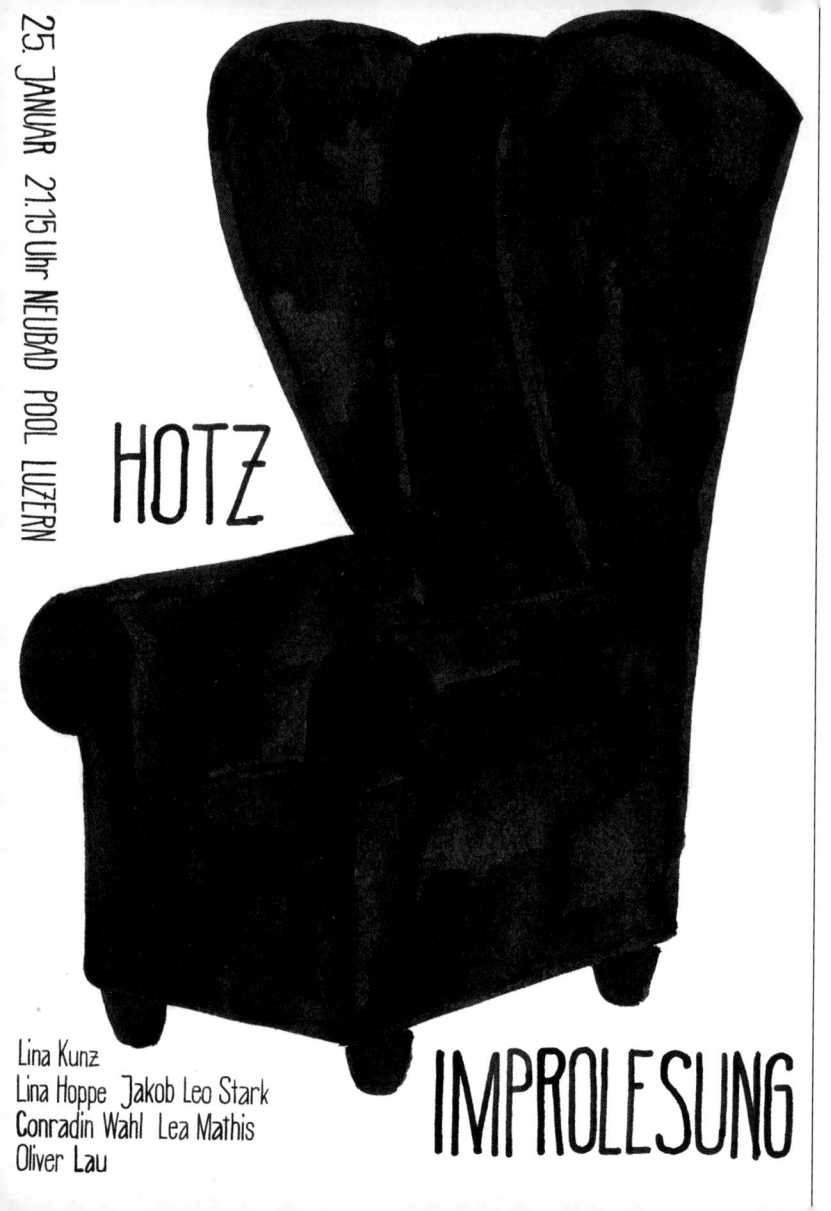

25. JANUAR 21.15 Uhr NEUBAD POOL LUZERN

HOTZ

Lina Kunz
Lina Hoppe Jakob Leo Stark
Conradin Wahl Lea Mathis
Oliver Lau

IMPROLESUNG

Neubad Lecture

Was wir schön finden, bestimmt die Werbung.

Prof. Dr.
Valentin Groebner
Historiker

Do, 25. Januar
20 Uhr
Neubad

Fotoclub Luzern zu Besuch in der Neubad Galerie

SELECTION

18

n b u Neubad
b d Galerie

1. Feb. – 5. Apr.

iety [CH/LU]
Kush K [CH/ZH]
Albumtaufe

Do, 1. Februar 2018
21:00, NEUBAD

Kurz + Zischtig

Die
Wochen-
dosis
Jazz
Jeden
Dienstag
um 19:00

Live
Konzert
im
Neubad
Bistro

22° HALO

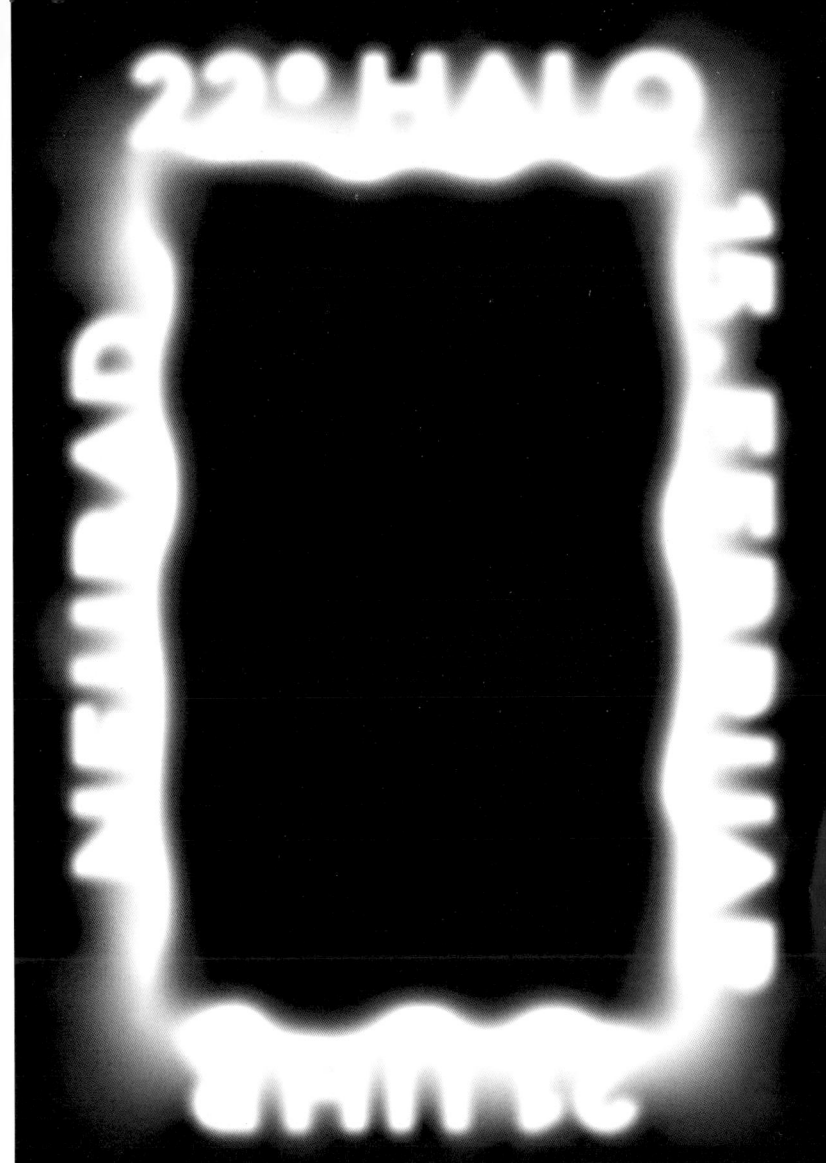

Dr. Lisa Schmuckli
Philosophin und
Psychoanalytikerin

Do, 15. Februar
20 Uhr
Neubad Keller

Wer frei sein will, muss der Entfremdung entkommen.

Neubad Lecture

Duotage – Festival für Zwei-Mann-Frau-Orchester Neubad Luzern 22.–25.2. 2018

BET ELLS

Konzert / Neubad Luzern / 28. Februar / 21 Uhr

Do 1.3.2018
20.30 h
Keller

nah

DIE STUNDE DER WAHREN EMPFINDUNG

mit
Benedikt
Steiner

PLATTENBÖRSE
IM NEUBAD
03. MÄRZ 2018
10.00 UHR

kurz Mittwoch

Die Wochendosis Jazz
Live Konzert im Neubad Bistro
Jeden Mittwoch um 19:00

ALBERT KOECHLIN STIFTUNG

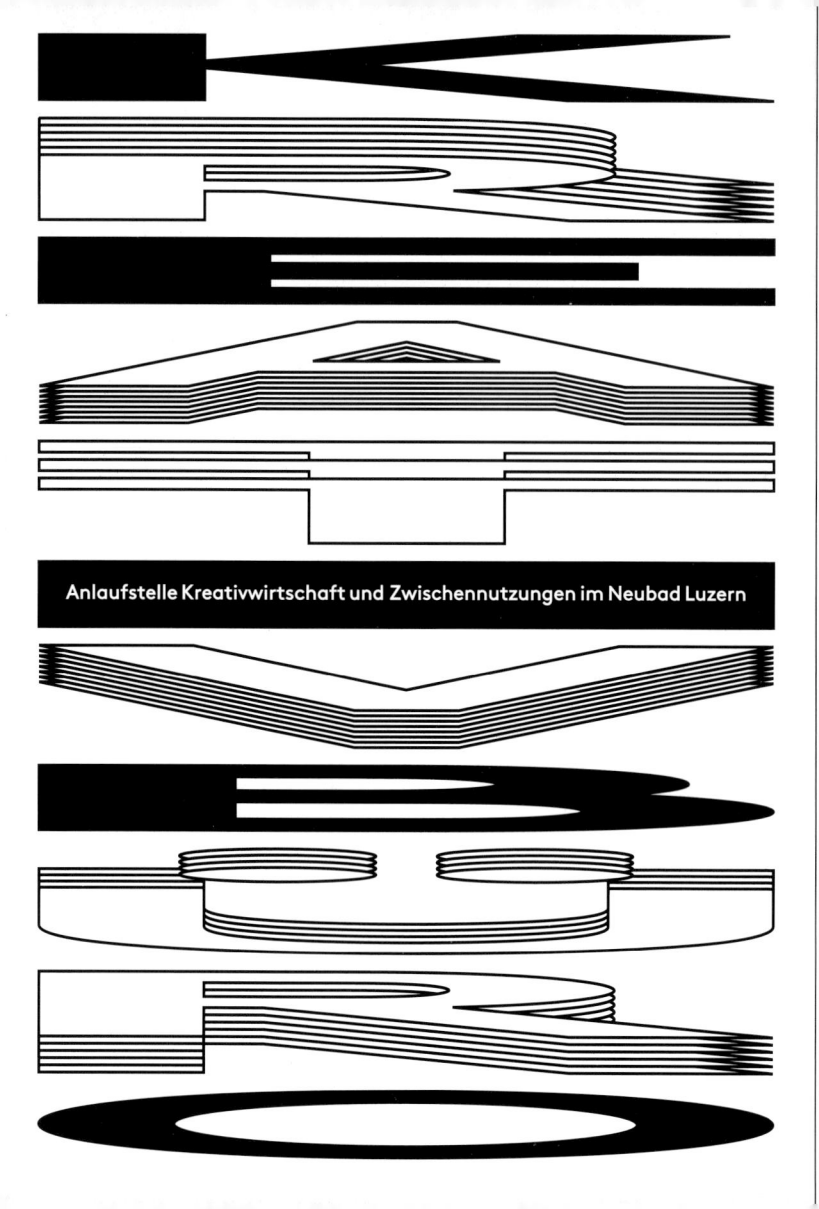

Anlaufstelle Kreativwirtschaft und Zwischennutzungen im Neubad Luzern

POOL POSITION

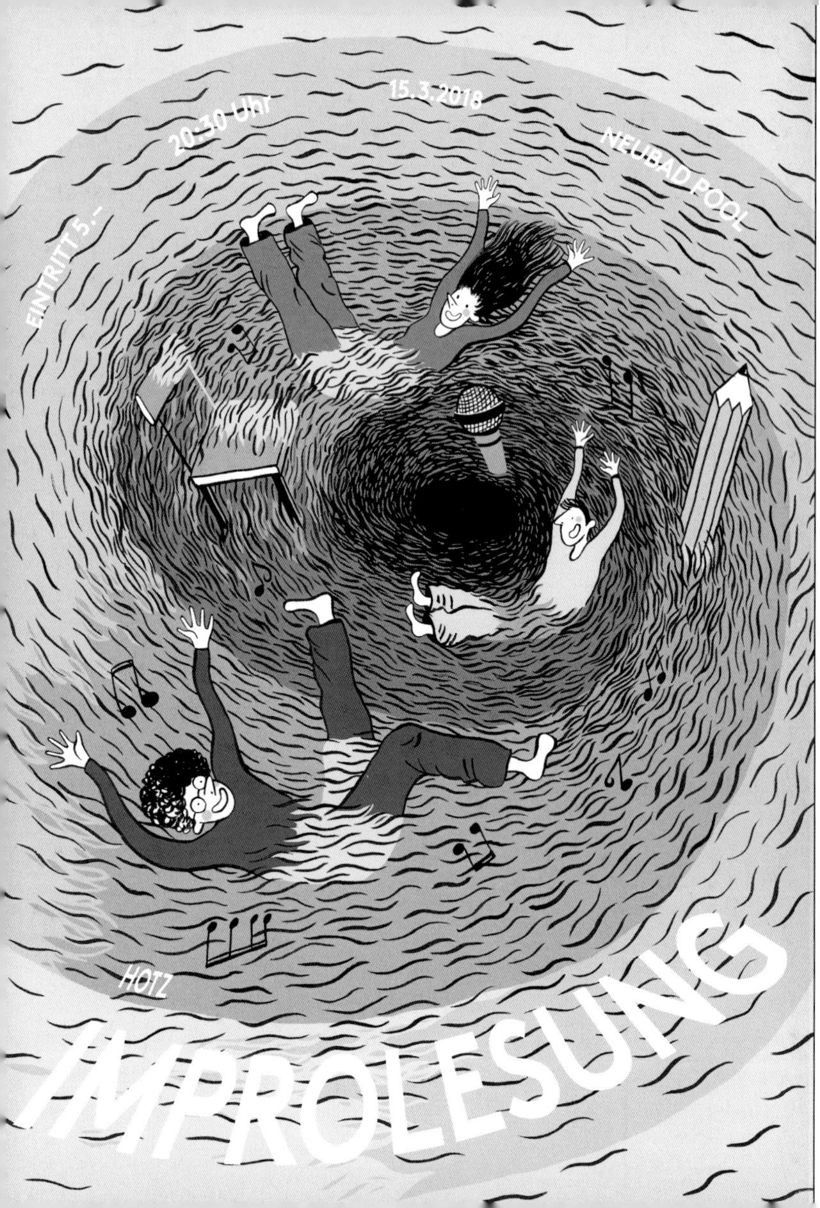

15.3.2018
20:30 Uhr
NEUBAD POOL
EINTRITT 5.-
HOTZ
IMPROLESUNG

Wir sind nicht allein.

Do, 15. März
20 Uhr
Neubad Keller

Marc Horat
Astrophysiker
und Kurator
im Planetarium

Neubad

FREITAG 21 UHR
KONZERT 16. MÄRZ NEUBAD

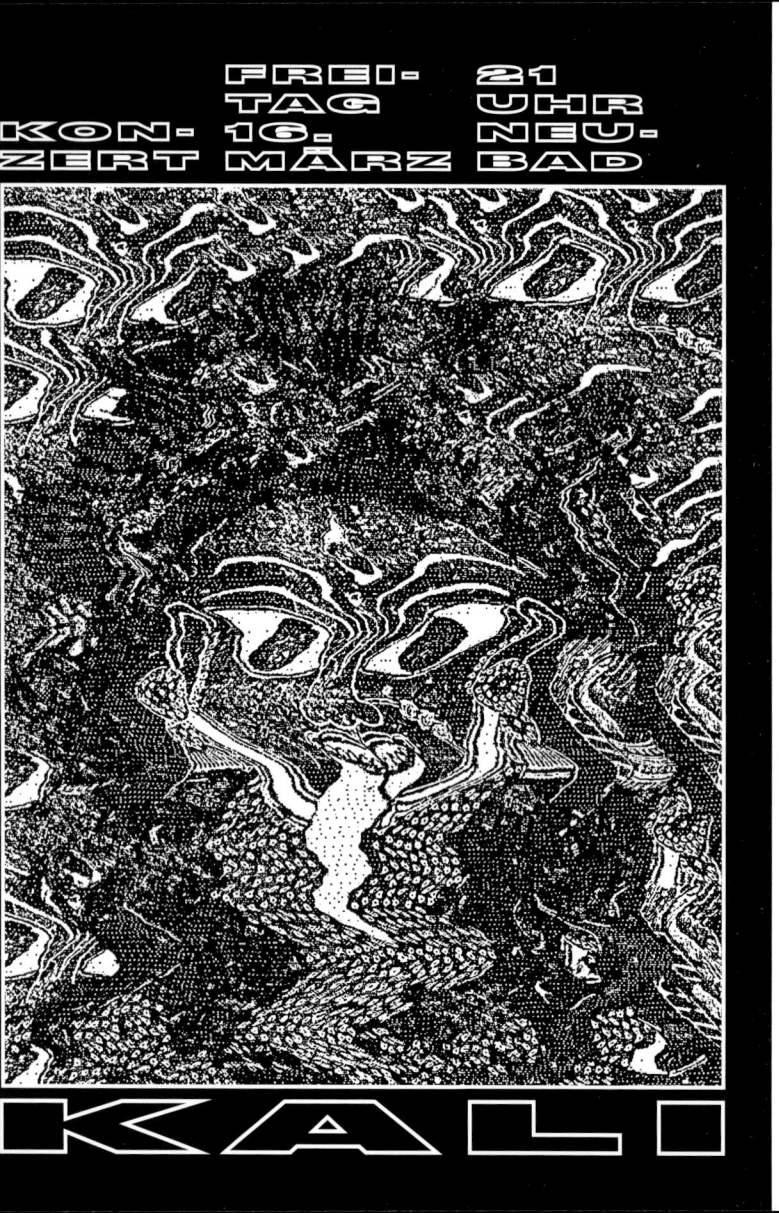

KALI

D
K Der Kulturpool im Neubad
P Verleihe oder Leihe Equipment aller Art:
Der Kulturpool versorgt dich mit
Foto- Video- Veranstaltungstechnik
und mehr! www.derkulturpool.ch

MARIA MBAK TRIO

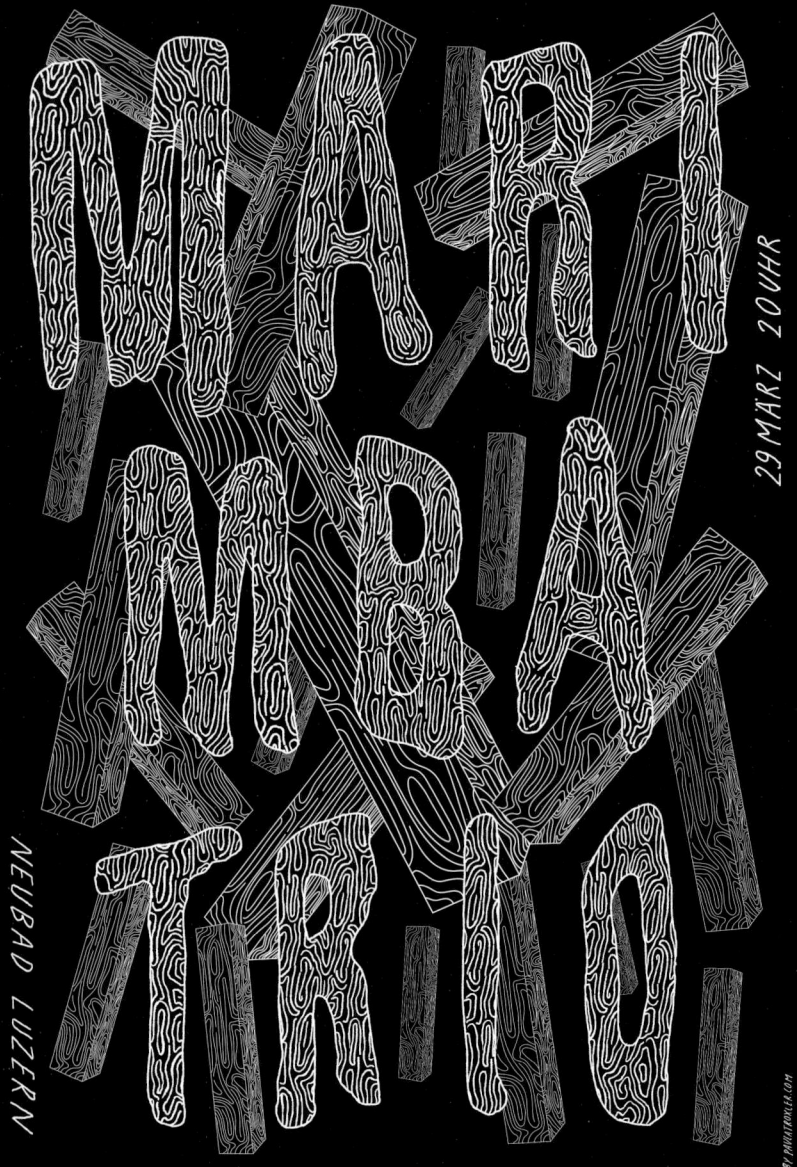

29 MÄRZ 20 UHR

NEUBAD LUZERN

BY.PHAISTROKER.COM

Perera
Elsewhere [UK]

Support:
Belia Winnewisser [CH/LU]

31.03.2018
22 Uhr
Neubad, Keller

Do 5.4.2018
20.30 h
Keller

rebellisch

DIE STUNDE DER WAHREN EMPFINDUNG

mit
Martina
Clavadetscher

Bed Rugs

Neubad Keller

21 Uhr

7. April 2018

Jahrmarkt der schönen Stiche — Tattookunst

Jahrmarkt der schönen Stiche

Pool
Neubad

SA 7.4. 14–21
SO 8.4. 12–17

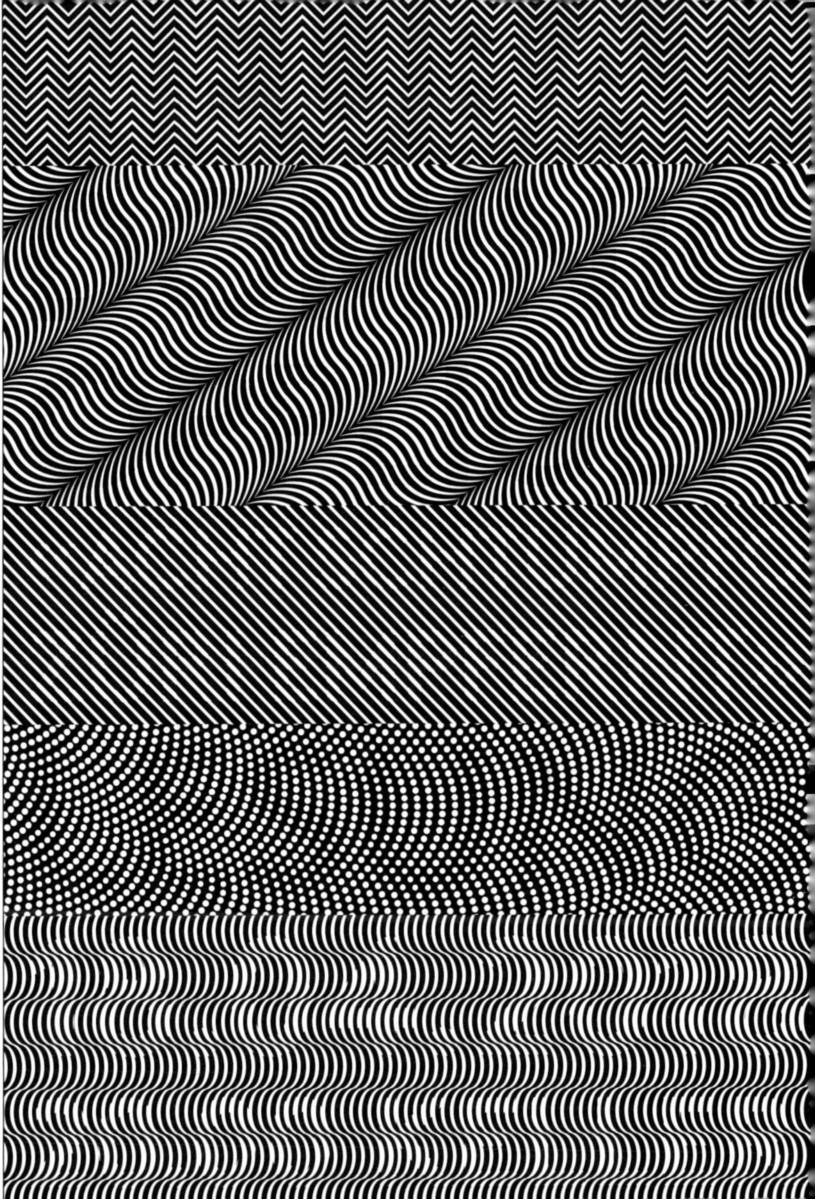

Do, 19. April
20 Uhr
Pool

Der schmale Grat zwischen Selbstoptimierung und Gesundheitswahn.

Dr. Tobias Brücker
Kulturwissenschaftler

Neubad Lecture

TEMPORÄR 2
neu bad
ZWISCHENNUTZUNGSTAGUNG
20. APRIL 2018 NEUBAD LUZERN
WWW.BENJAMINHERMANN.CH

HELMUT

26.4. KONZERT NEUBAD 21. UHR

NEUBAD LUZERN
27. APRIL 2018
KONZERT 21 UHR

Do 3.5.2018
20.30 h
Keller

unwissend

DIE STUNDE DER WAHREN EMPFINDUNG

mit
Patrick
Savolainen

WEM GEHÖRT DIE WELT? MIRJAM STEFFEN, NEUBAD GALERIE, 3.5.18–12.7.18

Neubad Lecture

Di, 22. Mai
20 Uhr
Pool

Wie Sozialisten die Frauen übergingen und Arbeiterinnen den Feminismus erfanden.

Prof. Dr. Caroline Arni
Historikerin

Der Vortrag findet anlässlich von
«Karl Marx. Das Kapital als Musical»
[24. Mai, Südpol Luzern] statt.

NEUBAD

01.06.18
20.00 UHR

Do, 21. Juni
20 Uhr
Neubad

Prof. Dr. Nicola Gess,
Literatur-
wissenschaftlerin

Zur Ästhetik des Staunens in der Gegenwart.

Neubad Lecture

PURPLE
TURTLE
MUSIC
SOUP

NEUBAD BISTRO

TOBO + MISTA

24 . AUG
21 . SEP
19 . OKT
23 . NOV
21 . DEZ

21:00
FREE

CHRISTOF USED SCULPTURE STEINMANN

NEUBAD GALERIE

31. AUGUST — 4. OKTOBER

VERNISSAGE: 31. AUGUST 18.30 UHR

FINISSAGE: 4. OKTOBER 18.30 UHR

STRANDGUT

NEUBAD FLOHMARKT 2.9/16.9/7.10/21.10/4.11/18.11/16.12

NÄH BAD

Neubad Luzern
19.00 Uhr
4. Sept
6. Nov
2. Okt
4. Dez

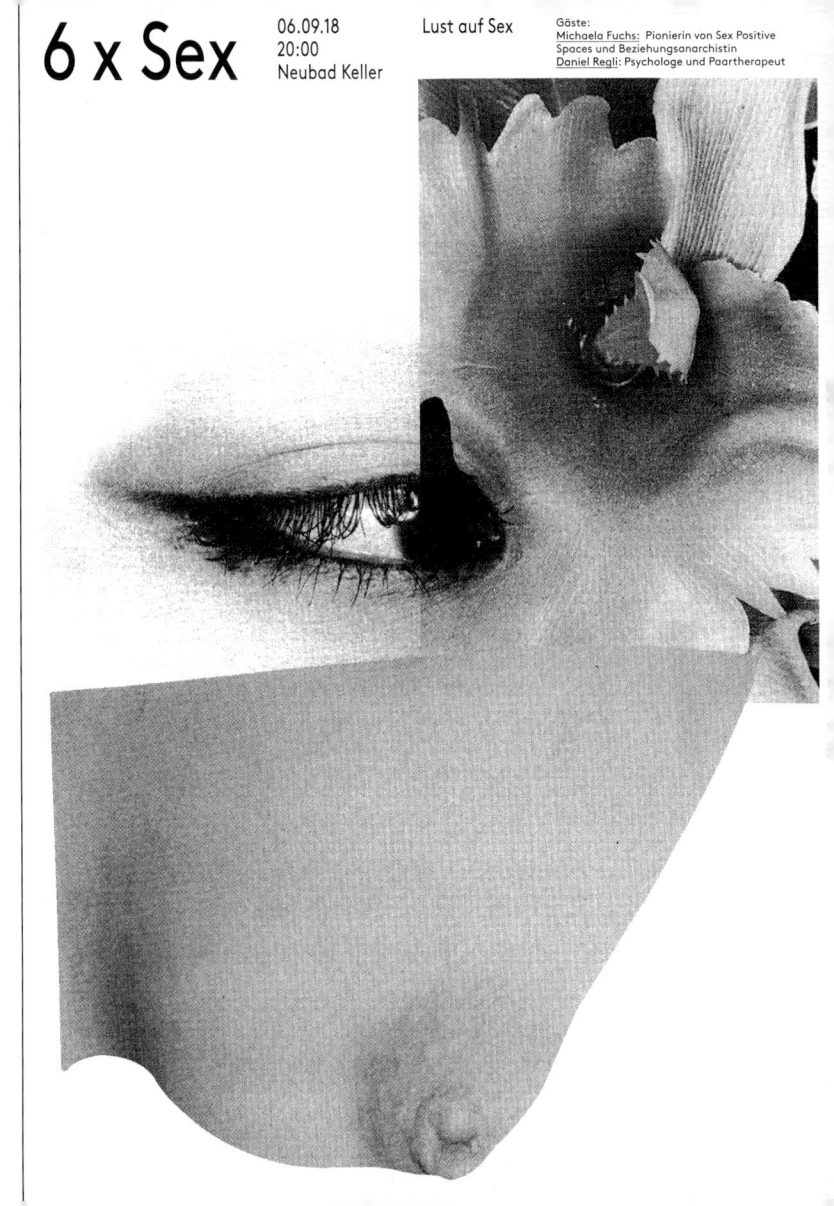

6 x Sex

06.09.18
20:00
Neubad Keller

Lust auf Sex

Gäste:
<u>Michaela Fuchs:</u> Pionierin von Sex Positive Spaces und Beziehungsanarchistin
<u>Daniel Regli</u>: Psychologe und Paartherapeut

ahoi klub

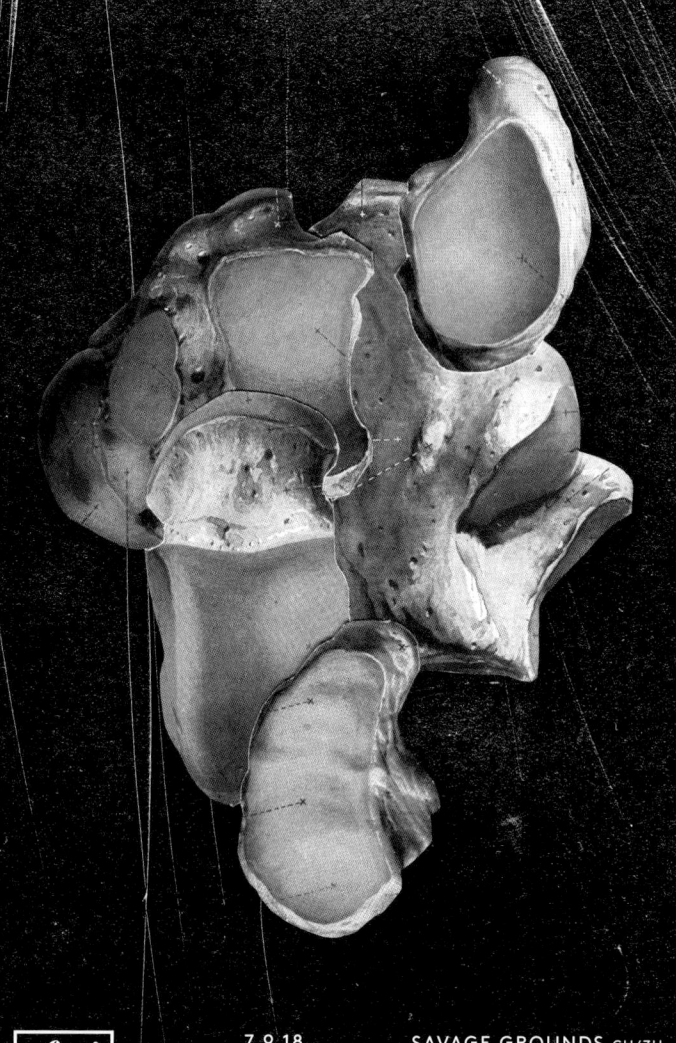

7.9.18
22.00
NEUBAD
LUZERN

SAVAGE GROUNDS CH/ZH
DUO MEDA CH/LU
STIGLITZ CH/LU
JOHANNES MICHAEL DE

NEU BAD LECTURE

Dominik Pfyffer
Ökonom

Die meisten Gespräche sind Monologe, die in Anwesenheit einer Gruppe geführt werden.

Mittwoch,
12. September
20 Uhr

Donnerstag
13. September 2018
20:00 Uhr

DAS SELTENE ORCHESTER

Neubad
Luzern

QUIZ DER POPULÄRKULTUR

FREITAG 14. SEPTEMBER
20.00 UHR, NEUBAD

Anna & Stoffner (ZH/CH)
21. September 2018
21 Uhr
Neubad Luzern
&
Gestaltung:

neubad

**Sonntag
23.09.2018
11-16 Uhr**

Musik
basar

Nabihah Iqbal (UK)
28.09.18
22 Uhr
Neubad
Luzern

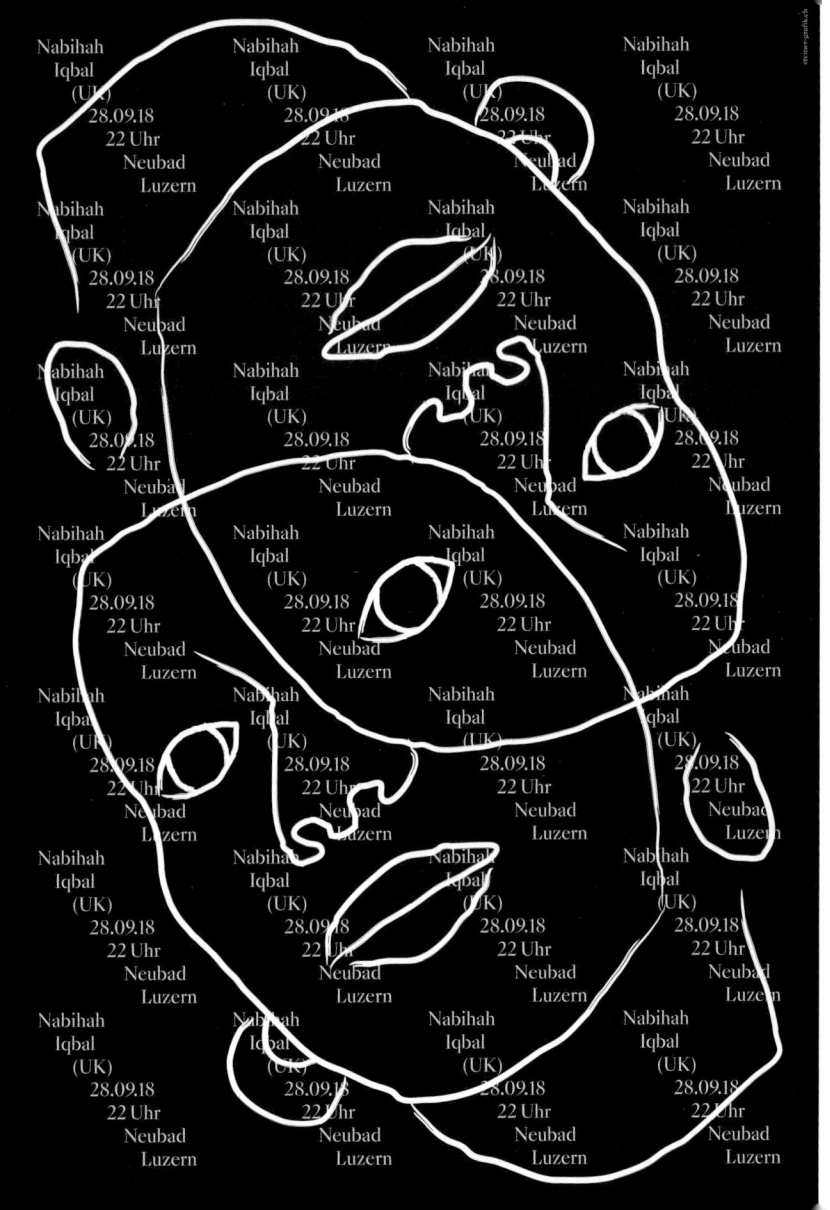

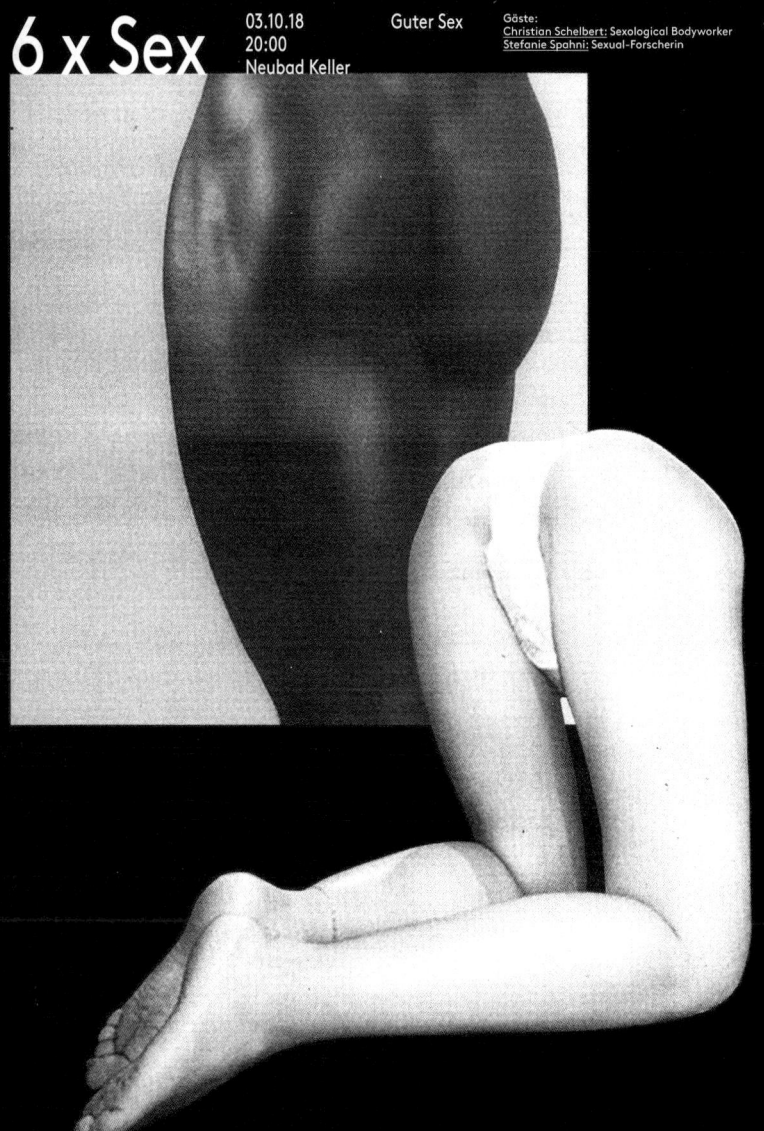

6 x Sex

03.10.18
20:00
Neubad Keller

Guter Sex

Gäste:
<u>Christian Schelbert:</u> Sexological Bodyworker
<u>Stefanie Spahni:</u> Sexual-Forscherin

#2

slam

20.00 Uhr
5.10.18
Neubad Luzern

GRAFIK
BAZAR
6.10.18 NEUBAU
12-18H
WELTFORMAT
GRAPHIC DESIGN FESTIVAL

LUFT TRIP

Albumtaufe
10. Oktober
20 Uhr
Neubad Luzern

Fünf Jahre Neubad Freitag 12. Oktober von fünf bis fünf im ganzen Haus

23:45 Uhr
Neubad Luzern
19.Okt.18
nach0:
Stiglitz CH/LU
Manfredas LTU
Gestaltung: Helene Leuzinger

NEU BAD LECTURE

Judith Nyfeler
Soziologin MA

Mittwoch,
24. Oktober
20 Uhr

Wie Menschen Kreativität managen und Maschinen diese herstellen.

KULTURKONSUMENTEN

GELB ABER BLAU
27.10.18
NEUBADKELLER 23h

OLAF STUUT (NL/ATOMNATION)
EL JAZZY CHAVO (GR/FUNKYPSELI RECORDS)
CHAOSPILOTEN (CH/KKE)

Ian Fisher

31. Oktober 2018 - 21:00
Neubad Luzern

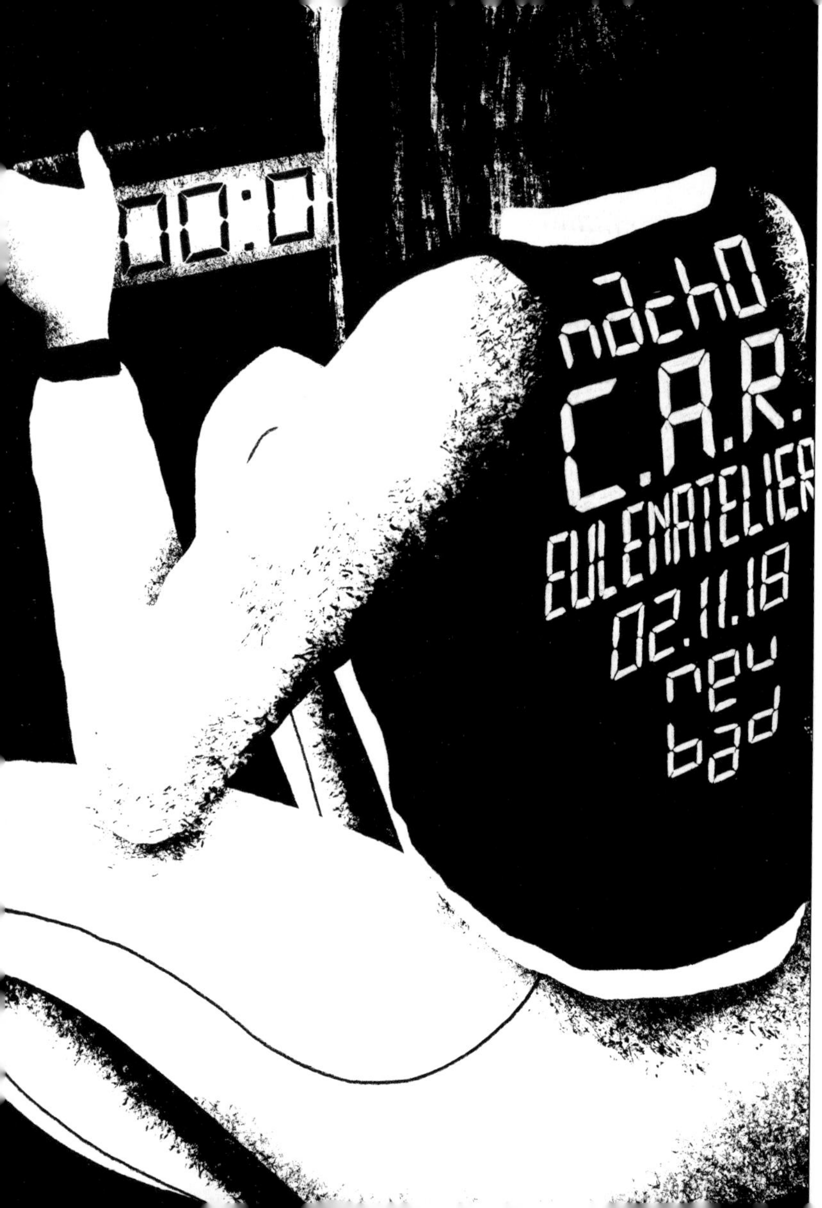
00:0
nacho
C.A.R.
EULENATELIER
02.11.18
neu
bad

6 x Sex

07.11.18
20:00
Neubad Keller

Sex in langjährigen
Beziehungen

Gäste:
Daniel Regli: Psychologe und Paartherapeut
Alexandra Haas: Sprachwissenschaftlerin und Besitzerin eines Erotikshops

#3

PIÈCE DE RÉSISTANCE

VERNISSAGE: 9. NOVEMBER 18.30 | FINISSAGE: 14. DEZEMBER 18.30 | NEUBAD GALERIE

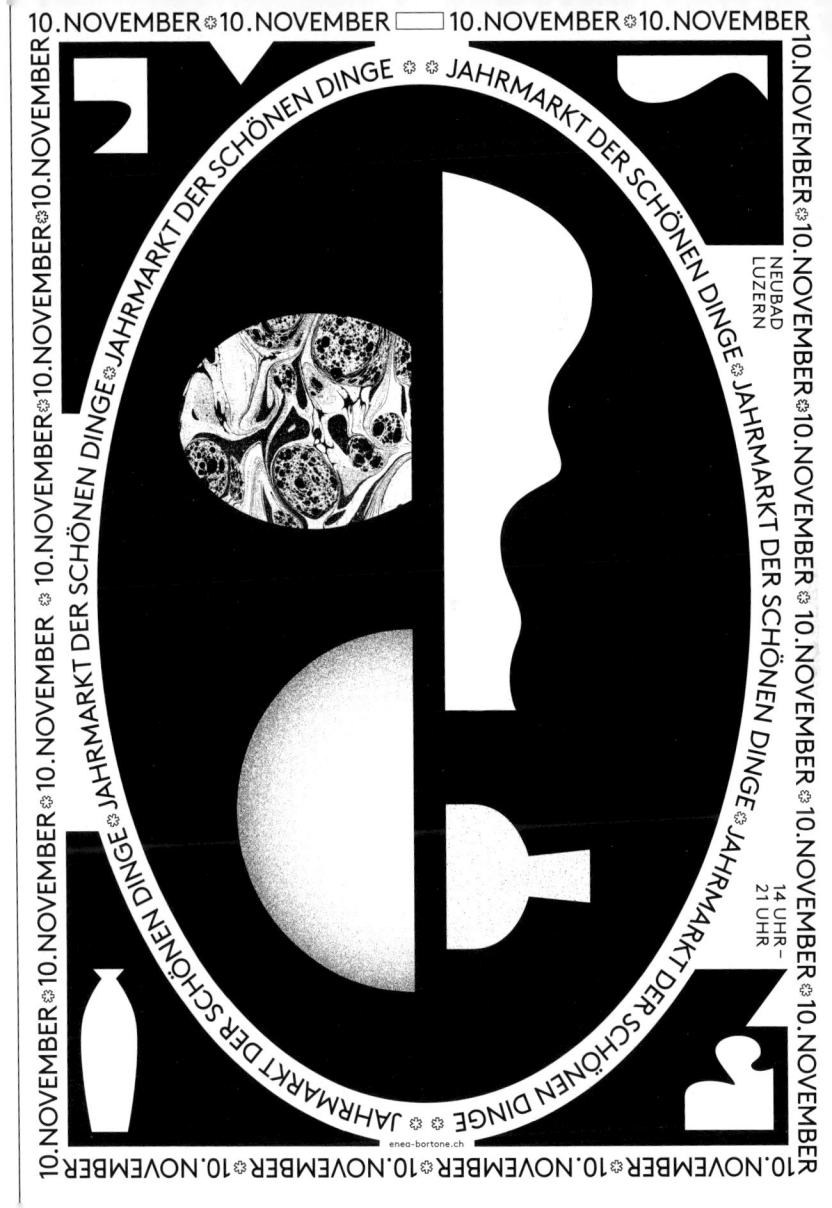

10. NOVEMBER ⁕ 10. NOVEMBER ⬜ 10. NOVEMBER ⁕ 10. NOVEMBER

JAHRMARKT DER SCHÖNEN DINGE ⁕ ⁕ JAHRMARKT DER SCHÖNEN DINGE ⁕ ⁕ JAHRMARKT DER SCHÖNEN DINGE ⁕ ⁕ JAHRMARKT DER SCHÖNEN DINGE ⁕ ⁕ JAHRMARKT DER SCHÖNEN DINGE

NEUBAD LUZERN

14 UHR – 21 UHR

enea-bortone.ch

NEBAL LECTURE

Helen Galliker
Game-Designerin

Wie virtuelle Welten uns neue Blickwinkel aufzeigen.

Mittwoch,
14. November
20 Uhr

ARNO CAMENISCH

MIT
ROMAN
NOWKA

DONNERSTAG
15. NOVEMBER
20 UHR

NEUBAD
POOL

Art Feynman [US]   15.11.18   21 Uhr   Neubad Luzern

HORI ZON

mit Stiglitz und Johannes Michael | Freitag, 16. November 2018 - 23:45 Neubad Luzern

LIQUI DE

MOLLY BURCH

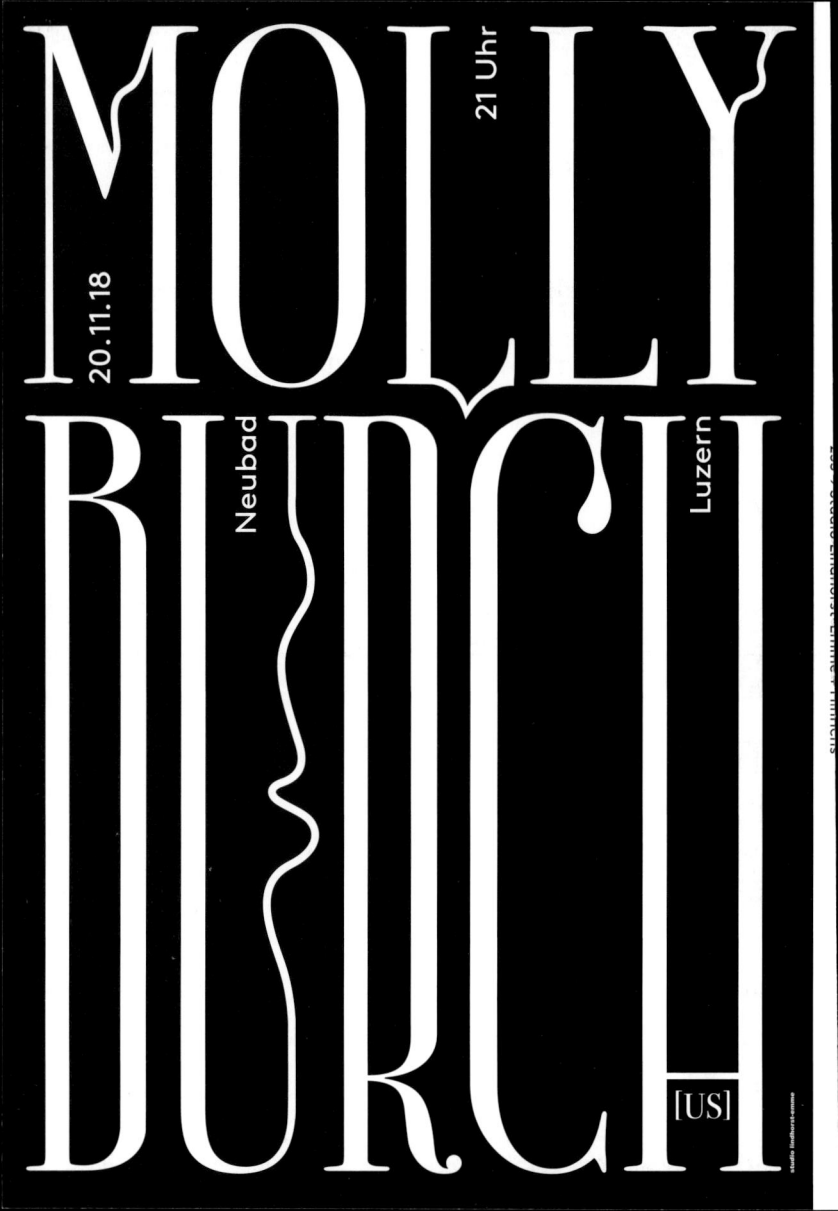

20.11.18 Neubad Luzern 21 Uhr

[US]

Cyril Cyril

23.11.2018
«nach 0»
23.45 Uhr

Neubad Luzern

KZU BAHAUS

nach0:
30. November 18, 23:45 Uhr
Kris Baha, live [AUS]
Sainte Harare, DJ Set [CH/FR]
Maria Sternhagel Vollmann,
DJ Set [CH/LU]

HALLEN-LUJAH DER ALTERNATIVE
WEIHNACHTSMARKT IM NEUBAD
SA I.DEZ   SO II.DEZ

14:00 BIS 20:00 10:00 BIS 17:00 BIREGGSTR.36, 6003 LUZERN
WWW.NEUBAD.ORG
PLAKAT: ENEA-BORTONE.CH

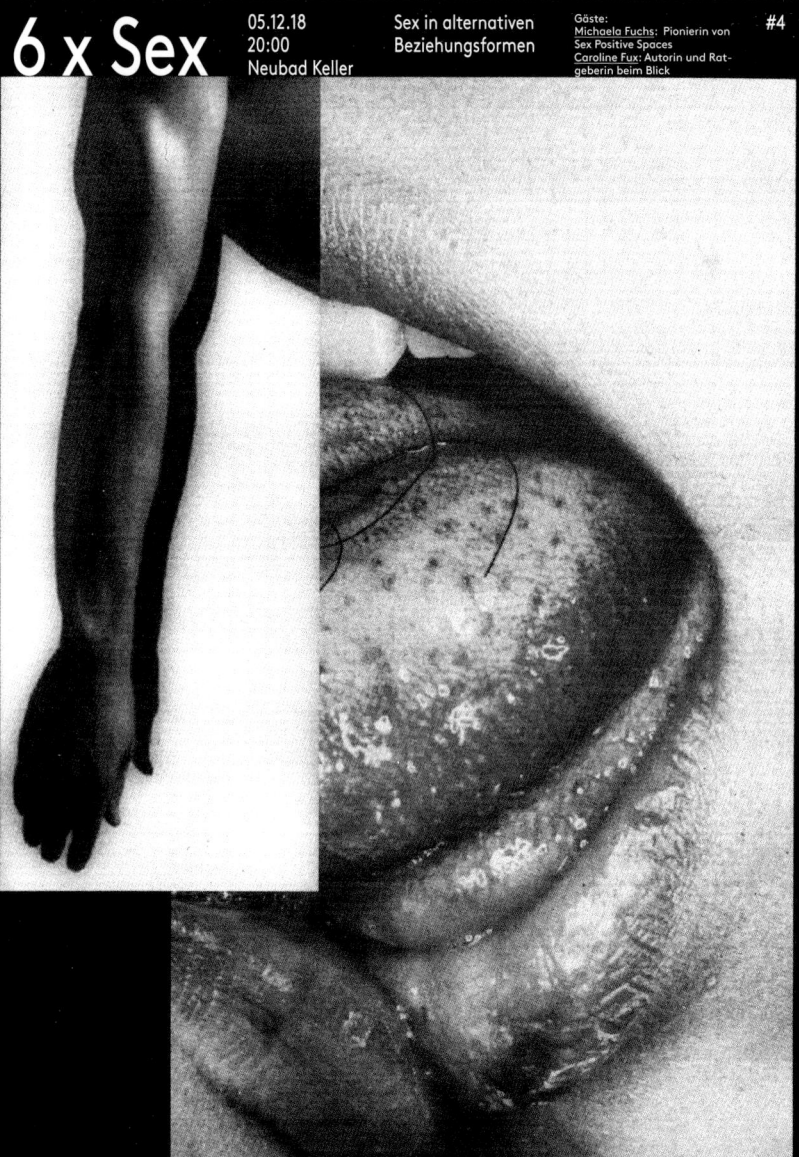

6 x Sex

05.12.18
20:00
Neubad Keller

Sex in alternativen
Beziehungsformen

Gäste:
<u>Michaela Fuchs</u>: Pionierin von Sex Positive Spaces
<u>Caroline Fux</u>: Autorin und Ratgeberin beim Blick

#4

NICHT GANZ 100

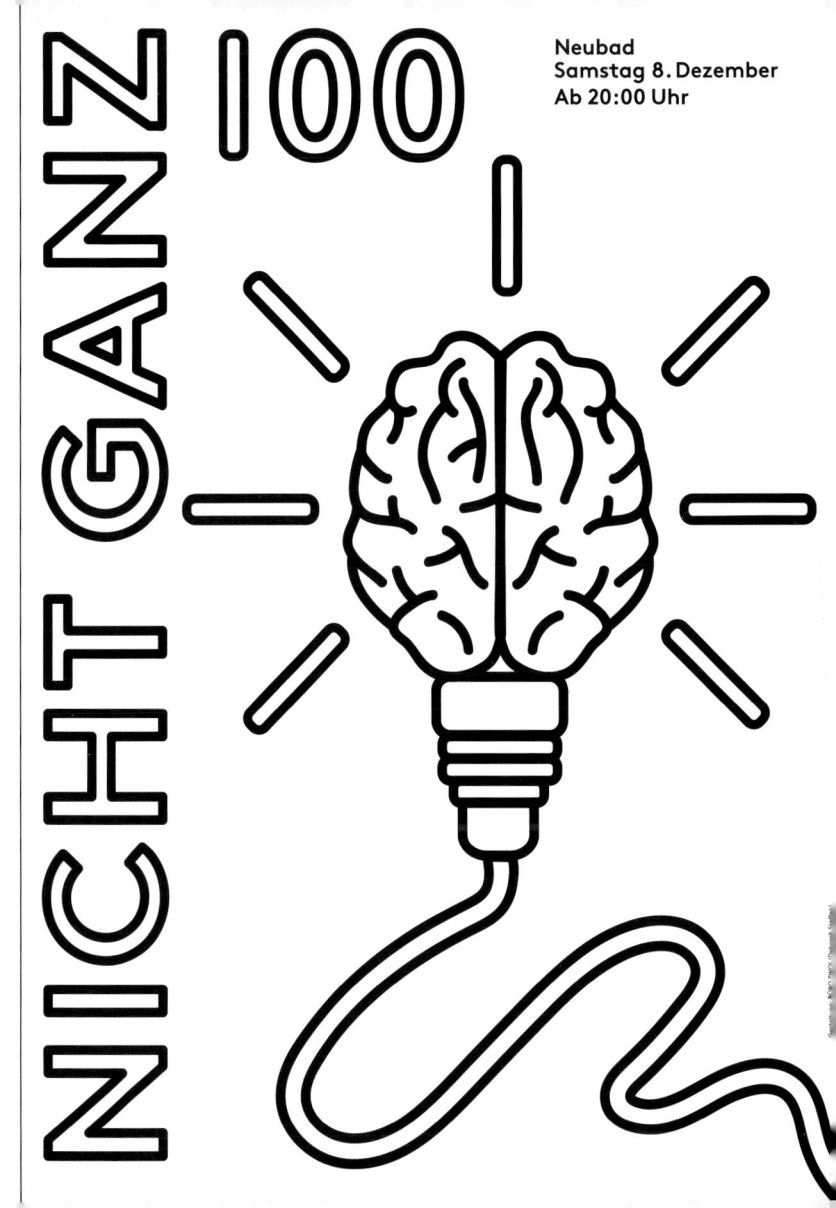

Neubad
Samstag 8. Dezember
Ab 20:00 Uhr

Topf 'N' Träsch

Die Winterbeiz im Neubad

Schmackhafte Eintöpfe
Brot aus dem Ofen
Glühende Geträke

Immer Samstags ab
17:00 auf dem Vorplatz
09./16./23. Dezember
06./13./20./27. Januar

LES REINES PROCHAINES ANTIPRO

Les Reines Prochaines / Antipro 13.12.2018
20.00
Neubad Luzern

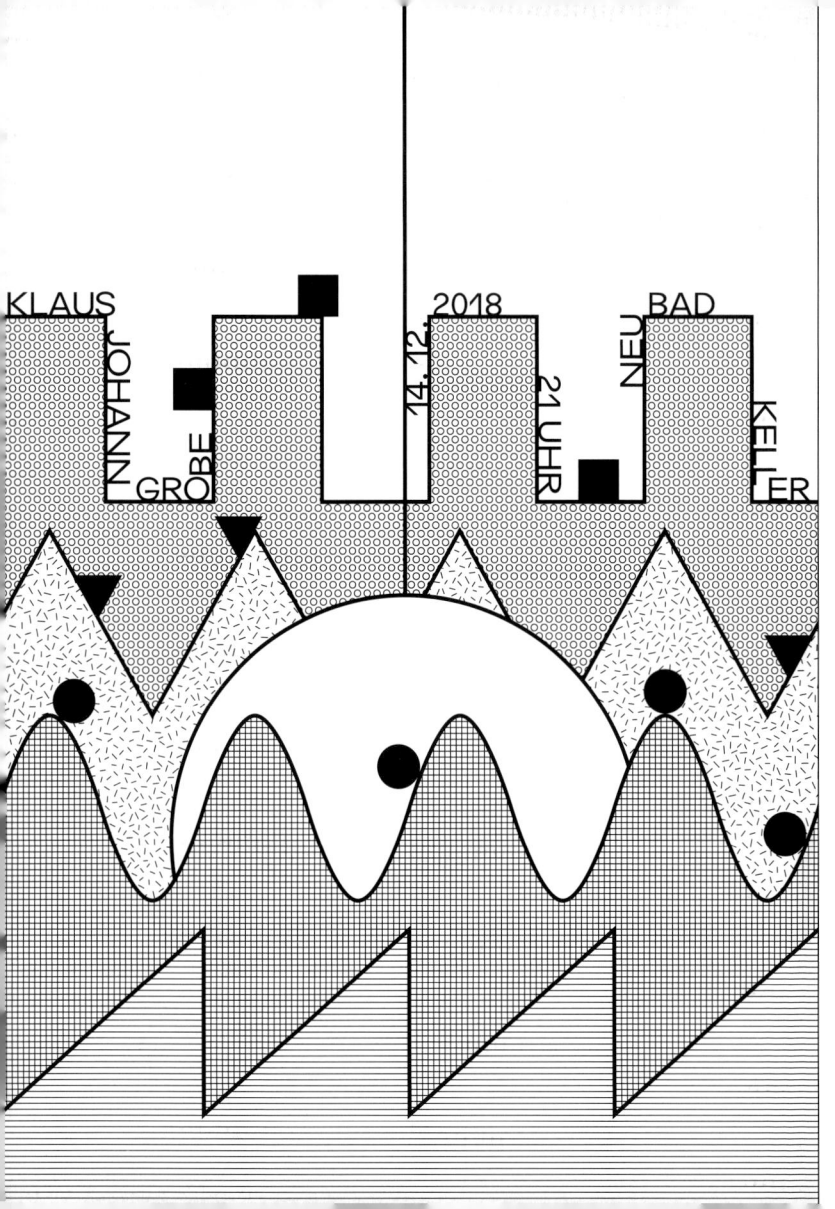

KLAUS JOHANN GROBE
14.12.2018 21 UHR
NEU BAD KELLER

SPAZIEREN ZU ZWEIT

SILAS KREIENBÜHL
16.1. VERNISSAGE
MIT
CHRISTOPH
SIMON
AB 20:00

13.3. GESPRÄCH
MIT
KÜNSTLER
WETZ
AB 20:00

FINISSAGE
20.3.2019 MIT
DR. PHIL. RENÉ STETTLER
NEUBAD GALERIE
PLAKAT: ENEA BORTONE

DISKOGEDANKEN 01

GESCHICHTE DER ELEKTRONISCHEN KLUBMUSIK

FRIEDEMANN DUPELIUS

17 01 2019 20 00 H

NEUBAD

Akt 1. Queer Party

Freitag, 1. Februar 2019 ab 22:00 Neubad Keller

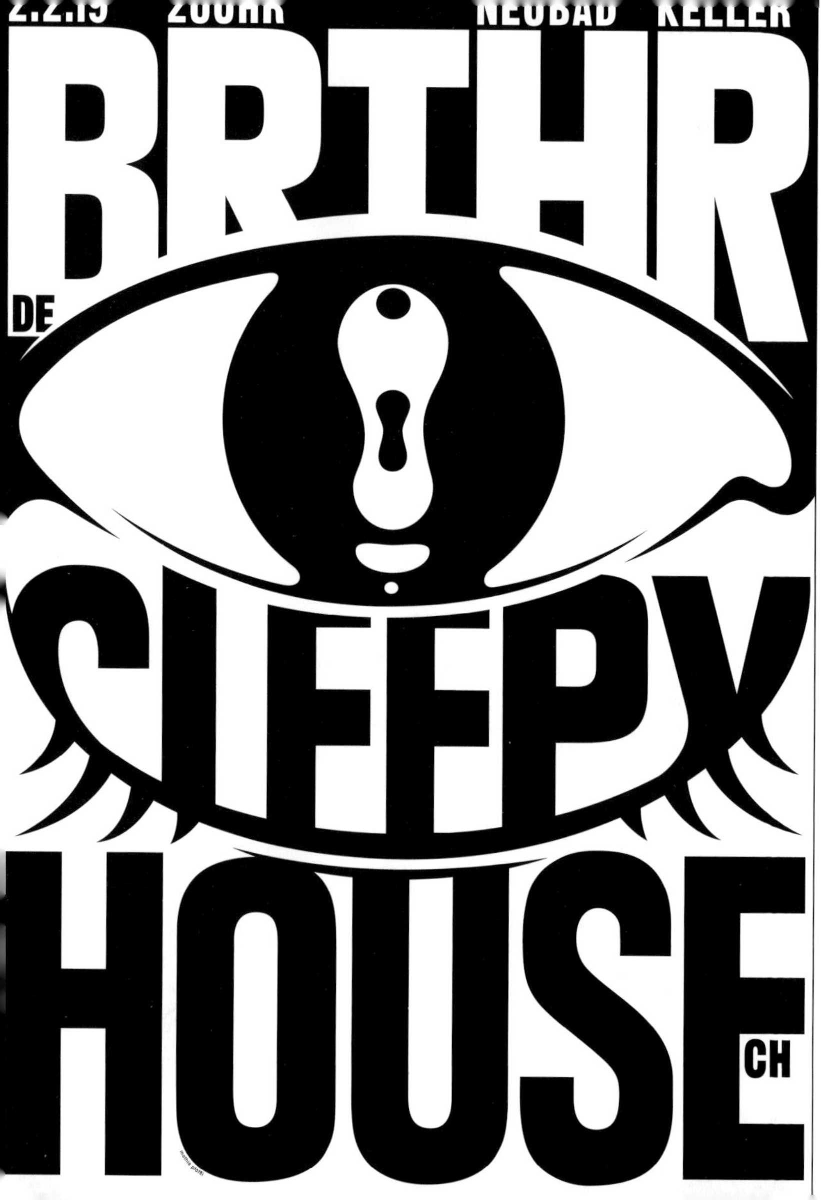
2.2.19
20UHR
NEUBAD
KELLER
BRTHR
DE
SLEEPY
HOUSE
CH

Kurz + Mittwoch
Die Wochendosis *Jazz*
Live Konzert
Neubad Bistro
Jeden Mittwoch
19 Uhr

6 x Sex

06.02.19
20:00
Neubad Keller

Sex, Macht und Befreiung

Gäste:
Daniel Regli: Psychologe und Paartherapeut
Peter Schneider: Psychoanalytiker und Satiriker

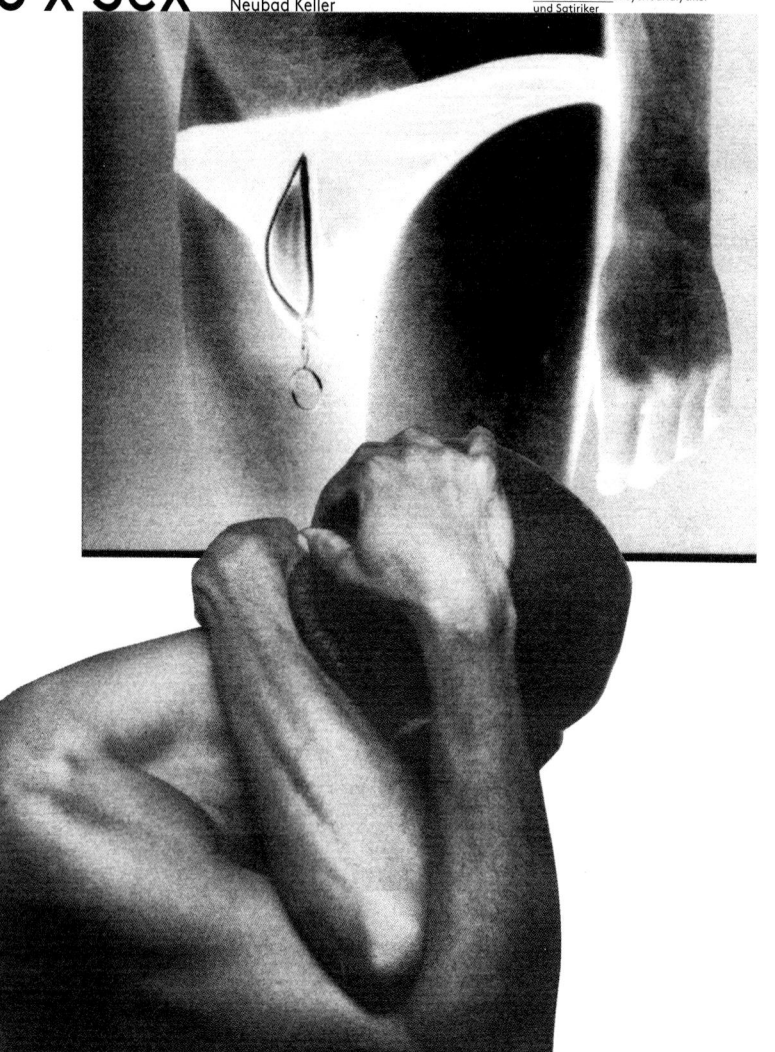

#5

DISKOGEDANKEN

02

ZWISCHEN KOMMERZ UND SUBKULTUR

DOMINIK ANDRÉ ROGENMOSER

20 00 H

07 02 2019   ROMAN PFAFFENLEHNER

BJØRN SCHAEFFNER   NEUBAD

DIE WILDE JAGD

Nachnull im
Neubad Keller

Die Wilde Jagd
[DE / Bureau B]

16. Feb. 19
23.45 Uhr

Triotage – Festival für
Drei-Mann-Frau-Orchester
Neubad Luzern, 21.–23.2.
2019

6 x Sex

06.03.19
20:00
Neubad Keller

Sex und
Pornographie

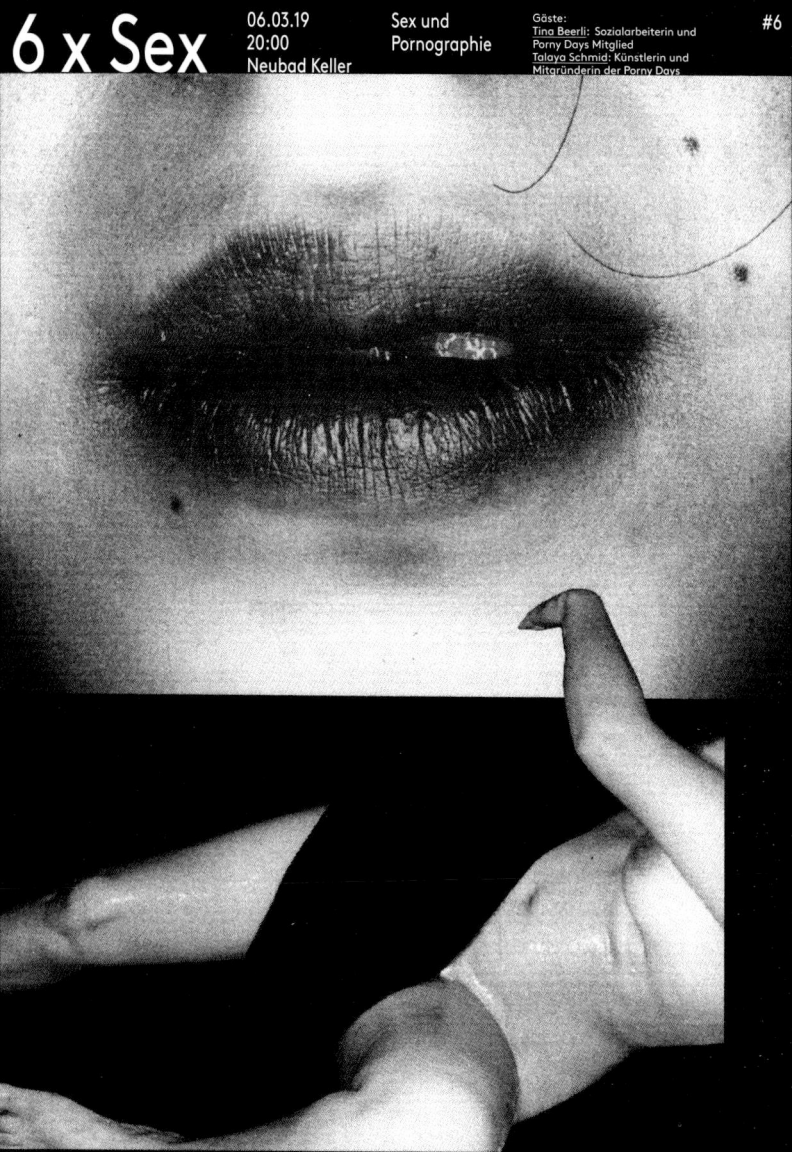

Gäste:
<u>Tina Beerli</u>: Sozialarbeiterin und Porny Days Mitglied
<u>Talaya Schmid</u>: Künstlerin und Mitgründerin der Porny Days

#6

TRIO HEINZ HERBERT

[CH/ZH]

PLATTENTAUFE

NEUBAD KELLER

8. MÄRZ 2019

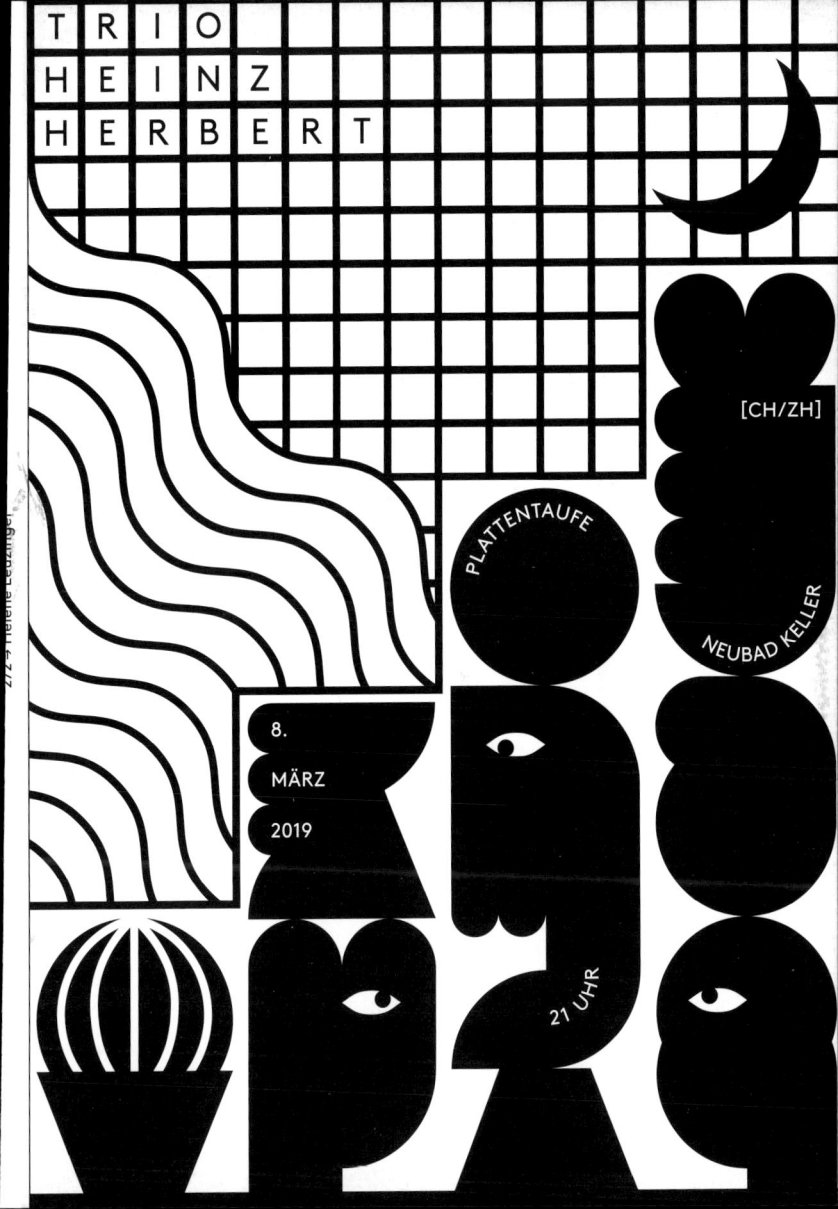

21 UHR

DISKOGEDANKEN

03

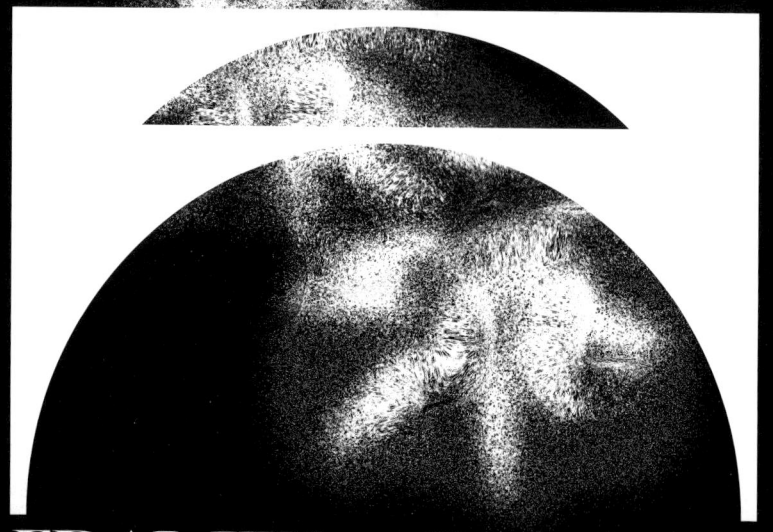

FRAUEN IN DER KLUBKULTUR

SASKIA WINKELMANN

JENNY KAMER

FIONA RODY

20 00 H

21 03 2019

NEUBAD

anna aaron

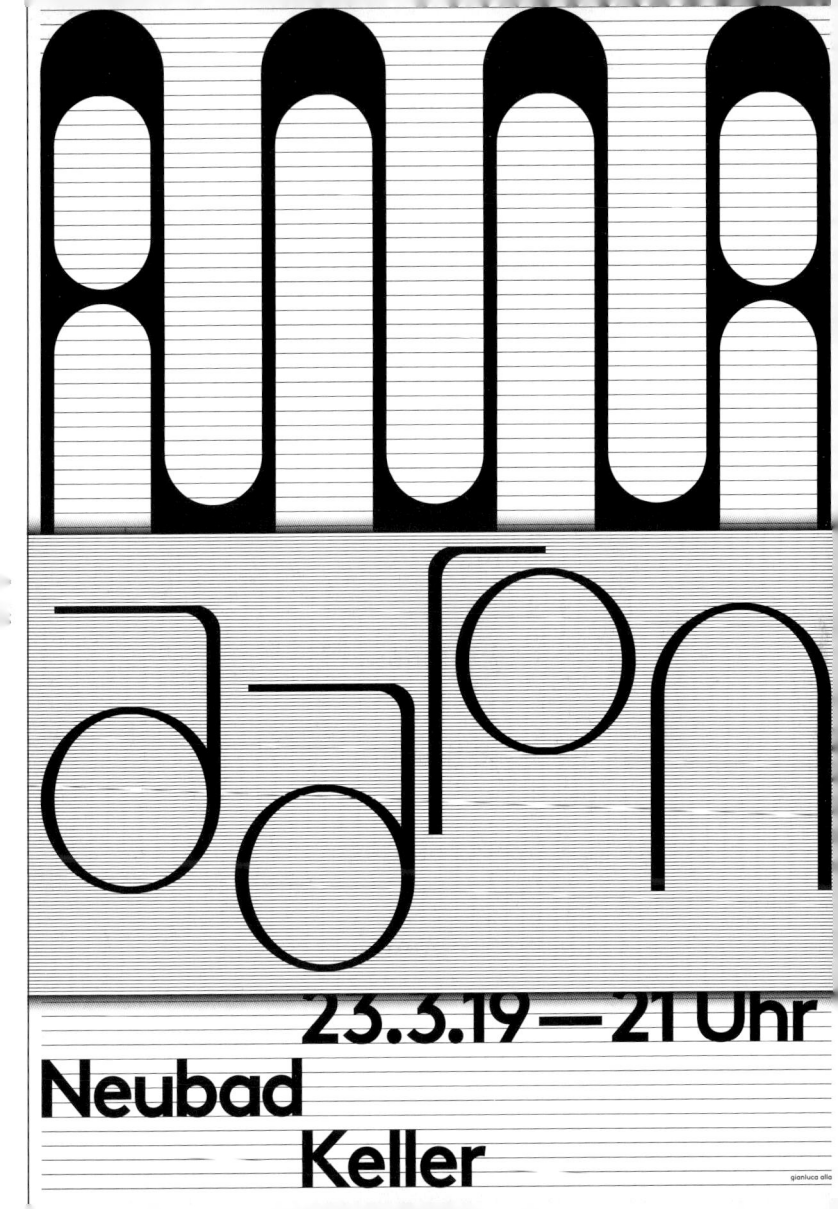

23.3.19 — 21 Uhr
Neubad Keller

NEU BAD LECTURE

Islam braucht
keine Aufklärung

Dienstag,
26. März
20 Uhr

Willi Bühler
Religionskundler

Akt 1. Queer Party

Freitag, 5. April 2019 ab 22:00 Neubad Keller

Tim Ruins Neubad Keller

6.4. 21 Uhr

Design Paul Hickmann

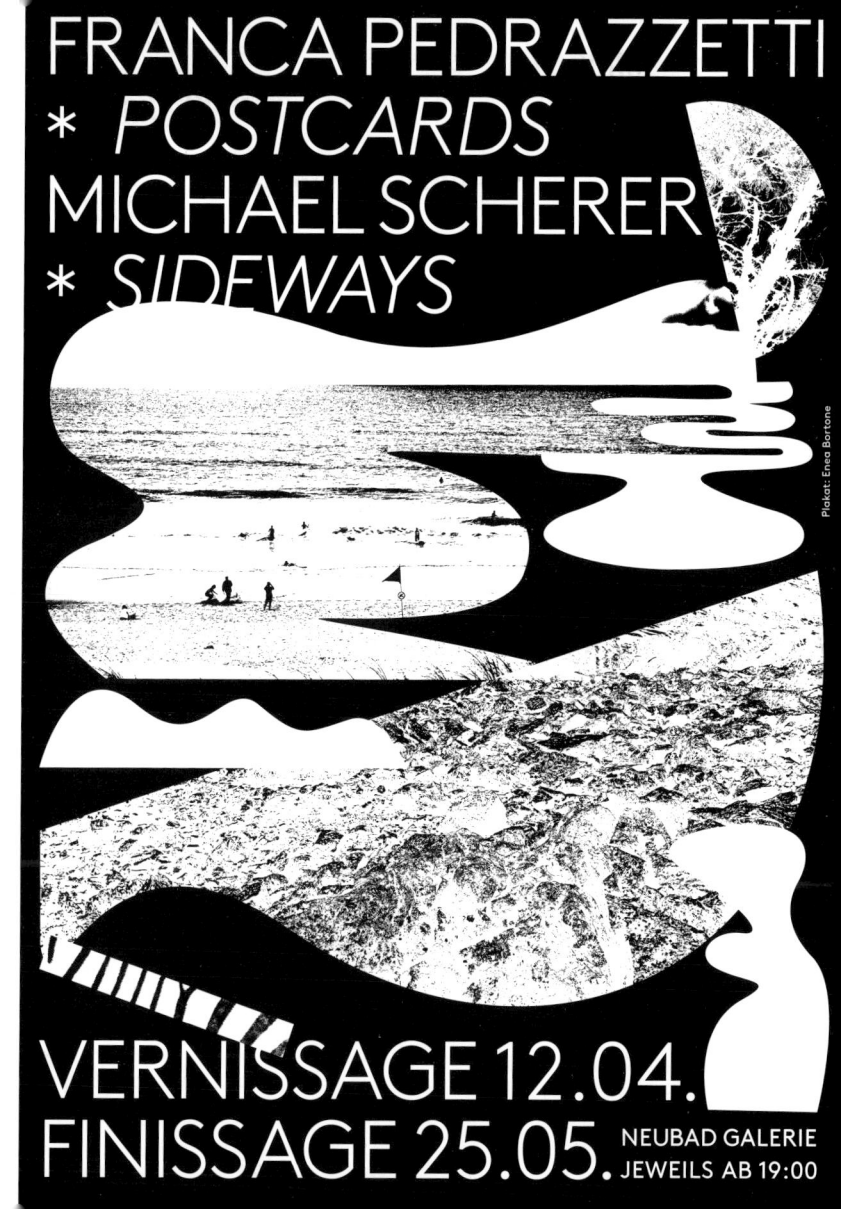

FRANCA PEDRAZZETTI
* *POSTCARDS*
MICHAEL SCHERER
* *SIDEWAYS*

Plakat: Enea Bortone

VERNISSAGE 12.04.
FINISSAGE 25.05.

NEUBAD GALERIE
JEWEILS AB 19:00

DISKOGEDANKEN
04

KLUB, DROGEN & GESELLSCHAFT

ALEXANDER BÜCHELI

20 00 H

18 04 2019

NEUBAD

Do 2.5.2019
20.30 h
Keller

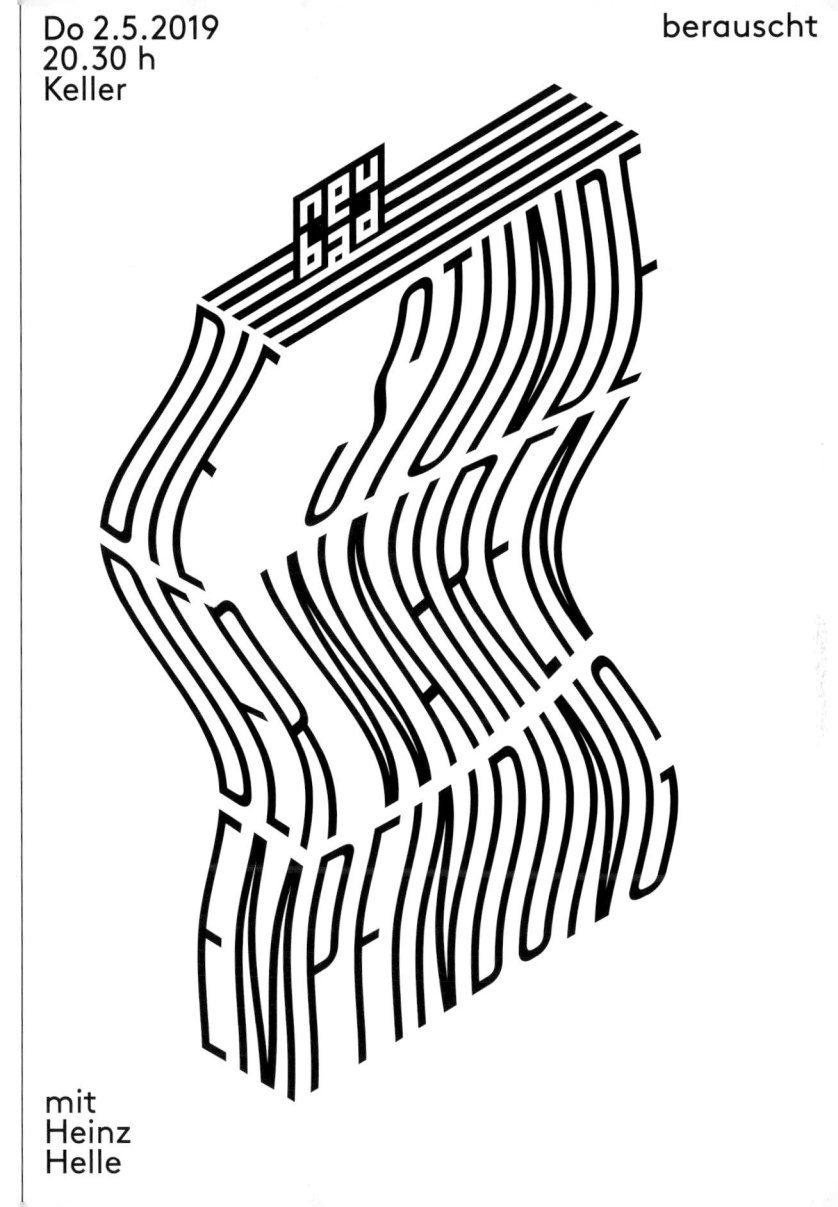

berauscht

mit
Heinz
Helle

Neubad Movies

18. Mai, 21 Uhr

NEUBAD LECTURE

Rassismus als unsichtbares Phänomen

Donnerstag, 23. Mai 20 Uhr

Dr. Gülcan Akkaya
Vizepräsidentin EKR

AKT 1

Akt 1: Pride Edition · Queer Party · Freitag, 7. Juni 2019 · ab 22:00 · Neubad Keller

BENEDIKT FREY [DE]
LUX LAUTERWASSER [DE]

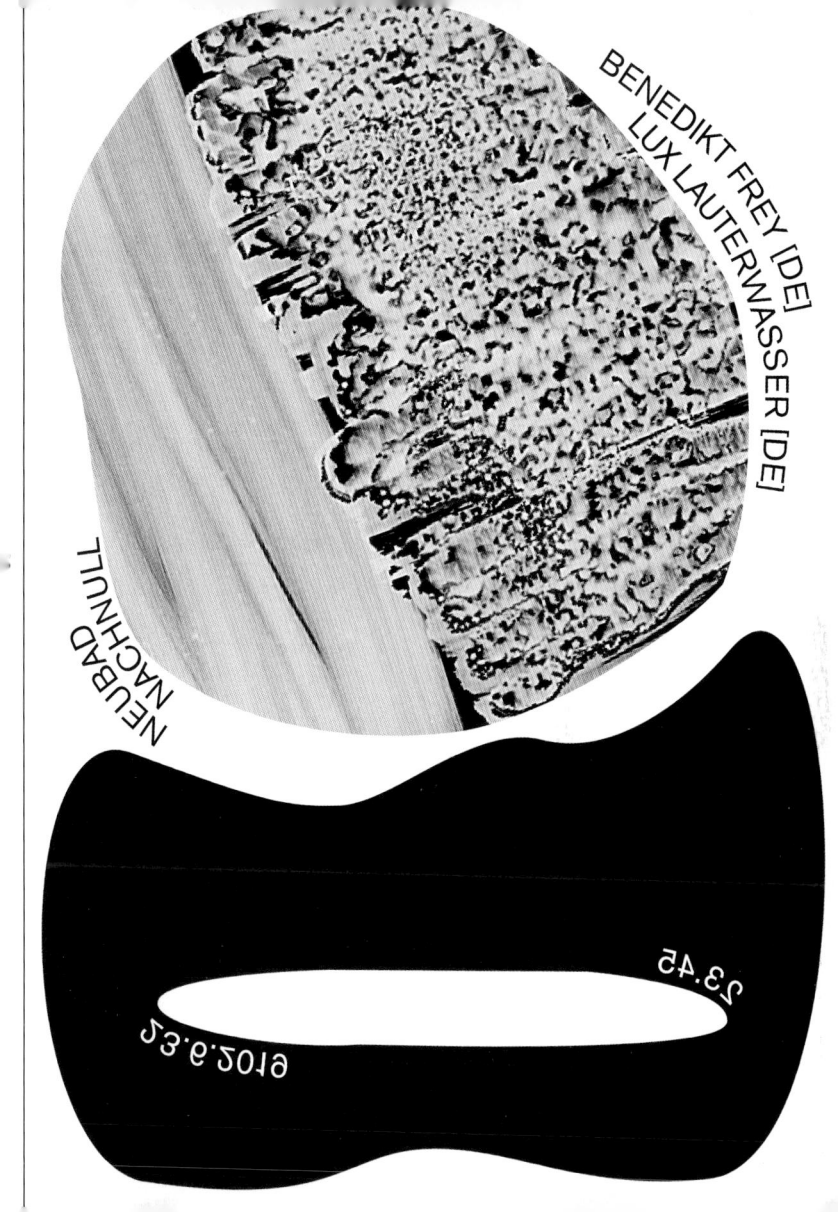

NEUBAD
NACHNULL

23.9.2019
23.45

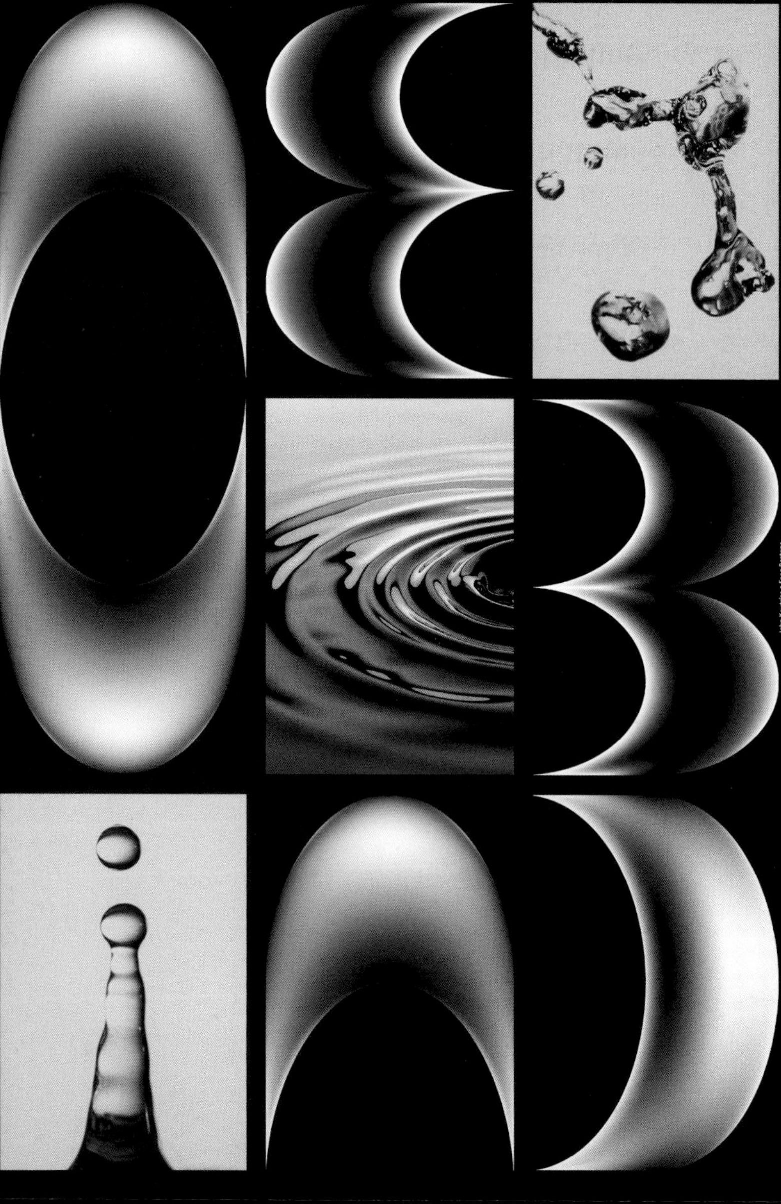

John Koutrias • Enea Bortone

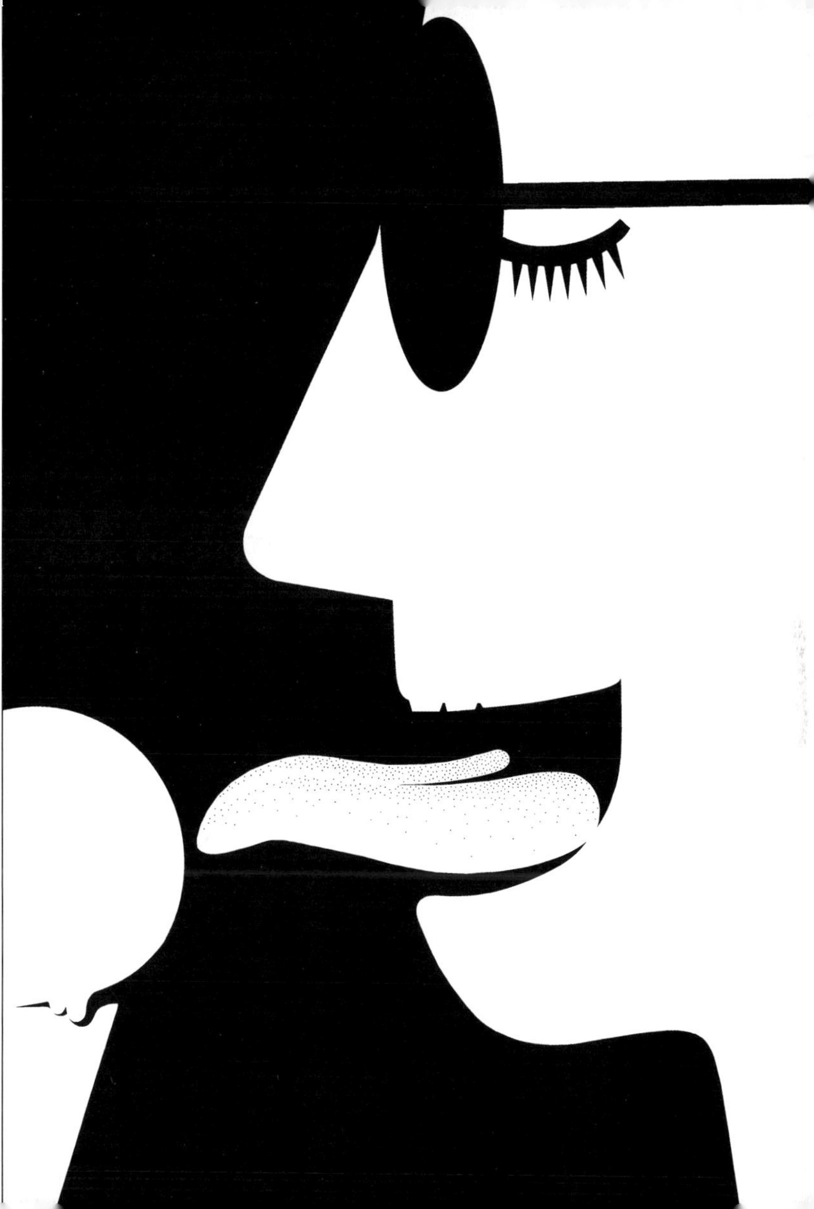

Neubad

NEUGARTENSOMMERPROGRAMM

Jeden Dienstag 19 Uhr Gärtnern (Treffpunkt: Neubad Terrasse) jeweils März bis Oktober

Jeden letzten Sonntag im Monat 11 Uhr Gartentag (Treffpunkt: Neubad Terrasse)

Jeden ersten Dienstag im Monat 19 Uhr Einführungsabend für Neulinge (Treffpunkt: Neubad Terrasse)

DIE BÜCHERHALLE

Das Buchtauschprojekt beim Neubad

Öffnungszeiten:
Mai–September Di–So 9–18 Uhr
Oktober–April Di–Fr 9–18 Uhr

Guten Abend

*Musikabend
im Neubadbistro*

*jeden Donnerstag
von 20:00Uhr bis 23.30Uhr*

STRANDGUT NEUBAD FLOHMARKT

15. SEP   6. OKT   20. OKT   24. NOV   15. DEZ

Set One 19 h
Set Two 20 h

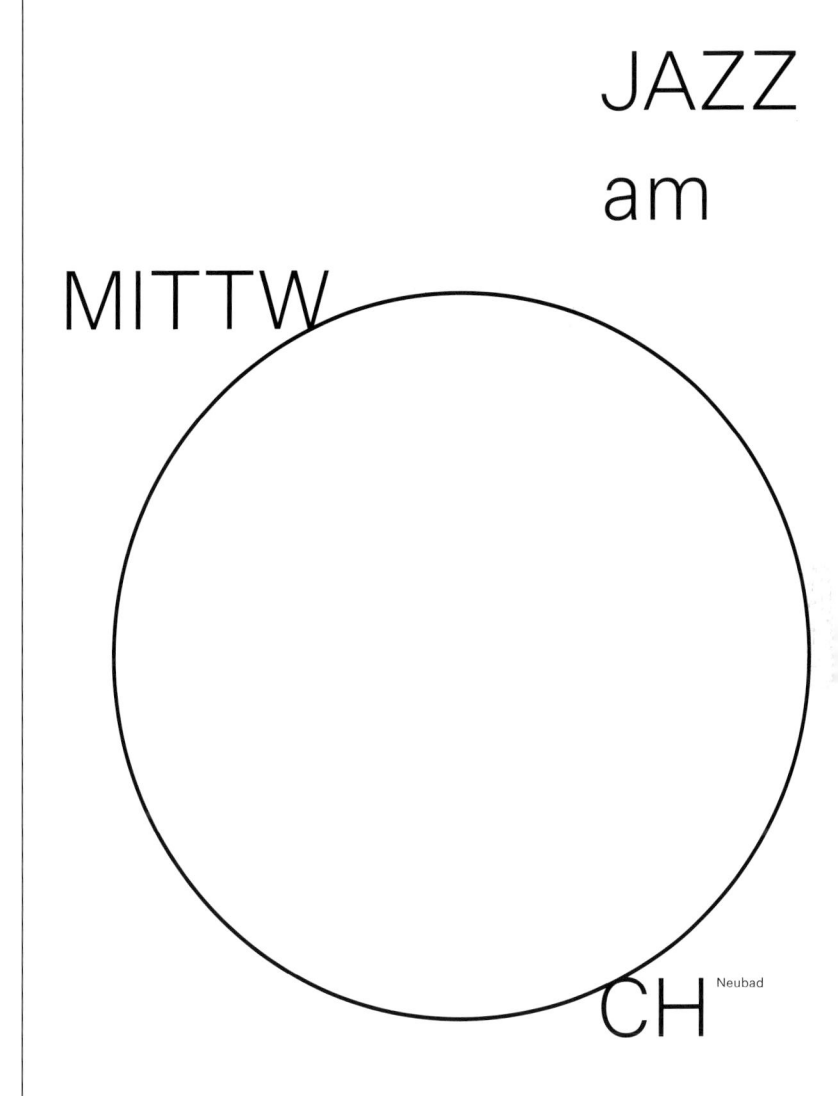

JAZZ
am
MITTW
CH Neubad

STEFAN AEBY

Plattentaufe

TOBIAS PREISIG

Neubad

3. Oktober

20.00 Uhr

OUT 1

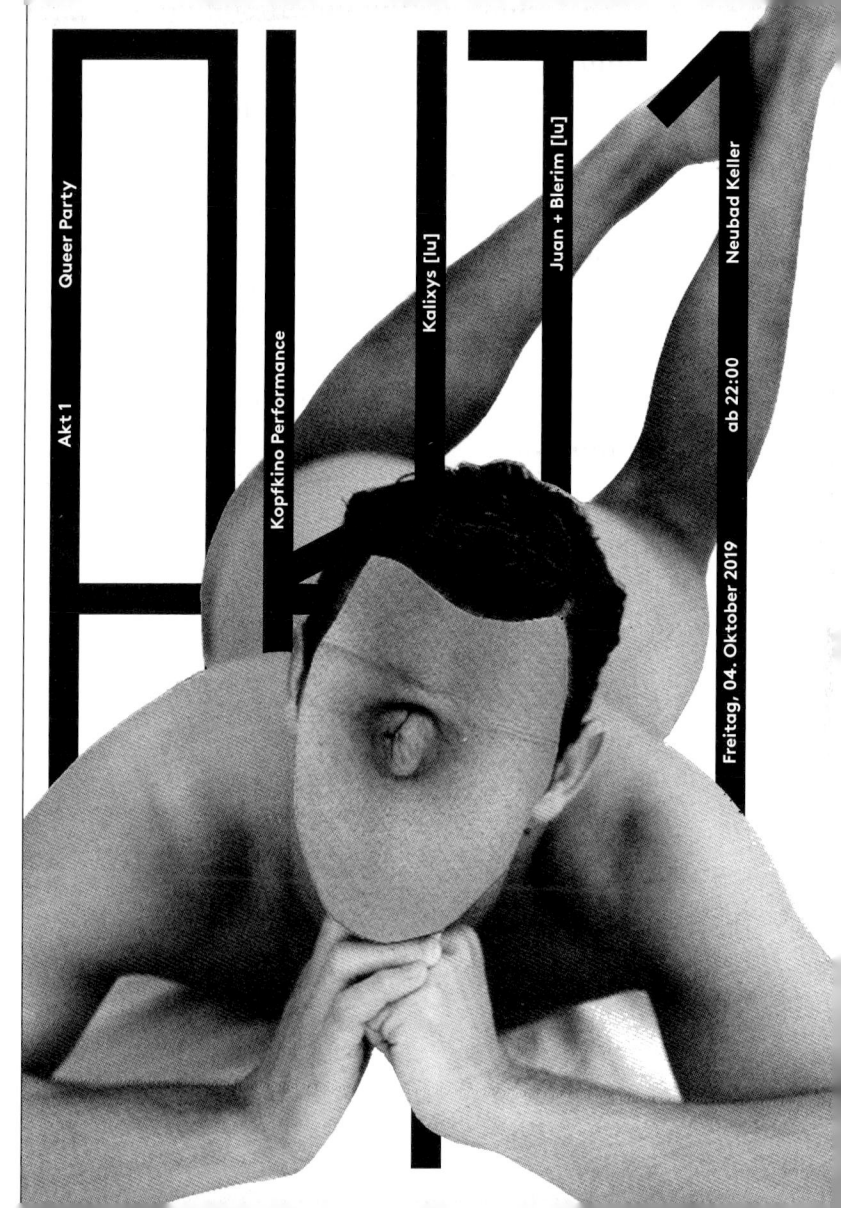

Akt 1 — Queer Party

Kopfkino Performance

Kalixys [lu]

Juan + Blerim [lu]

ab 22:00 — Neubad Keller

Freitag, 04. Oktober 2019

Grafik Bazar
5. Okt.
12–18h
Neubad

Now's The Time

Fredy Studer, Neubad
09.10.2019, 20:30

6× sexy Jahre
Neubad

Freitag
11. Oktober
2019
6 bis 6 Uhr
Fr. 6.–

PLATTENTAUFE LIV SUMMER NEUBAD 20H 17.10.19

THE DAILY STUMBLER

RADIAN

NEUBAD
LUZERN
18.10.19.
21 UHR

studio lindhorst-emme

CH LU NEUBADKELLER
19.OKTOBER
21.00 UHR

EP-TAUFE LIVE

Luce

LIVE

LeaWho

DJ SET

Akra
Ondo

NEU BAD LEC TURE

Was?
Fische: weder stumm noch dumm

Datum?
Mi, 23. Oktober

Uhrzeit?
20 Uhr

Wie viel?
10.–

Ort?
Neubad Keller

Wer?
Prof. Dr. Markus Wild Philosoph

Kush K   Taimashoe   Donnerstag, 24. Oktober 2019 - 21:00   Neubau

BLEU ROI.[CH/BS] 31. OKT 2019

21.00 UHR NEUBADKELLER

STAHLBERGER

STAHLBERGER [SG]
KNEUBÜHLER [ZH]
NEUBAD
DONNERSTAG
7. NOVEMBER
21 UHR

FITZ-
GERA
LD &
RIMI-
NI

NEU
BAD
KEL-
LER

13.
11.
2019

20.
30
UHR

ONE SENTENCE.
SUPERVISOR (CH/AG)
OMNI SELASSI
(CH/BE)

15. NOV. 19
21.00 UHR
NEUBAD KELLER

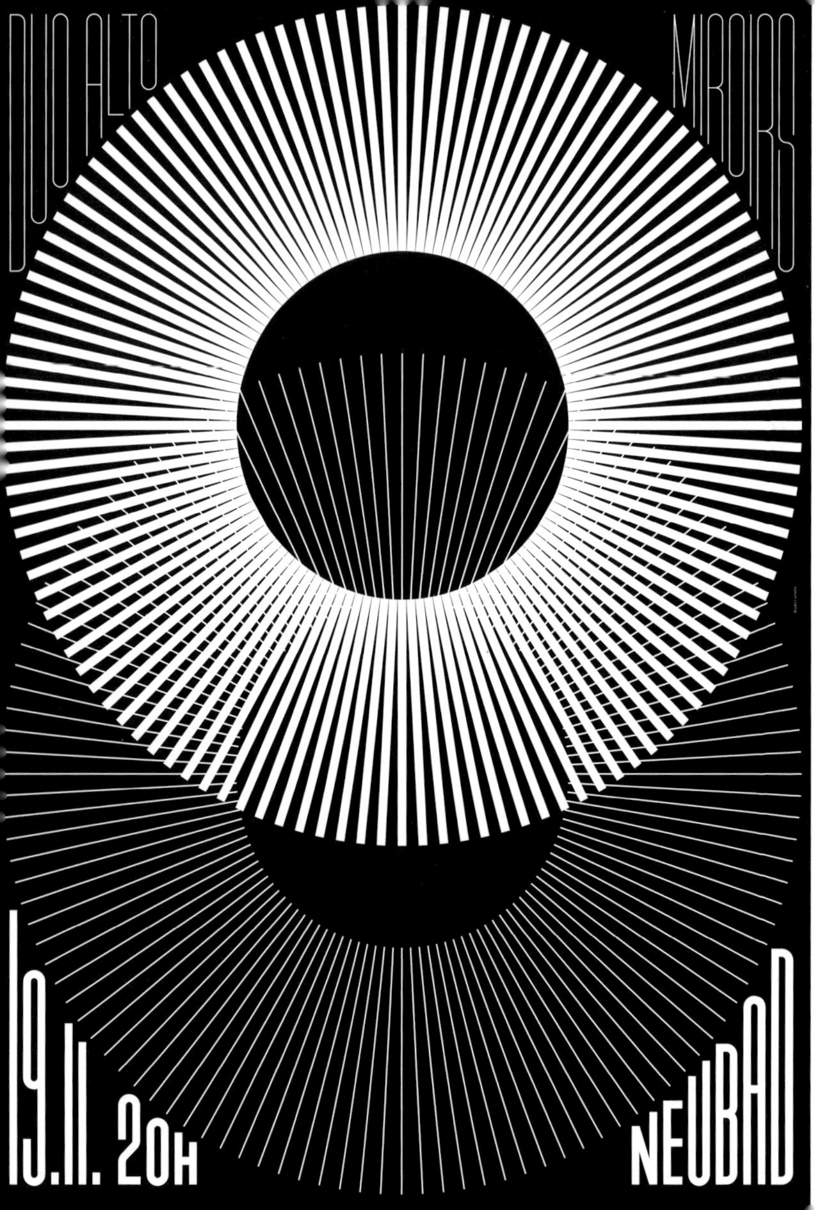
DUO ALTO
MIROIRS
19.11. 20H
NEUBAD

Was?

Kanada: reich durch Völkermord

Datum?
Mi, 20. November

Uhrzeit?
20 Uhr

Wie viel?
10.–

Ort?
Neubad Pool

NEU
BAD
LEC
TURE

Wer?

Manuel Menrath
Historiker

nachnull:

Kreidler [DE/Bureau B]

Schööf [CH/LU]

Neubad Luzern

22. November 2019

23.45 Uhr

These are not Objects

SA 3.11.19 21:00 NEUBAD

HALLEN-LUJAH

Der alternative Weihnachtsmarkt im Neubad

AKT 1

Queer Party

Akt 1

Kopfkino Performance [lu]

Nico [bs]

Ray Belle [zh]

Lux Lauterwasser [lu]

Neubad Keller

ab 22:00

Freitag, 06. Dezember 2019

Was?

Die Radikalität des Vogelgesangs

Wer?

Dr. Patricia Jäggi Klangforscherin

Datum?

Mi, 11. Dezember

Uhrzeit?

20 Uhr

Wie viel?

10.–

NEU BAD LEC TURE

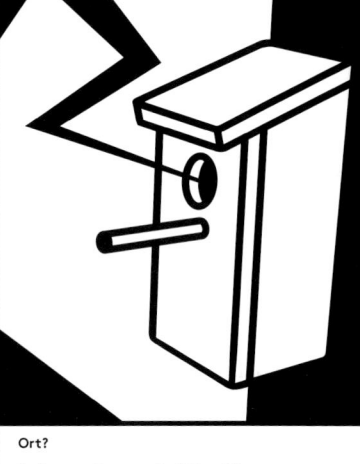

Ort?

Neubad Keller

SAMSTAG
⇨ 14.12.2019

Red Brick Chapel Night

1. Tom Ramon
2. Zardt
3. Vsitor
4. Jon Hood
5. The Fridge
6. Forever Overhead
7. Gaia
8. Dâdalus & Bikarus
9. Agent Disko & Moon Junit
10. Eliane Bertschi

⇨ 20:00H

NEUBAD

6 x Sex

08.01.20
20:00
Neubad Keller

Sexarbeit

#4

Christian Seiler – Alles Gute
Donnerstag, 9. Januar 2020
20 Uhr, Neubad

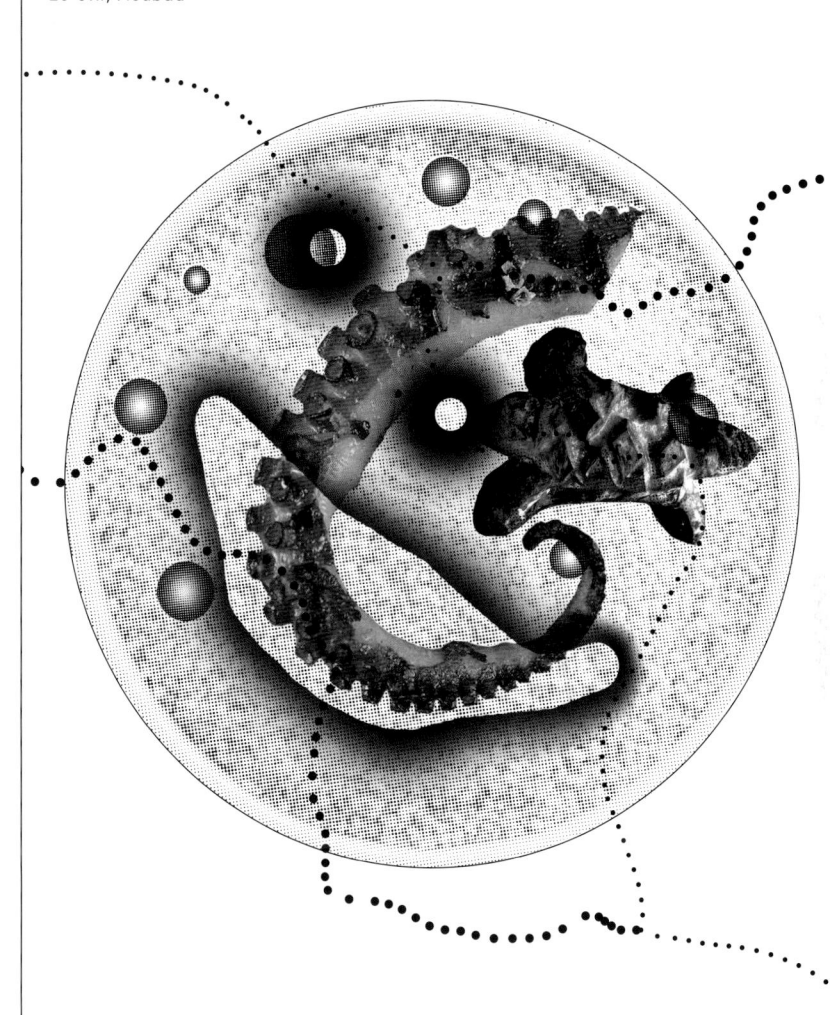

NEUBAD NEUJAHRSPARTY 2020 22H 10 JAN

neuntöter.

neubad

Die monatliche 45-min-Gesprächsrunde
über lokales Zeitgeschehen – kurzweilig,
urban, mit Bier.

14. Januar
18. Februar
10. März
14. April
19. Mai

NEUBAD S LECTURE 15.1. 20

Valentin Groebner
Historiker
Der Tourismus hat ein Problem.

Neubad Keller
20 Uhr

neubad.org

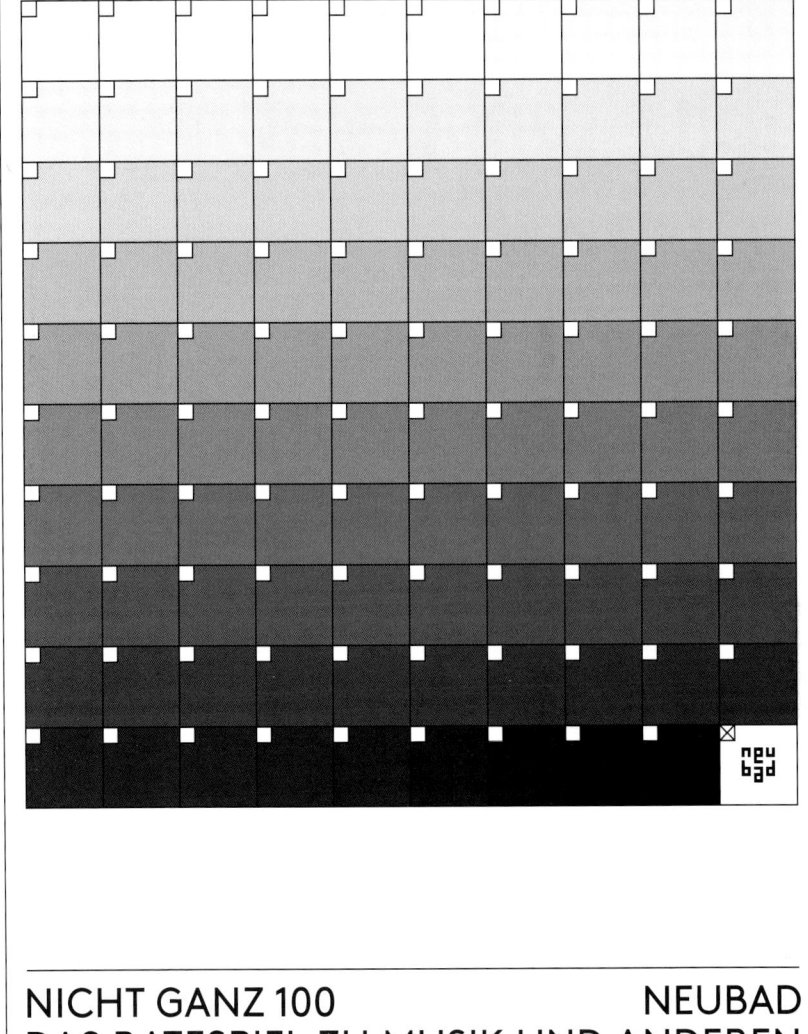

NICHT GANZ 100
DAS RATESPIEL ZU MUSIK UND ANDEREN NEBENSÄCHLICHKEITEN

NEUBAD

18.01.2020
20:00 BIS 23:30

« Schlägerei mit anschließender Diskussion ! »
UFO (Lukas Huber, Michael Anklin und Robert Torche)
VS Ramon Landolt
Konzert
Samstag, 18. Januar 2020
20:00
im Neubad.

NEUBADSLAM

LLLLLL
LLLLLLLLLL
LLLLLLLL

ZWANZIG UHR

SSSSSSSSS
SSSSSSSSSSSSSS
SSSSSSSSSSSS

FÜNFUNDZWANZIGSTER JANUAR

ZWEITAUSEND
UNDZWANZIG

AAAAAAAAAA
AAAAAAAAAAA
AAAAAAAAAA
AAAAAAAAAAA

NEUBAD

MMMMMMMM MMM MMM
MMMMMMMM MMM MMMM

Freitag, 31. Januar 2020
21 Uhr – Neubad

Kliffs
[CAN]

Sol Rùn (CH/LU)

6 x Sex

05.02.20
20:00
Neubad Keller

Sex im Alter

#5

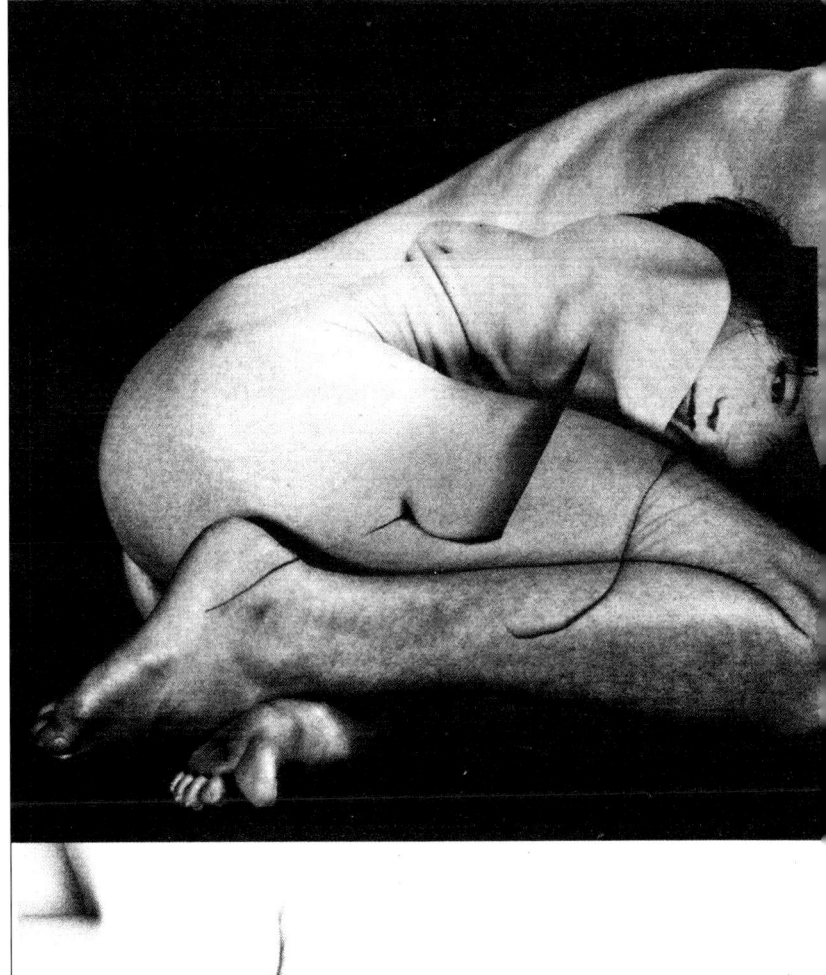

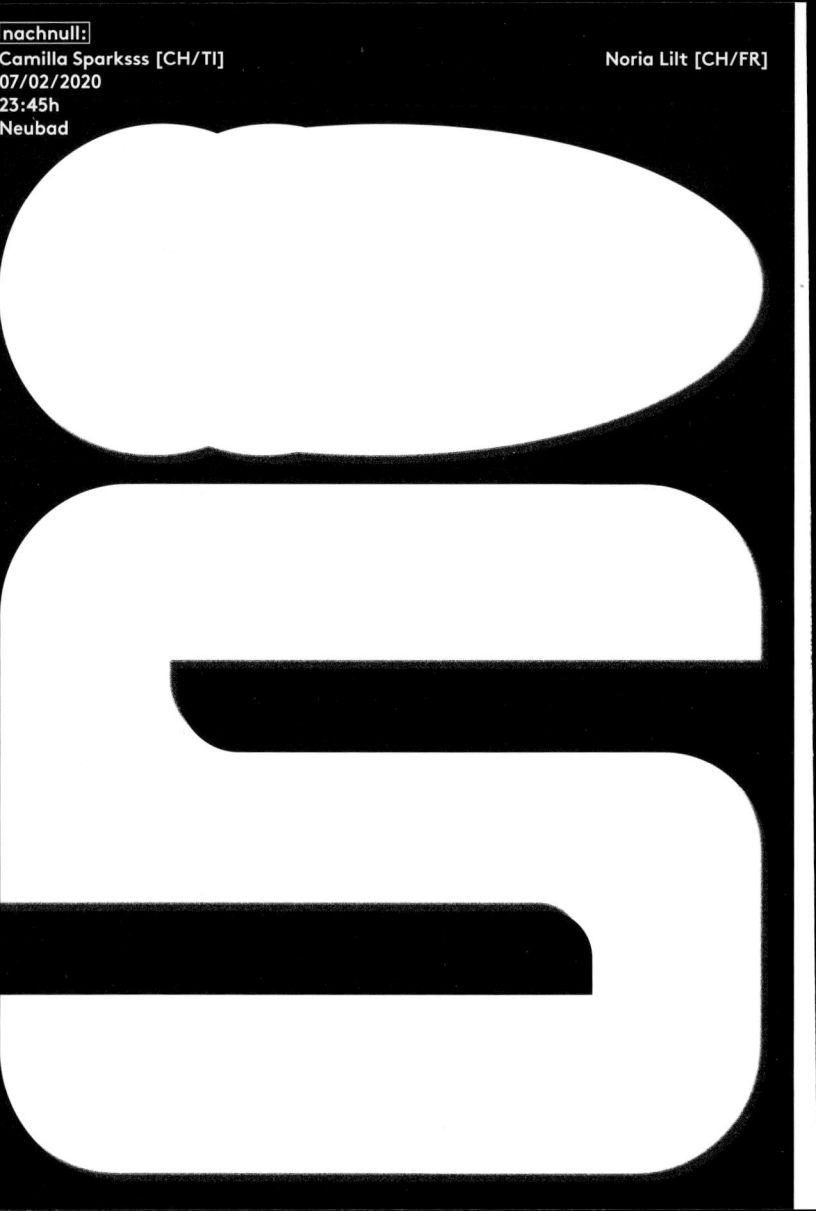

nachnull:
Camilla Sparksss [CH/TI]
07/02/2020
23:45h
Neubad

Noria Lilt [CH/FR]

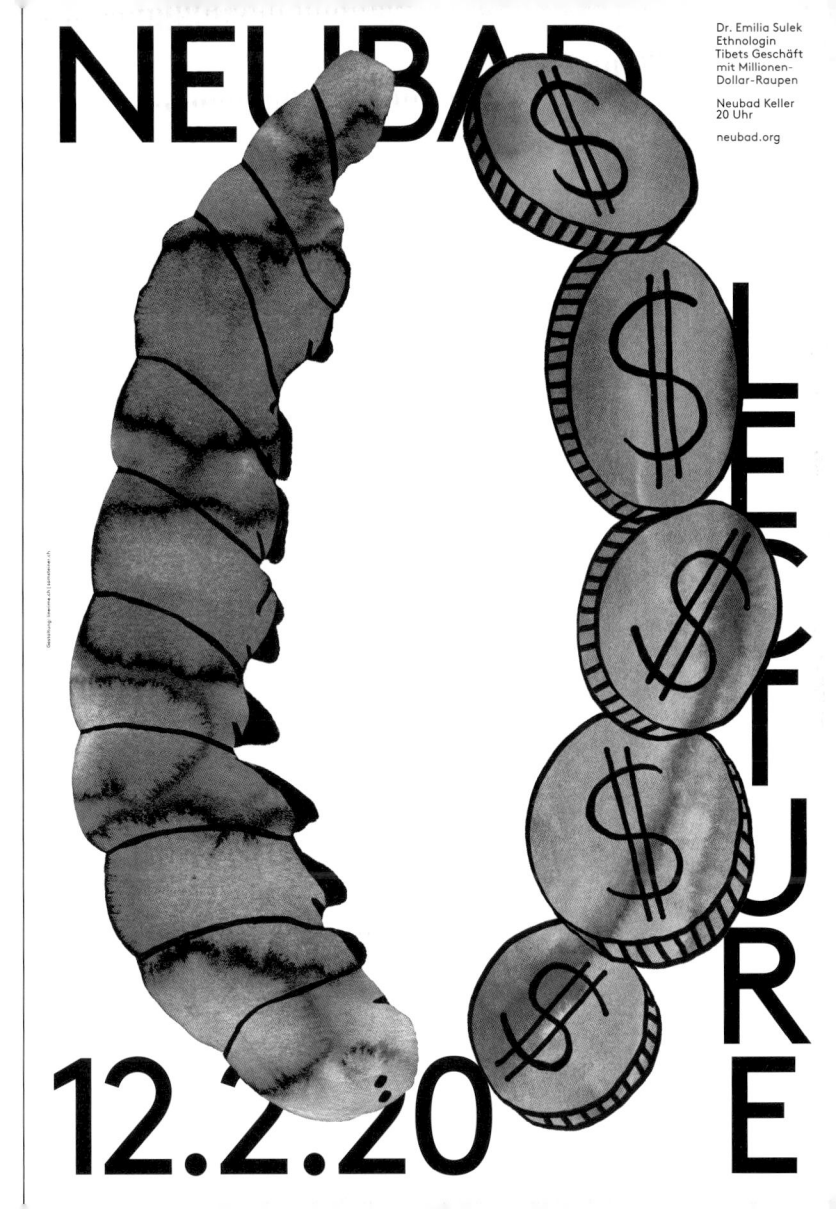

NEUBAD

Dr. Emilia Sulek
Ethnologin
Tibets Geschäft
mit Millionen-
Dollar-Raupen

Neubad Keller
20 Uhr

neubad.org

LECTURE

12.2.20

BIGER BLAHR

20 Uhr

Neubad

Donnerstag, 13. Februar 2020

[CH/BE]

6 x Sex

04.03.20
20:00
Neubad Keller

Sex und
Virtualität

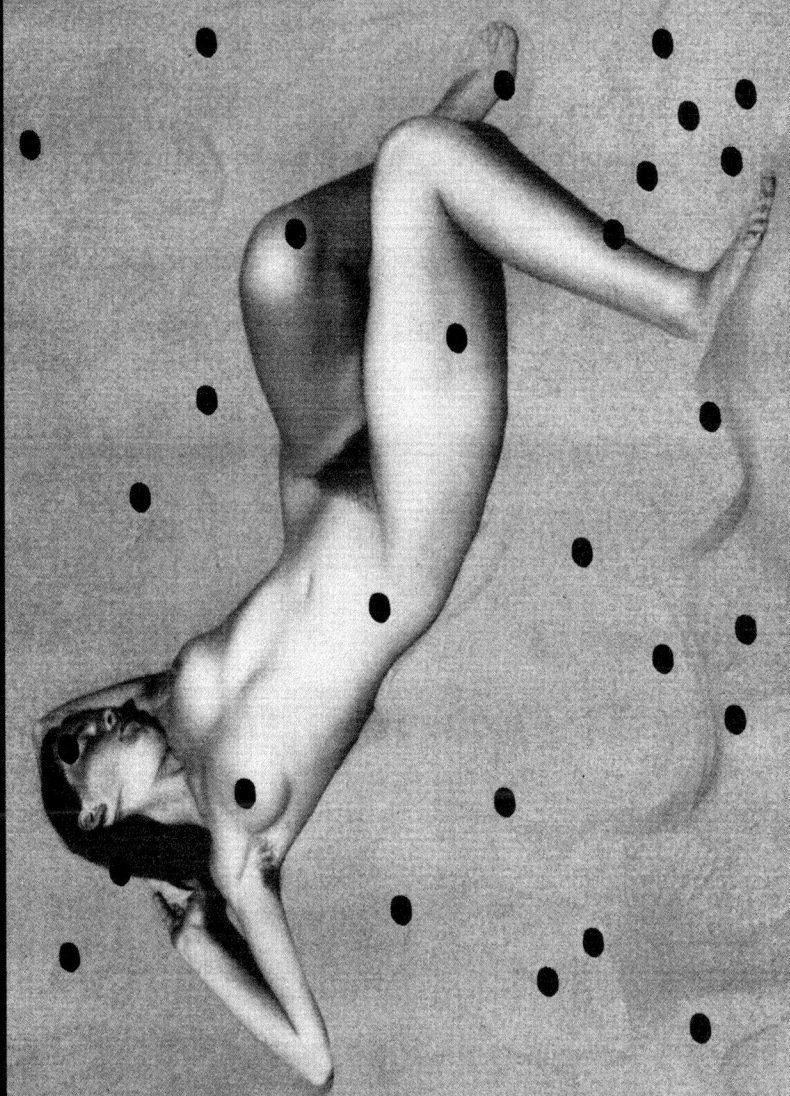

#6

+ Staro Sunce + Staro Sunce + Staro Sunce + Freitag, 6. März 2020 ± 21:00 + Neubad Keller

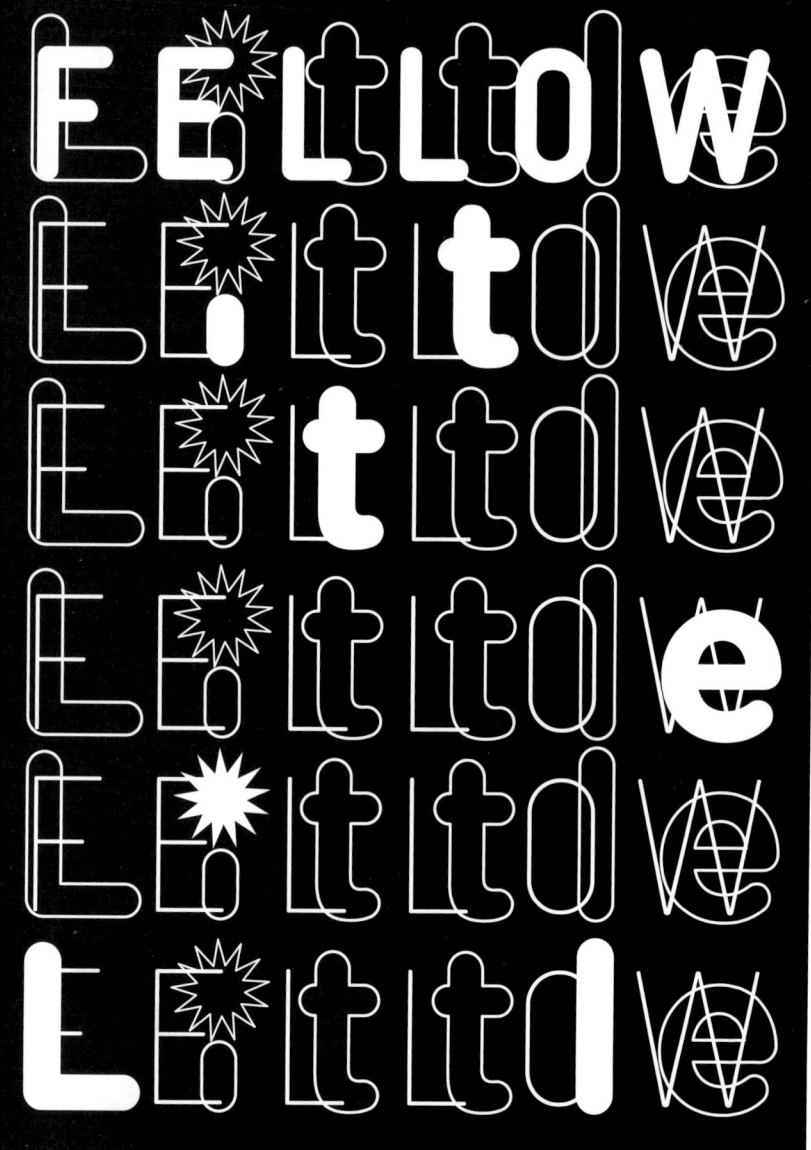

«Schlägerei mit anschließender Diskussion»

U　　　　F　　　！　　»　O
(Lukas Huber, Michael Anklin
und　　Robert　　Torche　　)
V　　　　　　　　　　　　　　S

Manuel Troller
K　o　n　z　e　r　t
Samstag, 7 . März 2020 im Neubad.
20:00

NEU BAD LECTURE 1.3.2

Zoe Stadler
Ingenieurin
Klima: Radikal
sind die anderen

Neubad Keller
20 Uhr
neubad.org

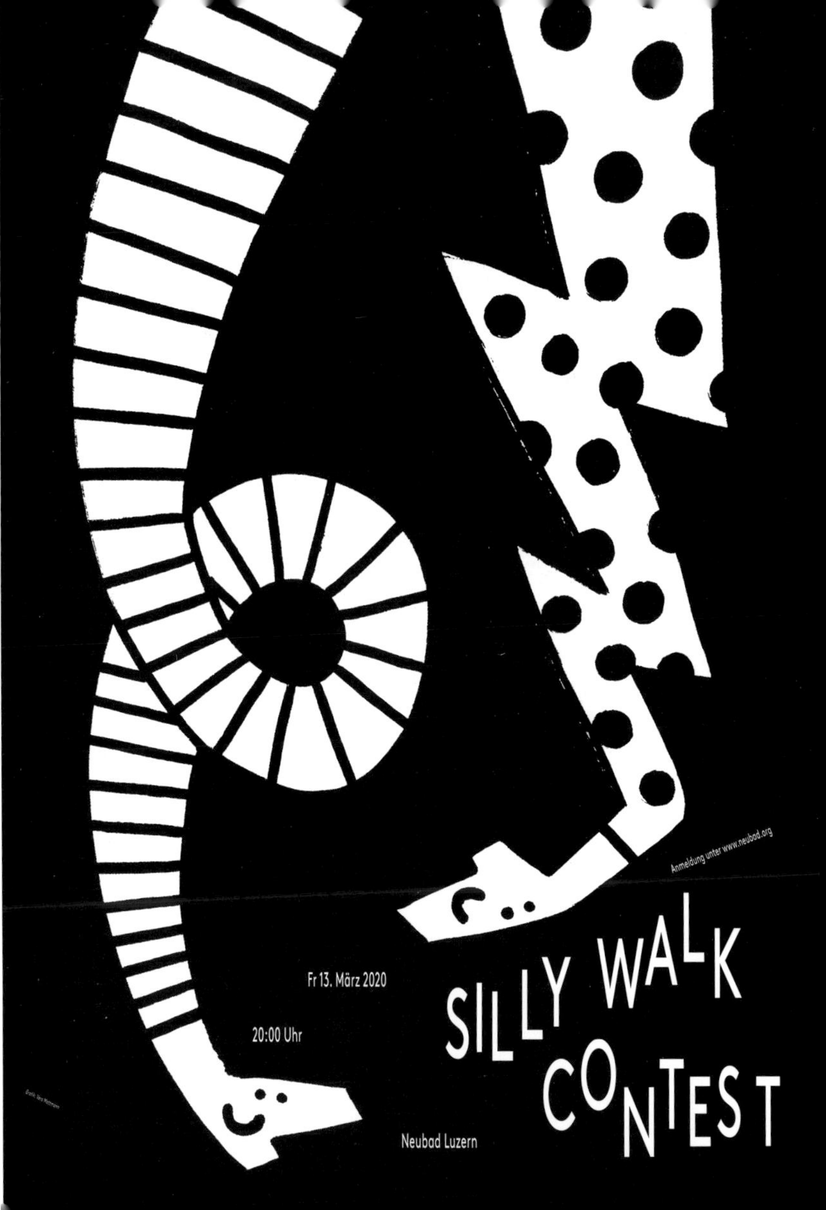
Anmeldung unter www.neubad.org
Fr 13. März 2020
SILLY WALK CONTEST
20:00 Uhr
Neubad Luzern

Ryan Power (x Forever Overhead) Sussie Wilde Salm

[US/CH]
[CH/BS]
(x Forever Overhead)
21 Uhr
26. März 2020
Neubad Luzern

nachnull

Ben Shemie (Suuns) [CAN] [live]
Normal People [CH/LU] [live]
Heap [AUT] [DJ Set]

Freitag, 27. März 2020
ab 23:45

Ort: Keller
Eintritt: CHF 20 / 15
Vorverkauf: PETZI

Design:
@jahnkoutrios

«Schlägerei mit anschließender Diskussion» UFO (Lukas Huber, Michael Anklin und Robert Torche)

Mathilde Raemy

Konzert
Samstag, 18. April 2020, 20:00 · im Neubad.

MUSIKABEND　　　　　　　　　　　　　　　　　　　　　IM

Guten

NEUBAD　　　　　　　　　　　　　　　　　　　　　　BISTRO

JEDEN　　　　　　　　　　　　　　　　　　　　　DONNERSTAG

Abend

VON 20 UHR　　　　　　　　　　　　　　　　BIS 23.30 UHR

VORTRAGSREIHE

Im Neubad, beginn jeweils 19 Uhr

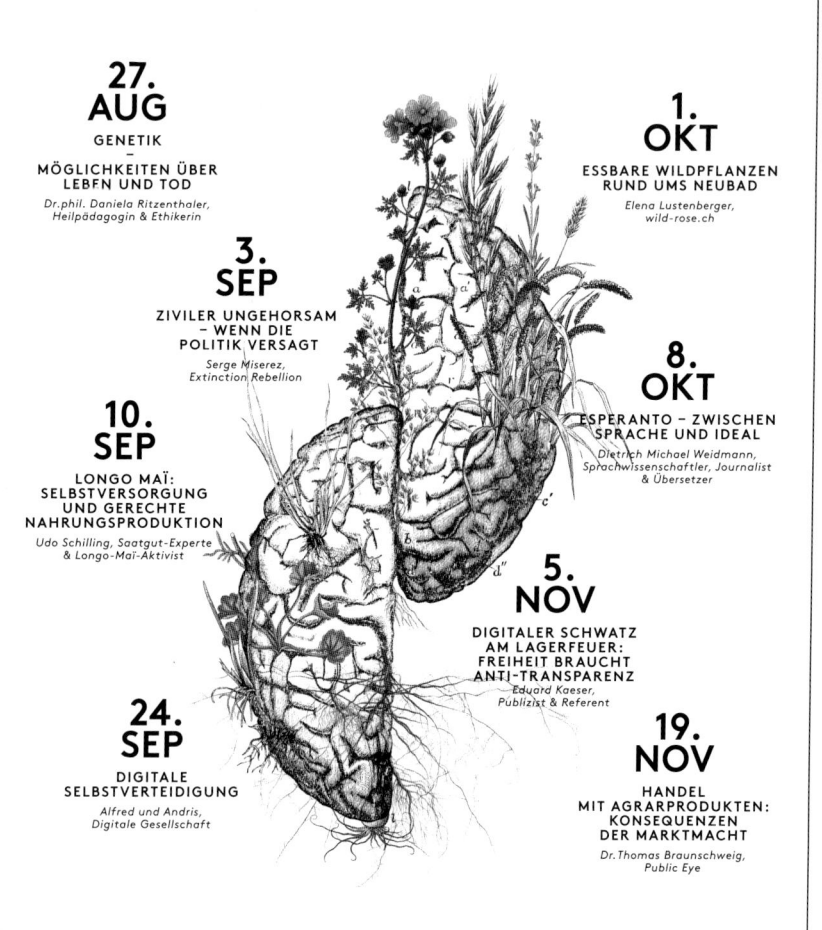

27. AUG
GENETIK – MÖGLICHKEITEN ÜBER LEBEN UND TOD
Dr.phil. Daniela Ritzenthaler, Heilpädagogin & Ethikerin

3. SEP
ZIVILER UNGEHORSAM – WENN DIE POLITIK VERSAGT
Serge Miserez, Extinction Rebellion

10. SEP
LONGO MAÏ: SELBSTVERSORGUNG UND GERECHTE NAHRUNGSPRODUKTION
Udo Schilling, Saatgut-Experte & Longo-Maï-Aktivist

24. SEP
DIGITALE SELBSTVERTEIDIGUNG
Alfred und Andris, Digitale Gesellschaft

1. OKT
ESSBARE WILDPFLANZEN RUND UMS NEUBAD
Elena Lustenberger, wild-rose.ch

8. OKT
ESPERANTO – ZWISCHEN SPRACHE UND IDEAL
Dietrich Michael Weidmann, Sprachwissenschaftler, Journalist & Übersetzer

5. NOV
DIGITALER SCHWATZ AM LAGERFEUER: FREIHEIT BRAUCHT ANTI-TRANSPARENZ
Eduard Kaeser, Publizist & Referent

19. NOV
HANDEL MIT AGRARPRODUKTEN: KONSEQUENZEN DER MARKTMACHT
Dr. Thomas Braunschweig, Public Eye

Eintritt: Kollekte

05 20

18:30 Uhr Führung durch den Neugarten

neugarten.ch

Elian Zeitel

Albumtaufe

Neubad Luzern

20 Uhr, Pool

+ Lärchenharz

Freitag, 4. September 2020

Äch

ALBUMTAUFE

[CH/LU]

Neubad, Keller   Samstag, 5. September 2020, 20.30 Uhr

lesung Arno Camenisch

Arno Camenisch liest aus seinem neusten Roman „Goldene Jahre"

Musikalische Begleitung: Roman Nowka

Neubad Luzern
8.9.2020
20 Uhr, Pool

Co-Veranstaltung mit Loge - die Luzerner Literaturbühne.

OMG CRSARTORIUSQUARTET

CARTE BLANCHE:
ELIO AMBERG [CH/LU]
JULIAN SARTORIUS [CH/BE]
ET|ET [CH/BE]
10. SEPTEMBER 2020
21 UHR
NEUBAD, POOL

THE Great HARRY Hillmann

Freitag, 11. September 2020

20:30 Uhr

Neubad

Luzern

[CH/LU]

Albumtaufe

Albumtaufe + Remo Helfenstein   Sa.12.9   21°° Neubad Keller

LIVE im Neubad Bistro Luzern
JAZZ Am Mittwoch   19 Uhr alle zwei Wochen

KOFFER
FISCH

ALBUMTAUFE • IM NEUBAD POOL • 20UHR 25.09.20

OUT1

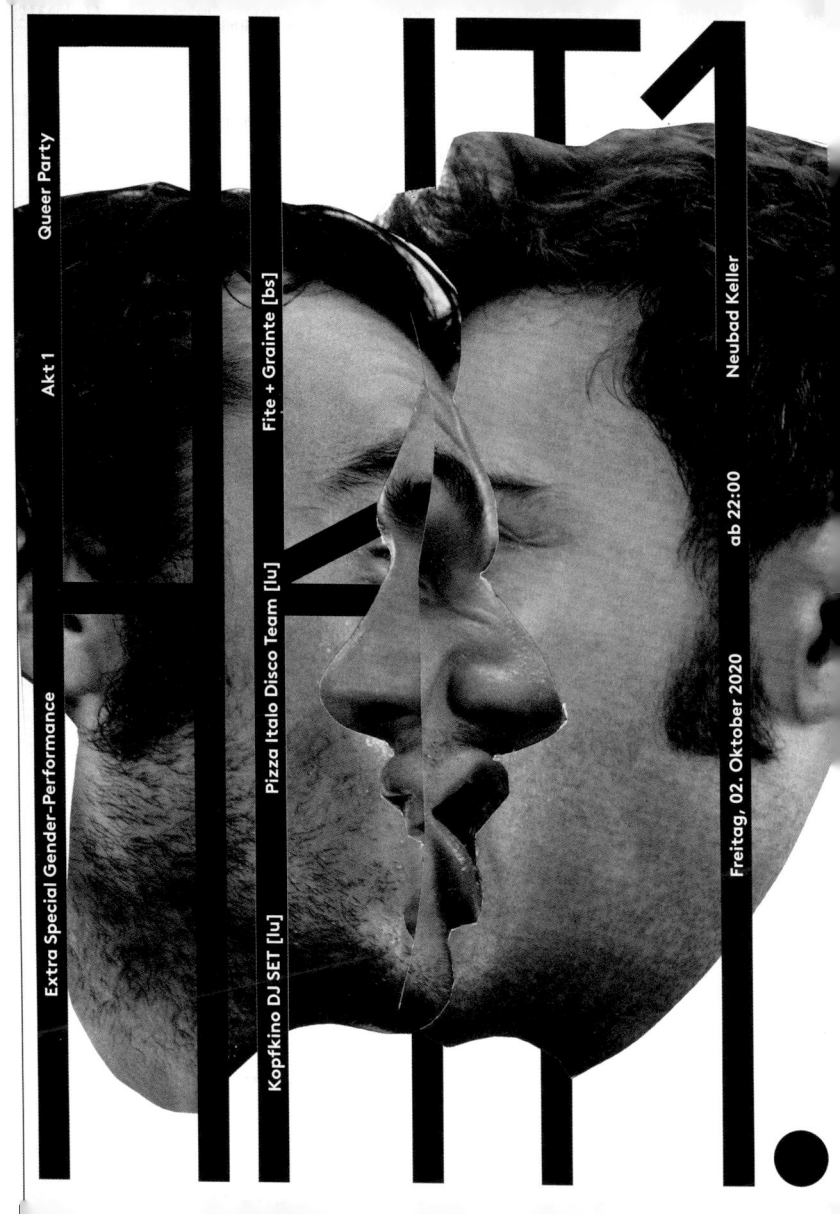

- Queer Party
- Akt 1
- Extra Special Gender-Performance
- Kopfkino DJ SET [lu]
- Pizza Italo Disco Team [lu]
- Fite + Grainte [bs]
- Freitag, 02. Oktober 2020
- ab 22:00
- Neubad Keller

NEUBAD SLAM
Freitag, 2. Oktober 2020
20 Uhr — Pool

NEUBAD LECTURE

7.10.

20

Prof. Dr. Martin Hartmann
Philosoph
Alle wollen Vertrauen!
Wirklich?

Neubad Pool
20 Uhr

neubad.org

Christoph ERB
Magda MAYAS
Gerry HEMINGWAY
[CH Luzern]
9.10.
(20)
Uhr, Pool
2020
Neubad Luzern

Samstag, 10.Oktober 2020
20.30 Uhr
Klub

BOA
IM
EXIL

Pierre Omer &
The Nightcruisers [CH/GE]

TO ATHENA [CH/LU] PLATTENTAUFE
DO 15.10. NEUBAD POOL 19:30 + 21:30

THE ESPIONNE

EP—
TAUFE

FR.16.10.20
20:30 UHR

NEUBAD
LUZERN
KLUB

Poolkino Mittwoch 21. Oktober 2020 / Mittwoch 18. November 2020 / Mittwoch 23. Dezember 2020 **20 Uhr**

Piff Paff Puff

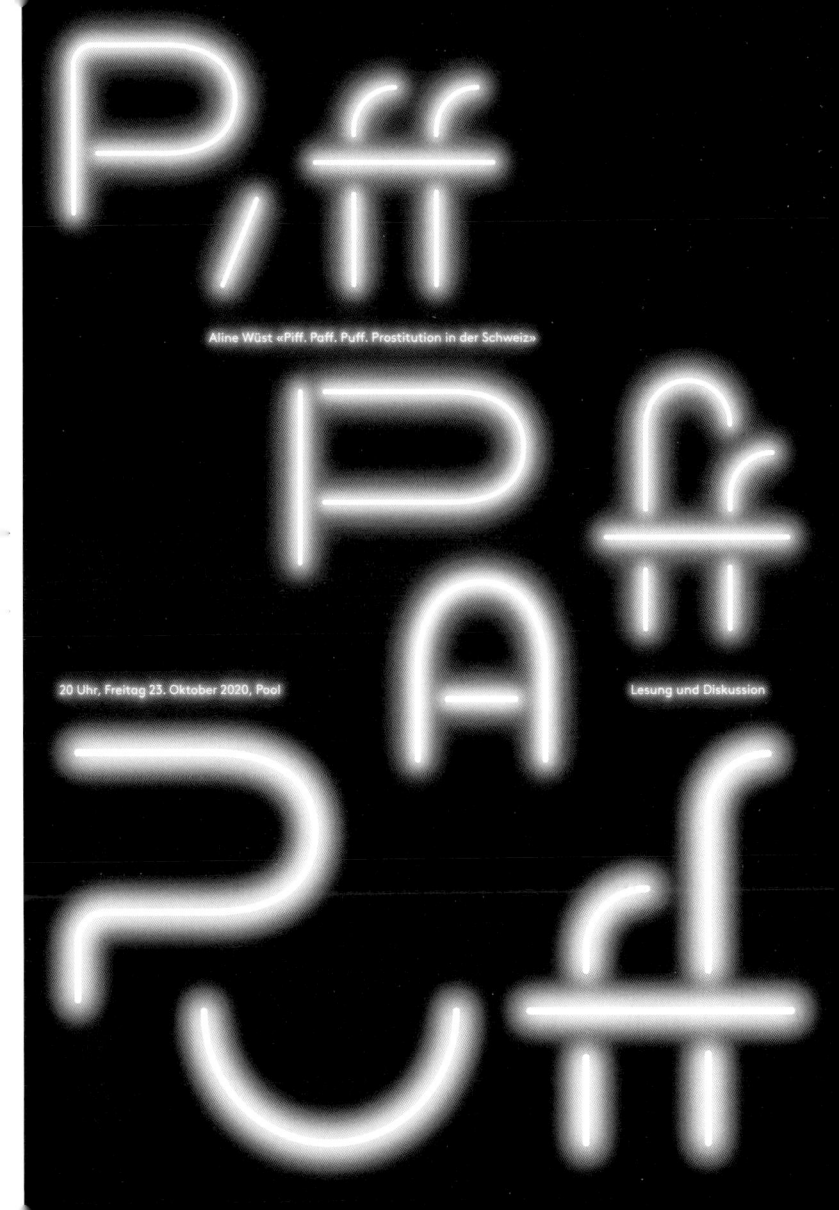

Aline Wüst «Piff. Paff. Puff. Prostitution in der Schweiz»

20 Uhr, Freitag 23. Oktober 2020, Pool

Lesung und Diskussion

Sa **7.11.2020** 23:00 — Neubad Klub

SCHWARZES
GOLD

Ferdi Fis [CH/LU]
DJ Dan [CH/LU]
Eddinn 3000 [CH/LU]

Hip Hop mit

NEU LECTURE
BAD
11.11.20

Myriam Flury
Editorin
Ein Lidschlag, ein
Schnitt – die Kunst
der Filmmontage

Neubad Pool
20 Uhr

neubad.org

Big Zis [CH/ZH]
Freitag, 13. November 2020, 21 Uhr
Neubad Pool

HALLEN-LUJAH DER ALTER-
NATIVE WEIHNACHTSMARKT
IM NEUBAD / POOL

SA
28.11.
14 – 21 UHR

PLAKAT:
ENEA BORTONE &
VANESSA HATZKY

SO 29.11.
10 – 16 UHR

NEUBAD

Prof. Dr. Katrin Meyer
Philosophin
Macht und Gewalt
sind Gegensätze

Neubad Pool
20 Uhr

neubad.org

LECTURE 9.12. 20

STRANDGUT FLOHMARKT NEUBAD LUZERN

16.JAN/06.FEB/20.FEB/06.MAR/20.MAR/24.APR/01.MAI/15.MA

NEUBAD

ÜBER

WASSER

HALTEN

JETZT

SPENDEN

NEUBAD.ORG

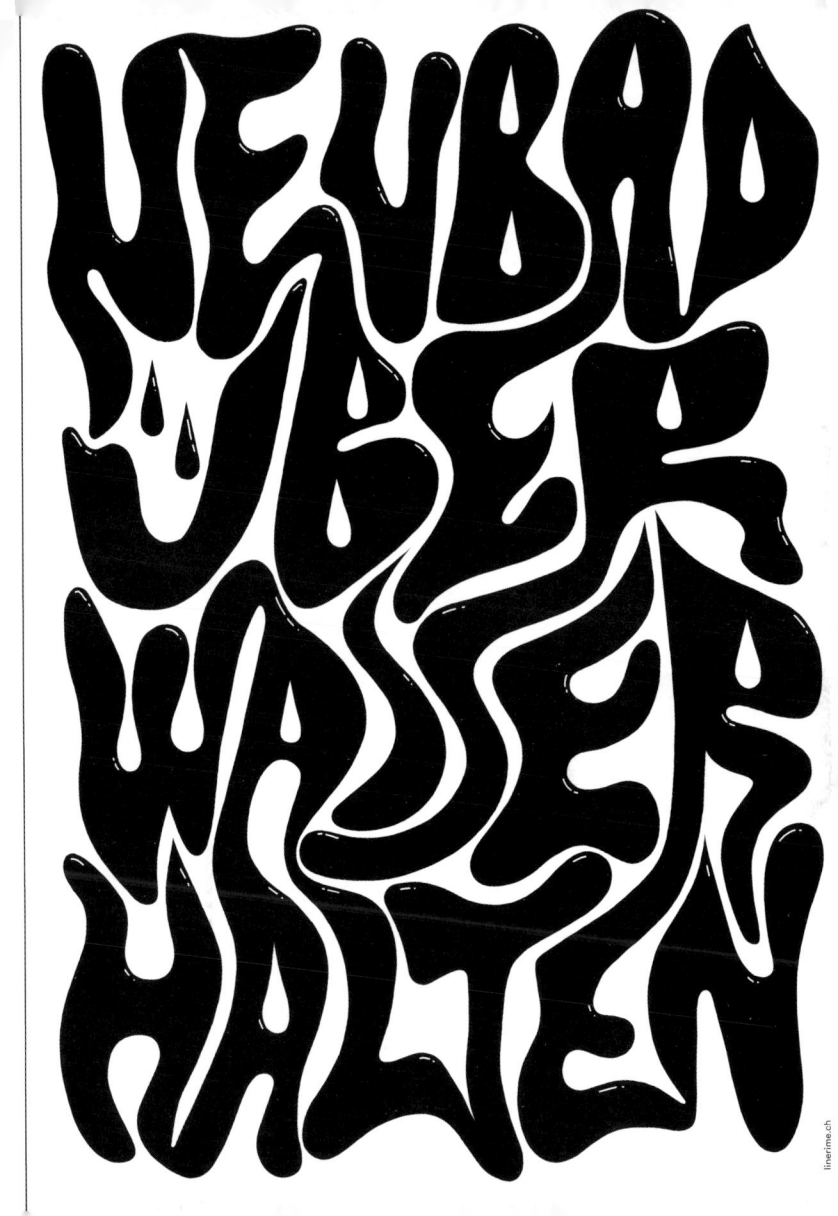

NEUBAD ÜBER WASSER HALTEN

Neubad über Wasser halten.

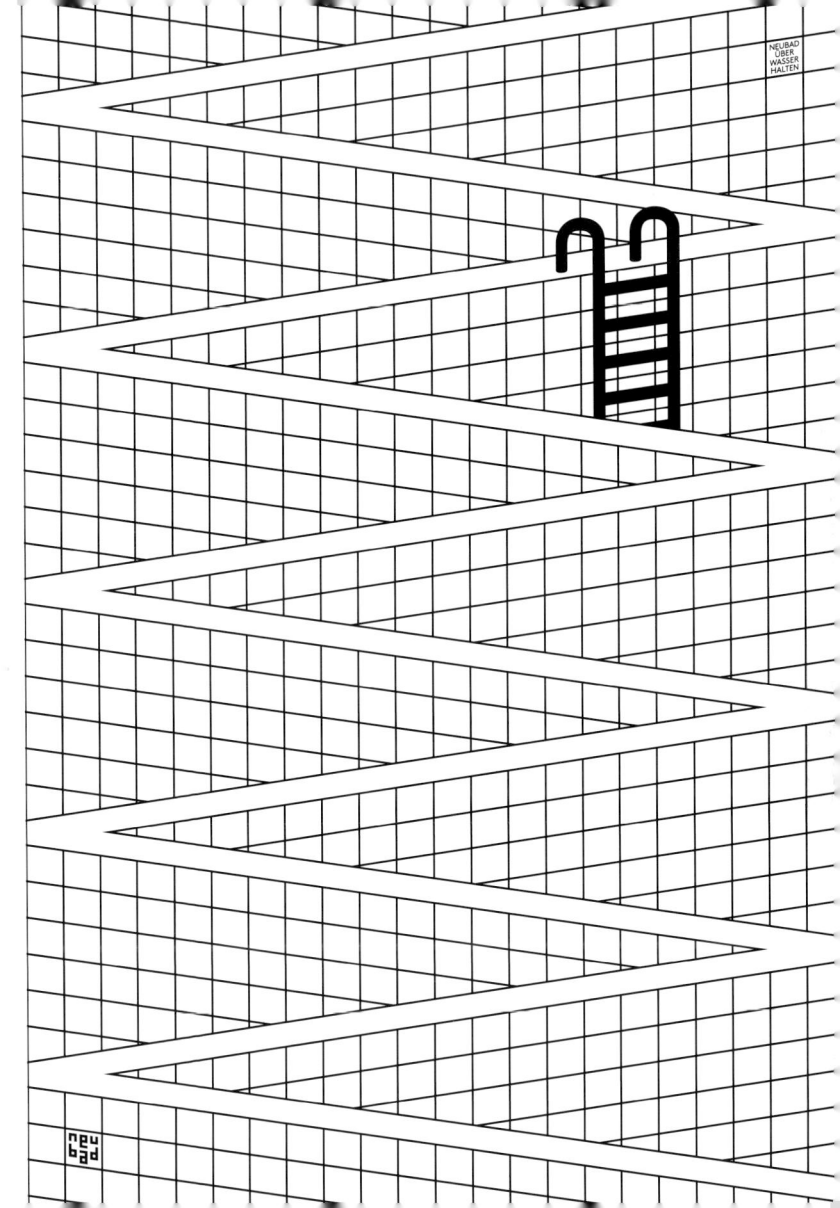

NEUBAD
ÜBER
WASSER
HALTEN

Jetzt Mitglied werden!

NEUBAD

SPENDE! NEUBAD.ORG

UNTERSTÜTZE UNSER BISTRO! WERDE MITGLIED!

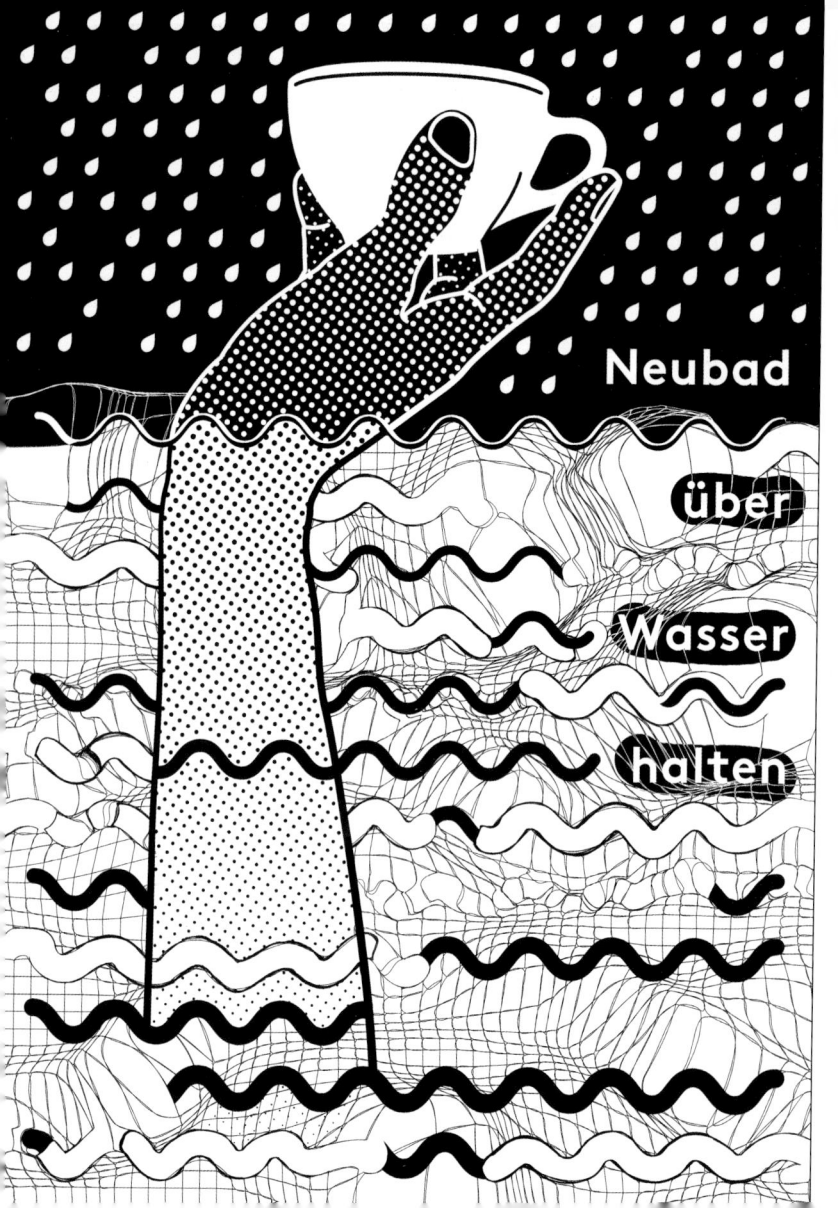

Neubad über Wasser halten

neubad über wasser halten

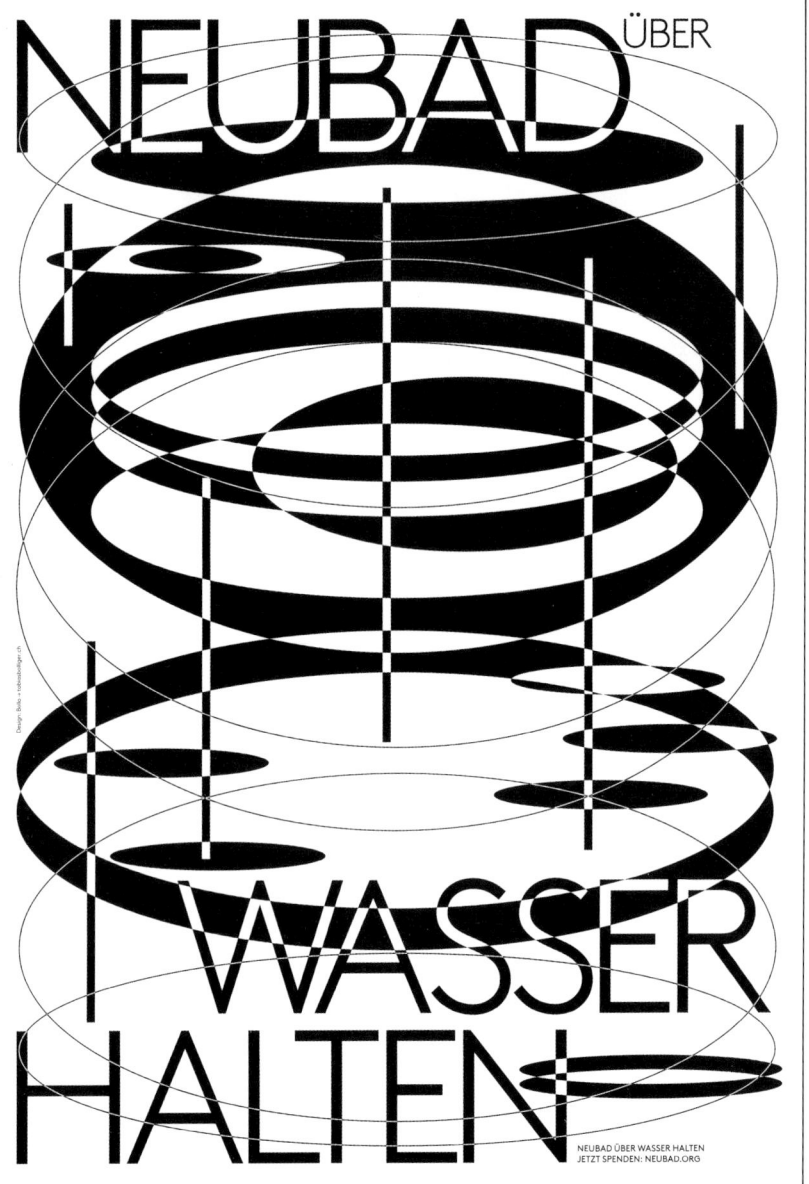

NEUBAD ÜBER WASSER HALTEN
JETZT SPENDEN: NEUBAD.ORG

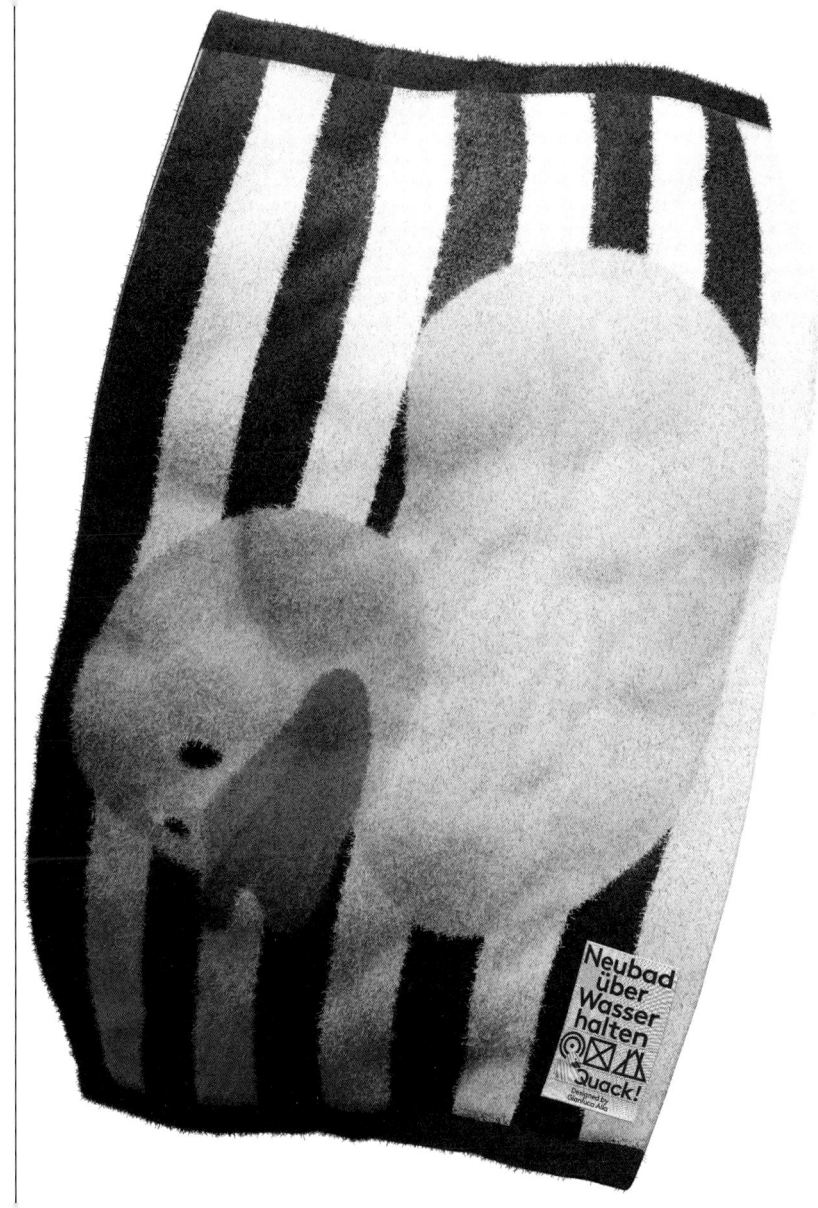

Neubad
über
Wasser
halten

Quack!

Designed by
Glenn von Allé

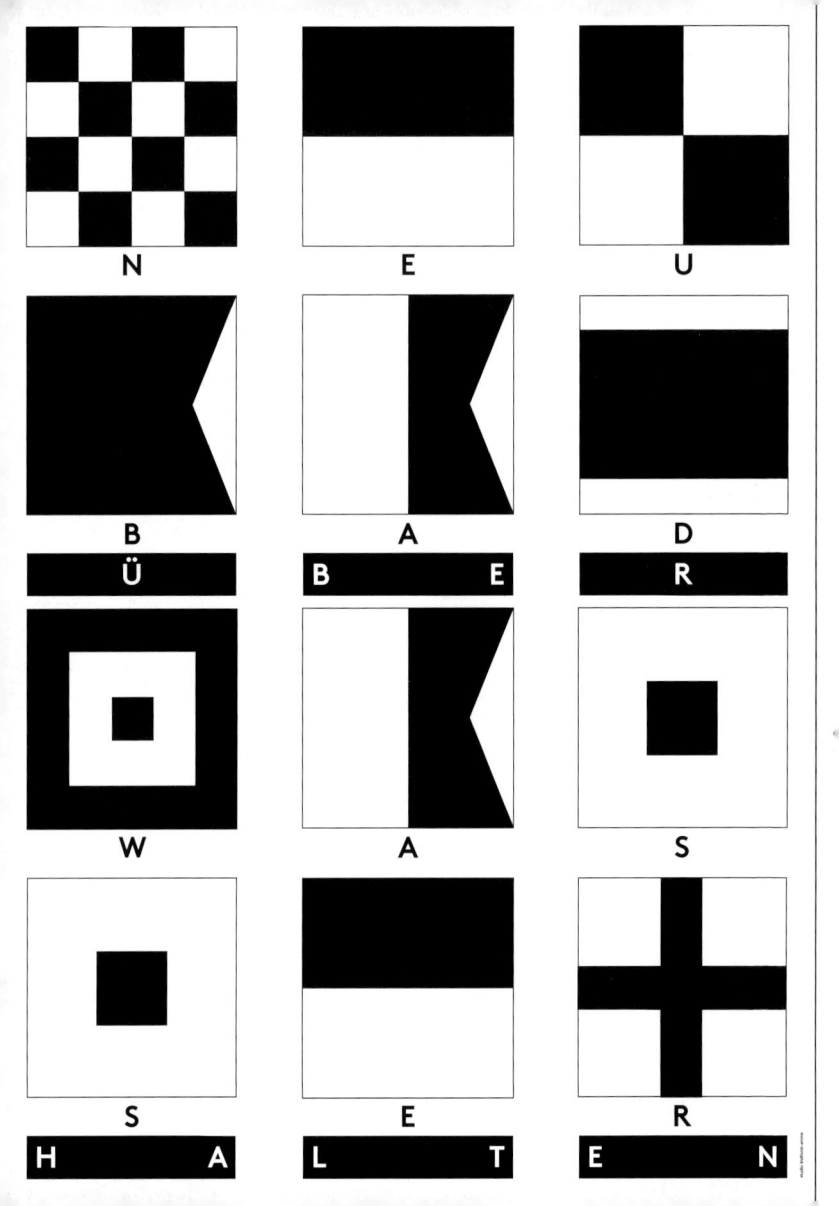

N	E	U
B	A	D
Ü	B E	R
W	A	S
S	E	R
H A	L T	E N

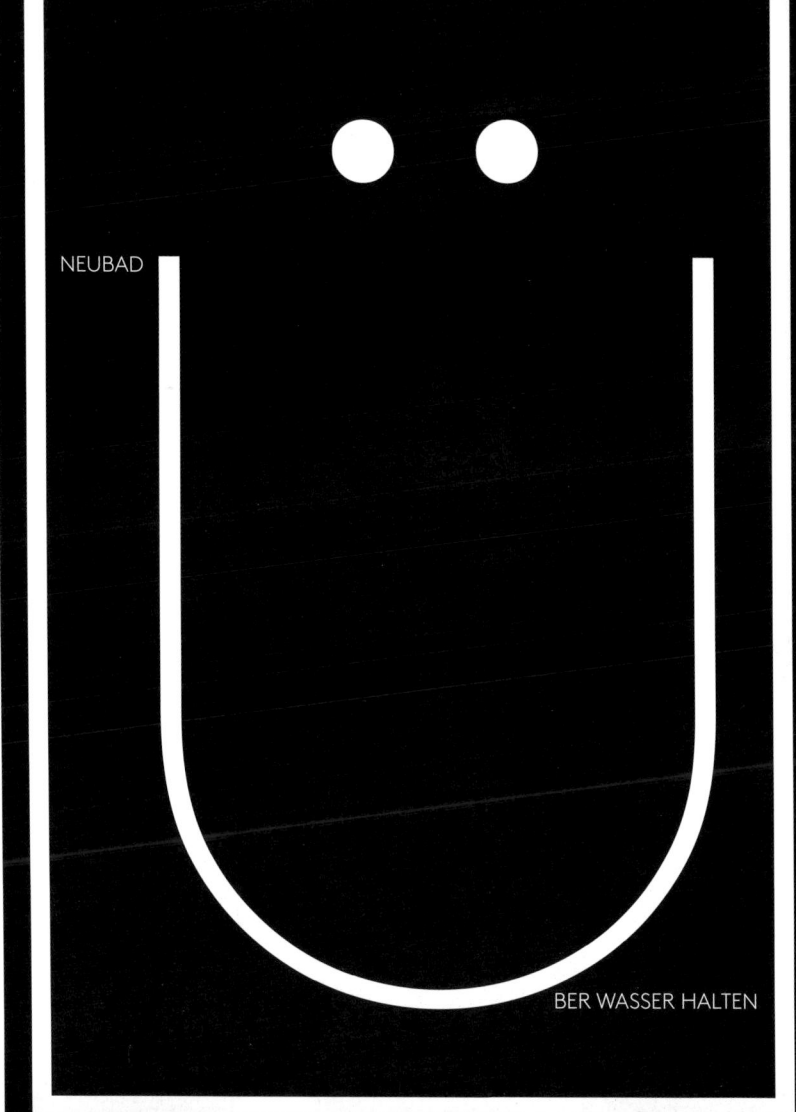

NEUBAD

BER WASSER HALTEN

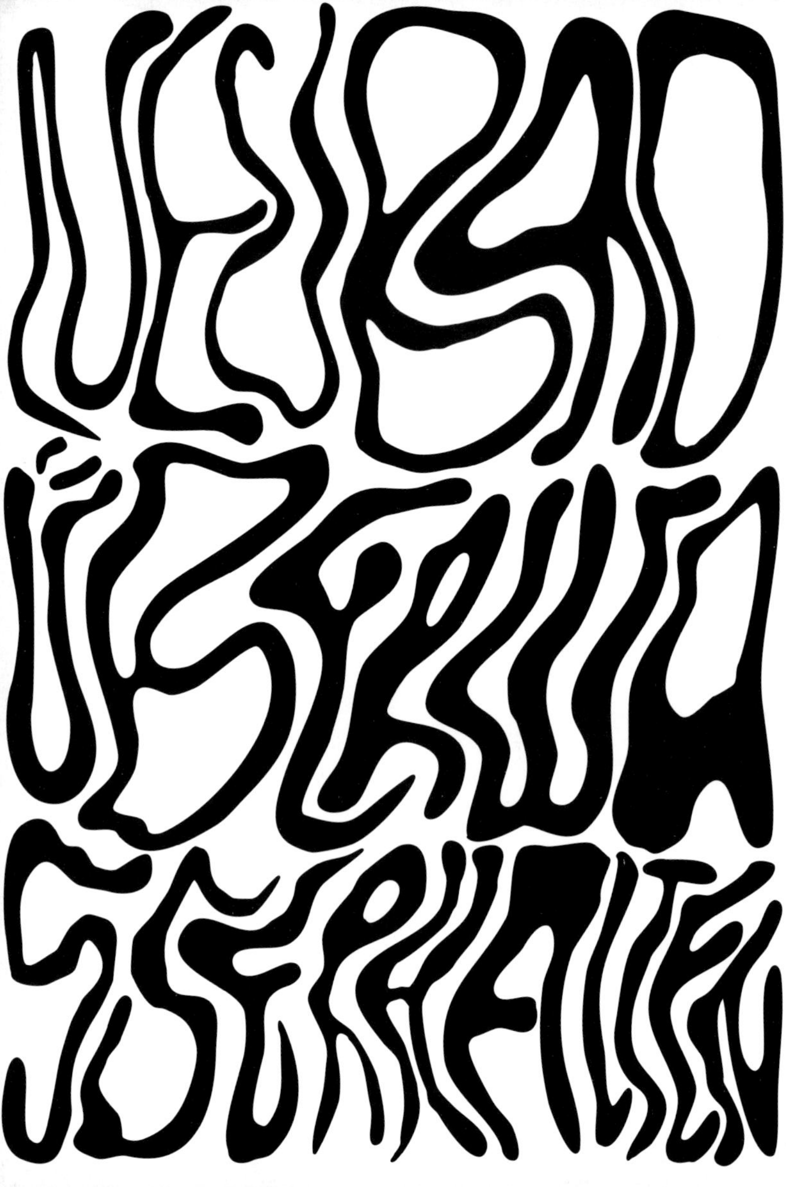

neubad über wasser halten   jetzt vereinsmitglied werden   neubad.org/mitgliedschaft

NEUBAD ÜBER WASSER HALTEN

NEUBAU ÜBER WASSER HALTEN

Neubad über Wasser halten

NEUBAD ÜBER WASSER HALTEN.

Unterstütze die Kultur!

Werde Mitglied!

Jetzt Spenden!
neubad.org

Neubad über Wasser halten!

NEUBAD ÜBER WASSER HALTEN

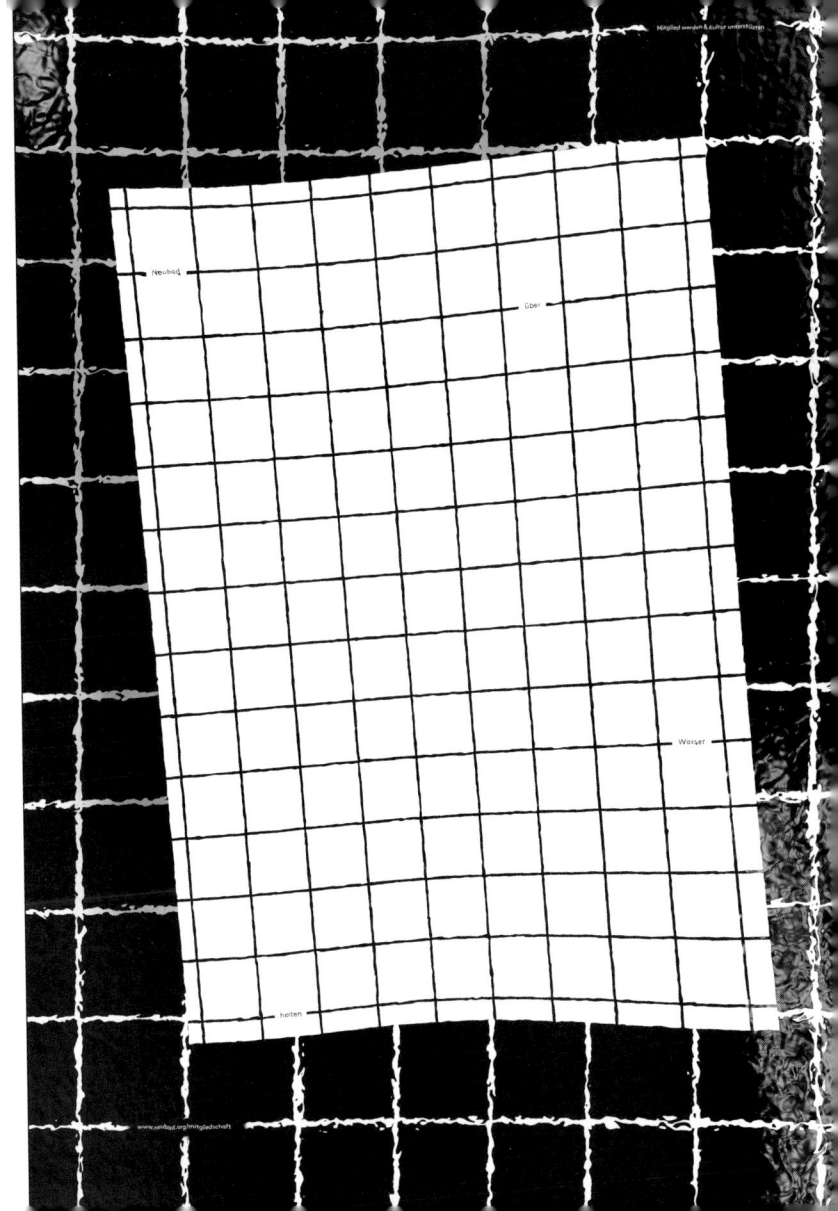

Mitglied werden & Kultur unterstützen

Neubau

Ober

Wasser

helfen

www.unitagd.org/mitgliedschaft

SPENDE FÜR'S NEUBAD

NEUBAD ÜBER WASSER HALTEN

WERDE NEUBAD-MITGLIED

UNTERSTÜTZE UNSER BISTRO

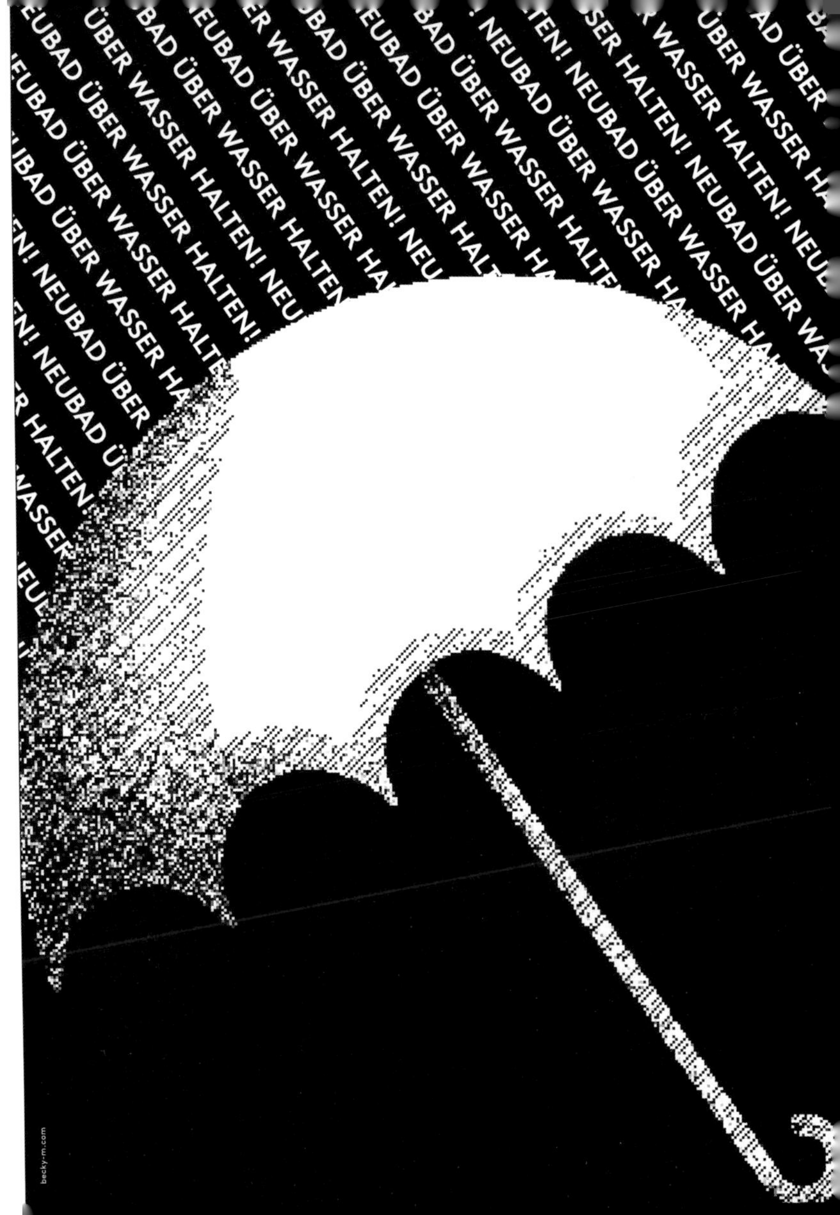
NEUBAD ÜBER WASSER HALTEN!
becky-m.com

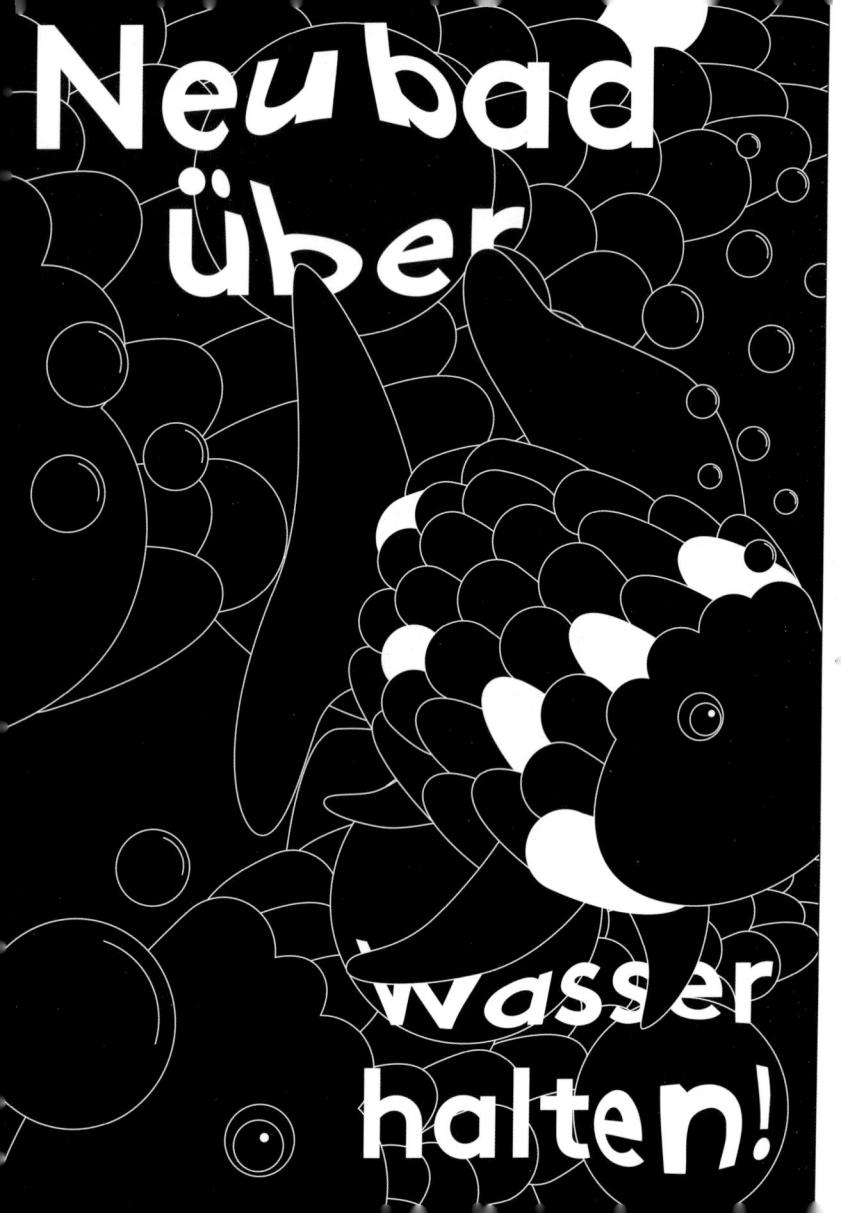

Neubad über wasser halten!

über wasser
halten
über wasser
halten
über wasser
halten
über wasser
halten
über wasser
halten
über wasser
halten
über wasser
halten
über wasser
halten
über wasser
halten
über wasser
halten
über wasser
halten
über wasser
halten
über wasser
halten
über wasser
halten
über wasser
halten

NBEAUD

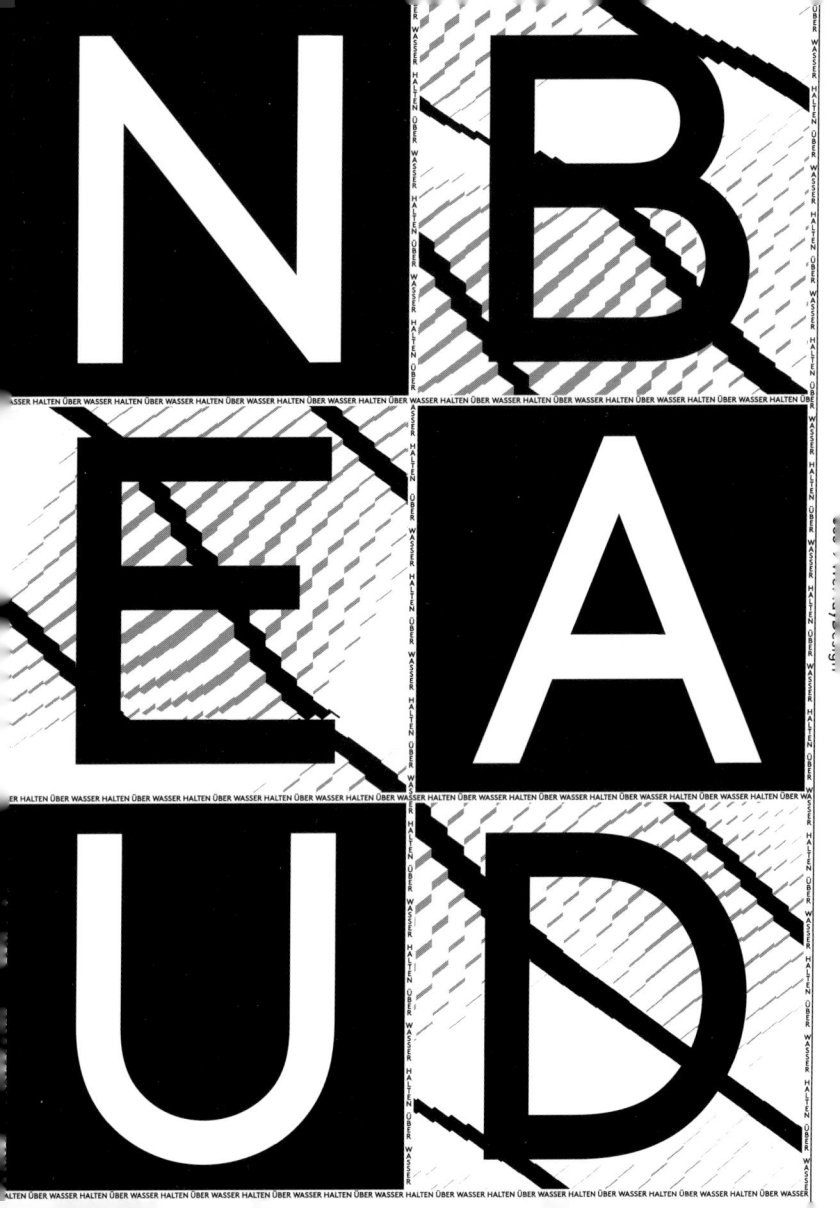

HALTEN ÜBER WASSER

über wasser halten – jetzt spenden
neubau.org

«gestört erzählt»
schizoaffektiv

«Ich bin in den fünf Elementen gestorben. Doch eine innere Stimme half mir dabei, die Todesqualen durchzustehen.»
Simone Fasnacht

Mittwoch
12. Mai 2021
20 Uhr
Neubad

Max Küng
Fremde Freunde
Lesung

Neubad, Pool

13. Mai 2021
20 Uhr

Prinz Kamal Khan   22. 05. 2021   20 : 30 Uhr   Neubad → Klub

22° HALO + FOR A WORD

20.00 Uhr IM NEUBAD

SAMSTAG 29. MAI 2021

IM KLUB

ACID AMAZONIANS   NEUBAD KLUB   04.06.2021   20 UHR

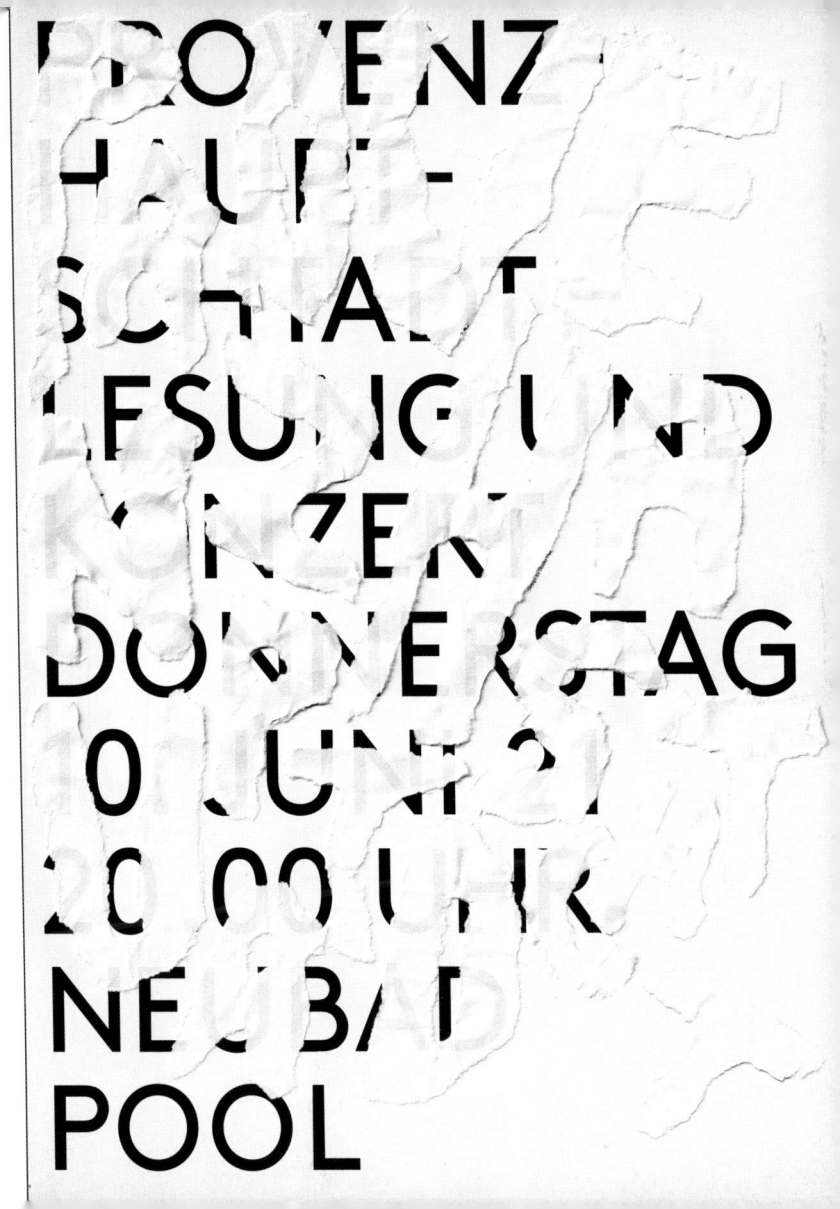

PROVENZ
HAUPT-
SCHTADT
LESUNG UND
KONZERT
DONNERSTAG
10 JUNI 21
20.00 UHR
NEUBAD
POOL

«Der schlimmste Ort, den ich mir vorstellen kann, ist in meinem Kopf gefangen zu sein»

«gestört erzählt»
Nik Petronijevic

ängstlich-vermeidende Persönlichkeitsstörung

Mittwoch
23. Juni 2021
20 Uhr
Neubad

HALBFINALE + FINALE IM NEUBAD MIT WURST + BIER

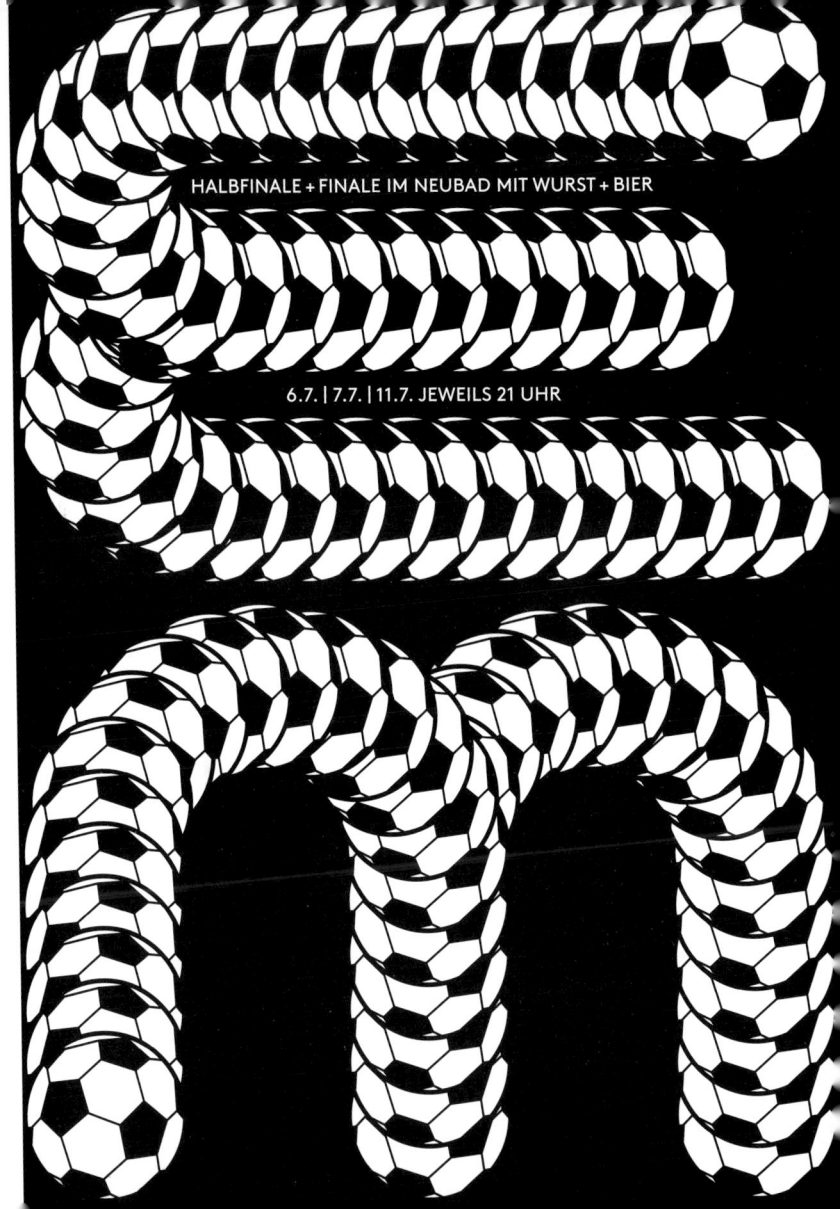

6.7. | 7.7. | 11.7. JEWEILS 21 UHR

OG1 — NEUBAD — POOLTERRASSE — SOMMER — BAR

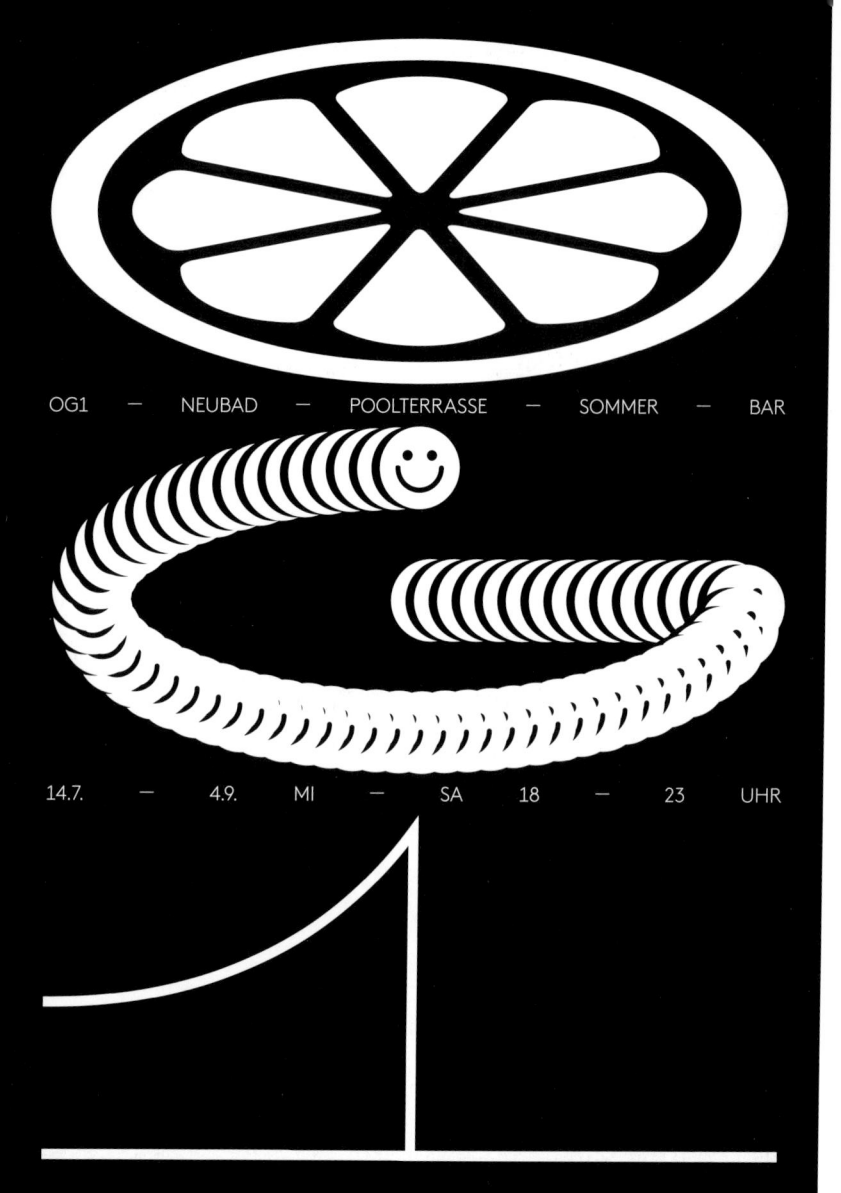

14.7. — 4.9. MI — SA 18 — 23 UHR

NEUBAD

22.07.	LADRI DI BICICLETTE	VITTORIO DE SICA	ITALIEN	1948
23.07.	MID 90S	JONAH HILL	USA	2018
29.07.	LES AMOURS IMAGINAIRES	XAVIER DOLAN	KANADA	2010
30.07.	TEL AVIV ON FIRE	SAMEH ZOABI	PALÄSTINA	2018
05.08.	GÜEROS	ALONSO RUIZPALACIOS	MEXIKO	2014

GARTEN

06.08.	TAXI TEHERAN	JAFAR PANAHI	IRAN	2015
12.08.	EMA Y GASTÓN	PABLO LARRAÍN	CHILE	2019
13.08.	MIDNIGHT IN PARIS	WOODY ALLEN	USA/SPANIEN	2011
19.08.	WHIPLASH	DAMIEN CHAZELLE	USA	2014

KINO

20.08.	KURZFILMABEND	HSLU DESIGN & KUNST		
26.08.	LA HAINE	MATHIEU KASSOVITZ	FRANKREICH	1995
27.08.	TODO SOBRE MI MADRE	PEDRO ALMODÓVAR	SPANIEN/FRANKREICH	1999
02.09.	À BOUT DE SOUFFLE	JEAN-LUC GODARD	FRANKREICH	1960
03.09.	LOST IN TRANSLATION	SOFIA COPPOLA	USA/JAPAN	2003

22.7.–

TICKETPREIS: 15.–/10.– - VORVERKAUF: WWW.PETZI.CH
ABENDKASSE AB 20:15 UHR - FILMSTART CA. 21:15 UHR
ALLE FILME WERDEN IM ORIGINAL MIT UNTERTITELN GEZEIGT
WEITERE INFOS AUF WWW.NEUBAD.ORG

3.9.21

[Nothing Is Real, Permanent Vacation]

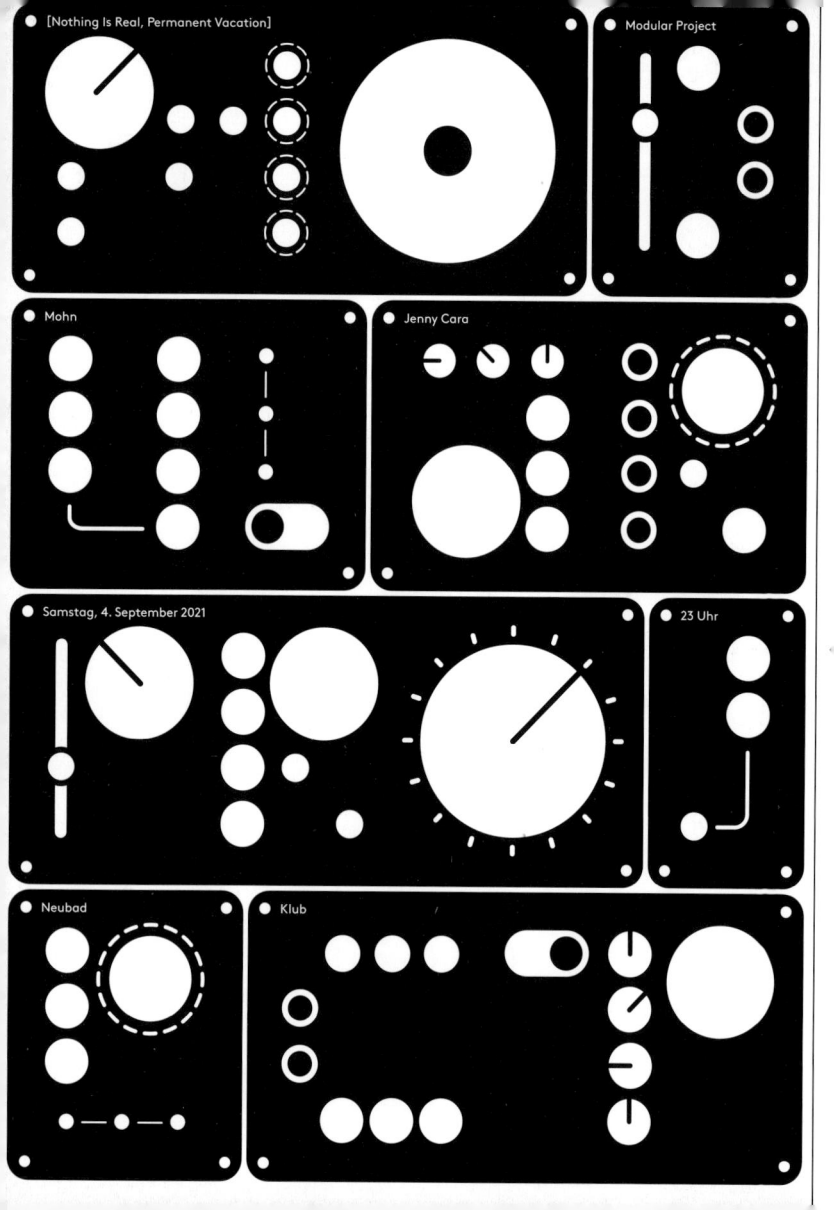

Modular Project

Mohn

Jenny Cara

Samstag, 4. September 2021

23 Uhr

Neubad

Klub

«gestört erzählt»
borderline-persönlichkeitsstörung

«Ich erlebe eine ständige Achterbahn der Gefühle»
Jlona Dreyer

Donnerstag
9. September 2021
20 Uhr
Neubad

Gastküche am Samstagabend im Neubad Bistro

NEUBAD GIBT DEN LÖFFEL AB

neubad.org/gastkueche

Kush K, Donnerstag 16. September 2021 – 20:30 Uhr, Neubad, Pool

Kush K, Donnerstag 16. September 2021 – 20:30 Uhr, Neubad, Pool

ESTER POLY

Freitag 17. September 21 Uhr

Neubad – Klub

22. SEPTEMBER

27. OKTOBER

MITTWOCH 20 UHR
NEUBAD POOL

17. NOVEMBER

8. DEZEMBER

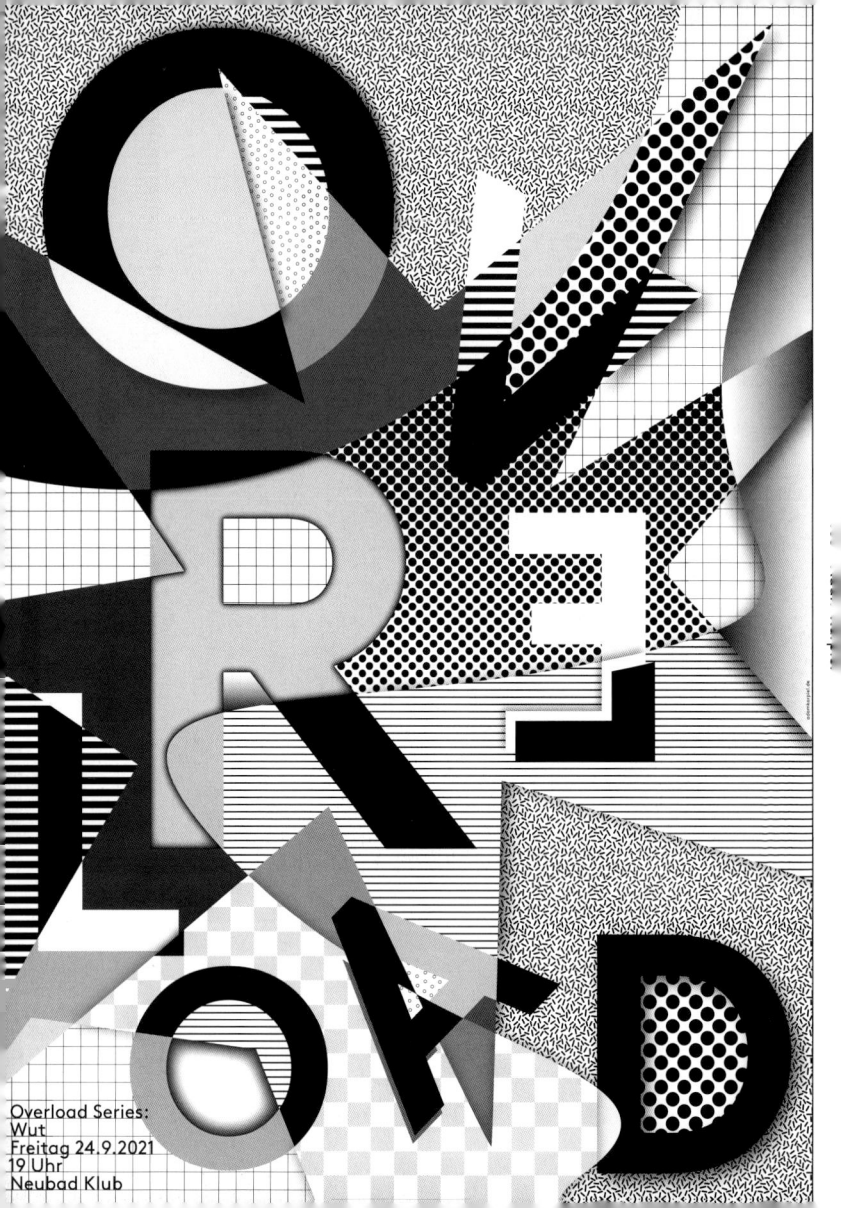

Overload Series:
Wut
Freitag 24.9.2021
19 Uhr
Neubad Klub

Milion
Ruven Medici (Hoarder)
Jil Corti

Samstag
25. September 2021
23 Uhr im Klub

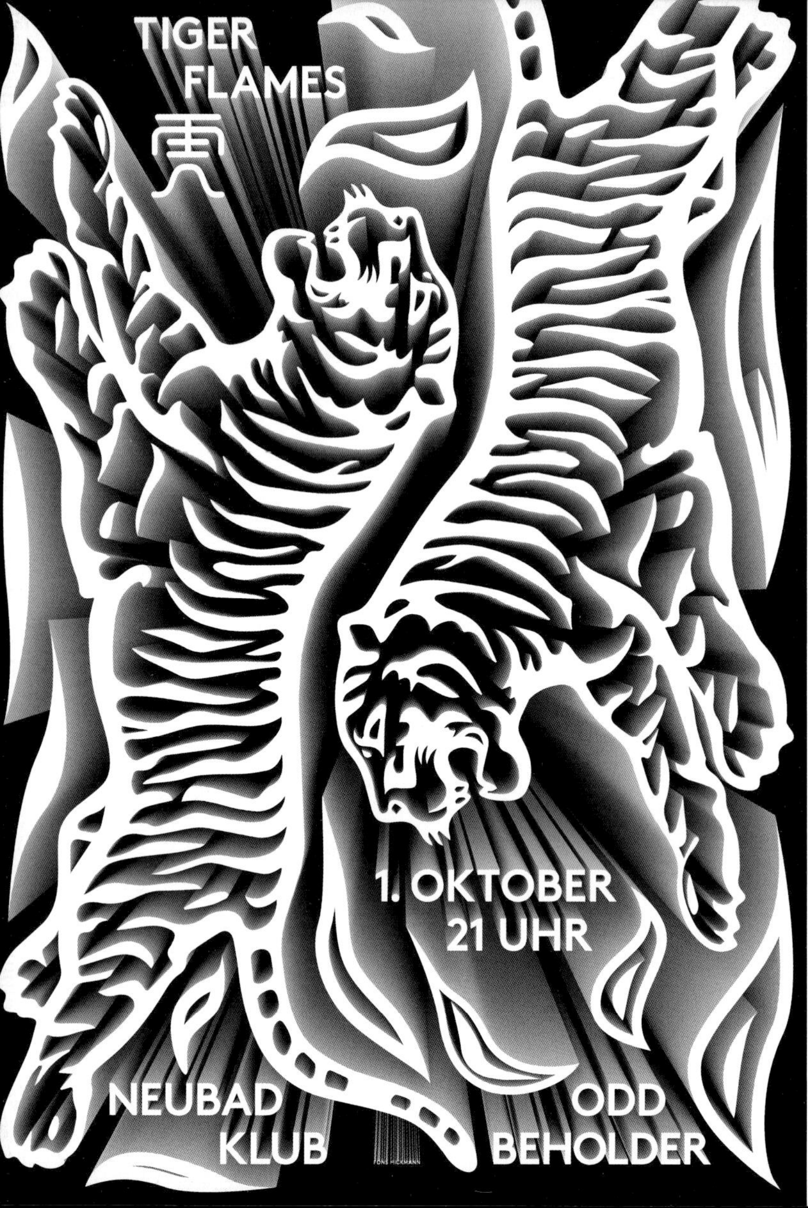
TIGER
FLAMES
1. OKTOBER
21 UHR
NEUBAD
KLUB
FONS HICKMANN
ODD
BEHOLDER

«gestört erzählt»

Hari Schmied

«Meine Krankheit veränderte mich schleichend und frass mich innerlich auf»

depression

Neubad
Mittwoch
6. Oktober 2021
20 Uhr

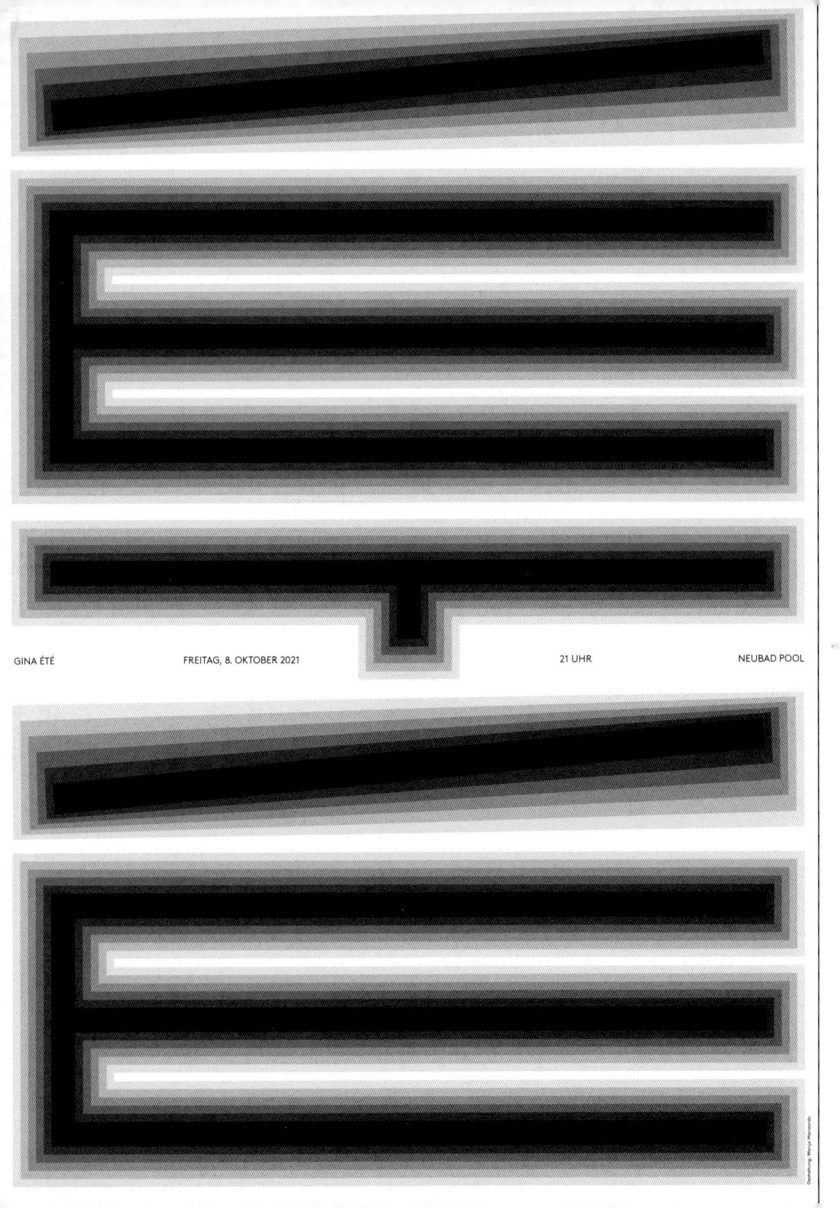

GINA ÉTÉ   FREITAG, 8. OKTOBER 2021   21 UHR   NEUBAD POOL

LOS ORIOLES   15.10.21   21 UHR   NEUBAD KLUB

Kollektiv Luether

ILYA

Stereo Kulisse Live

16.10.2021

23 Uhr Neubad Klub

NEUBAD SLAM

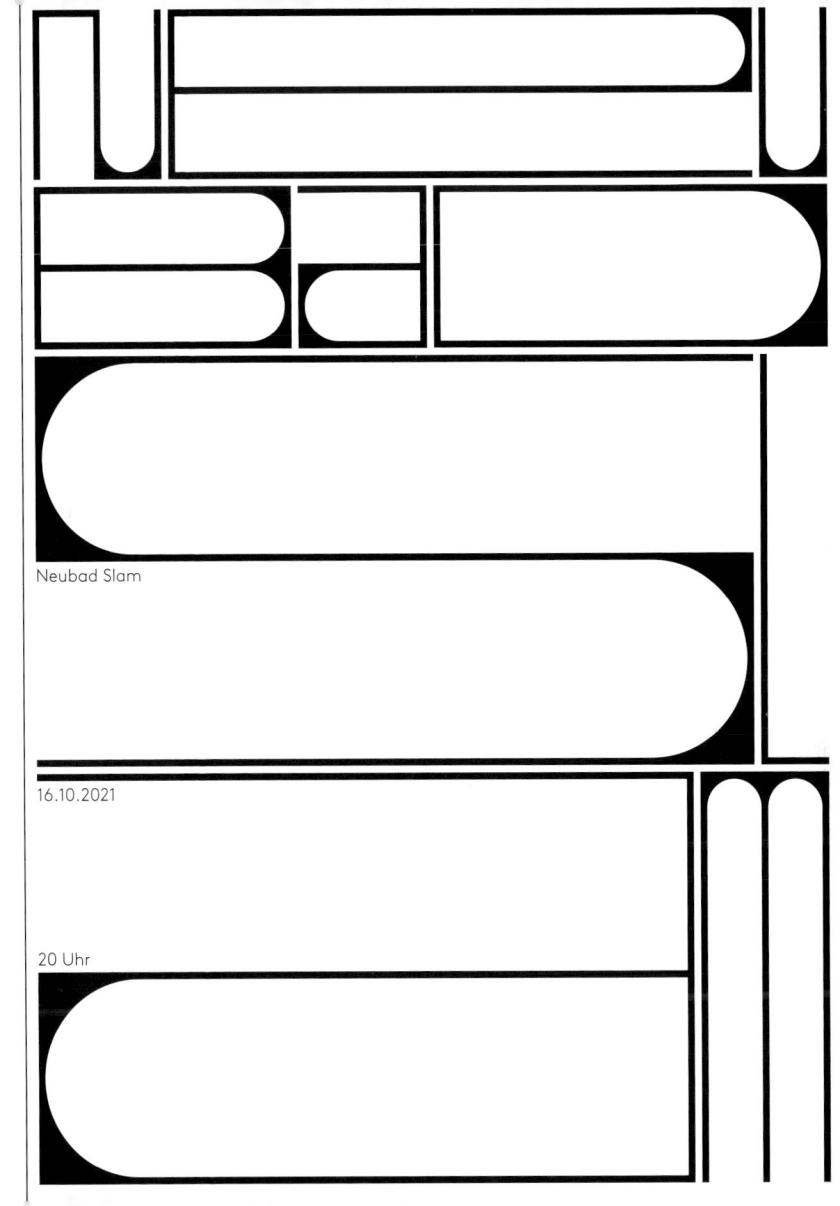

Neubad Slam

16.10.2021

20 Uhr

Baze & DJ Kermit, Freitag

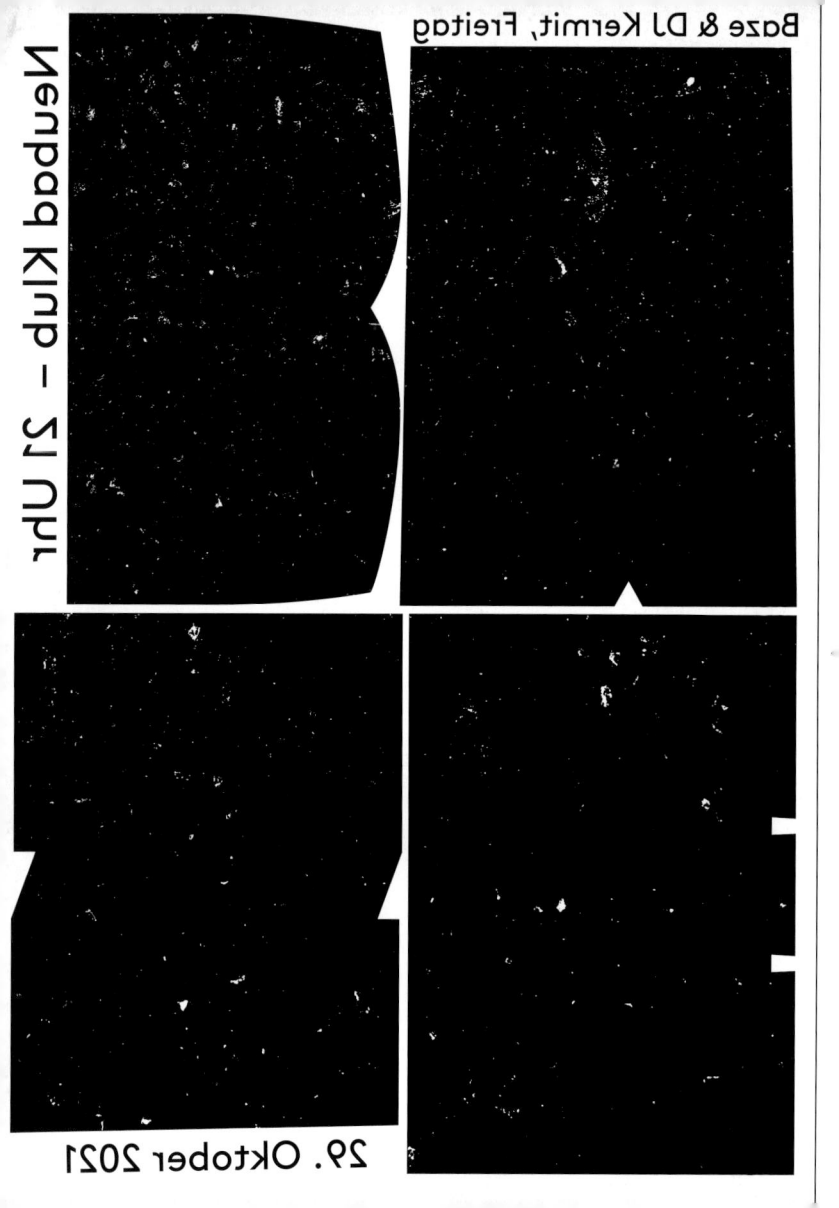

Neubau Klub – St. Pauli

29. Oktober 2021

Andreas Schaerer & Björn Meyer

Mittwoch 3. November 2021
20:00 Uhr Klub

UND WAS DIE MENSCHHEIT SONST NOCH SO ZU BIETEN HAT

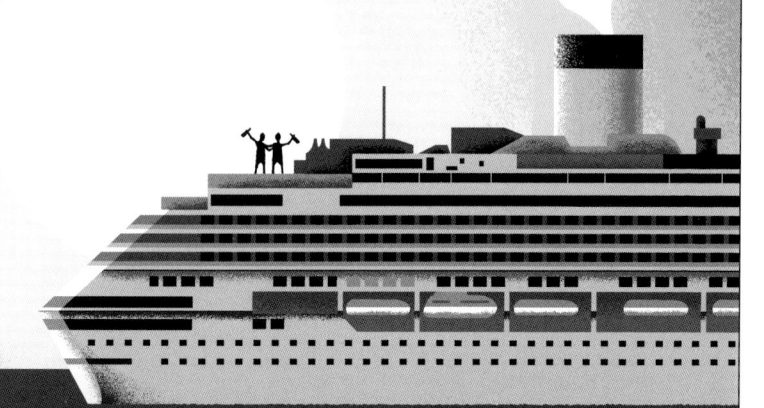

Valerio Moser &
Dominik Muheim

Donnerstag   4. November 2021   20 Uhr   Neubad Klub

R. Daneel Olivaw
Zayk

R. Daneel Olivaw & Zayk

Doppelkonzert FR, 05.11.2021
Neubad Klub 21:00 Uhr

SKICLUB TOGGENBURG
LIVE

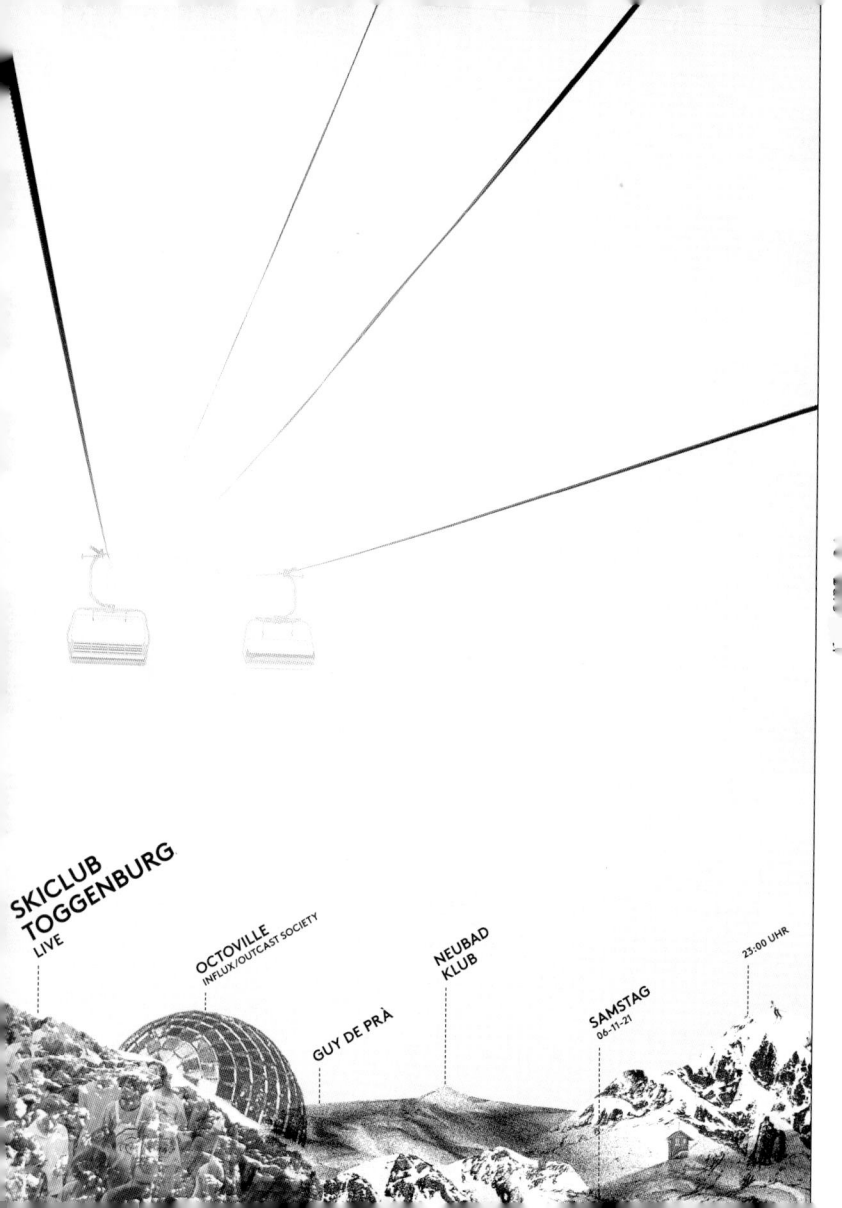

OCTOVILLE
INFLUX/OUTCAST SOCIETY

GUY DE PRÀ

NEUBAD KLUB

SAMSTAG
06-11-21

23:00 UHR

FR 12 NOV 21

NEUBAD KLUB

AKT 1

Queer Party

Kopfkino DJ SET [lu]

Neubad Klub

ab 22:00

Akt 1

Samstag, 13. November 21

Techno DJ SET

Jul Dillier

Jul Dillier
Plattentaufe

Donnerstag
18. November
20:30 Uhr

Neubad
Pool

Plattentaufe

Neubad Klub

Freitag
19. November
21h

KAPPELER

MULLBAU

23. NOVEMBER 2021

@

20:00 UHR NEUBAD KLUB

NEUBAD

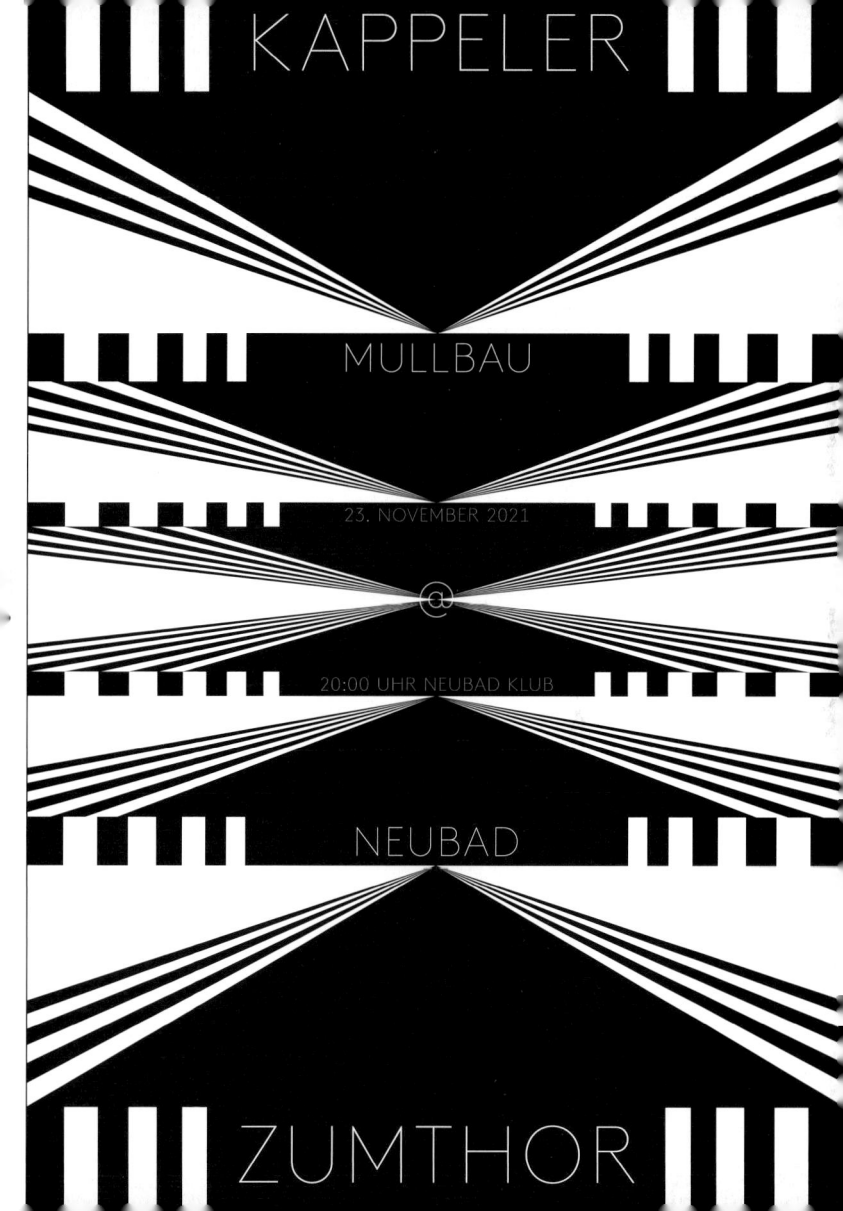

ZUMTHOR

«gestört erzählt» Mara Burnout

«Und plötzlich kam der Tag, an dem ich aus dem Bett nicht mehr kam.»

Neubad Mittwoch 24. November 2021 20 Uhr

BATBAIT & THE FLYING TIGER CLAW [DOPPELKONZERT]

FREITAG 26. NOVEMBER 2021 | 21 UHR, NEUBAD, KLUB

HALLEN LUJAH WEIHNACHTS MARKT 2021

NEUBAD

Samstag 27. November 2021 14 Uhr – 21 Uhr | Sonntag 28. November 2021 10 Uhr – 16 Uhr

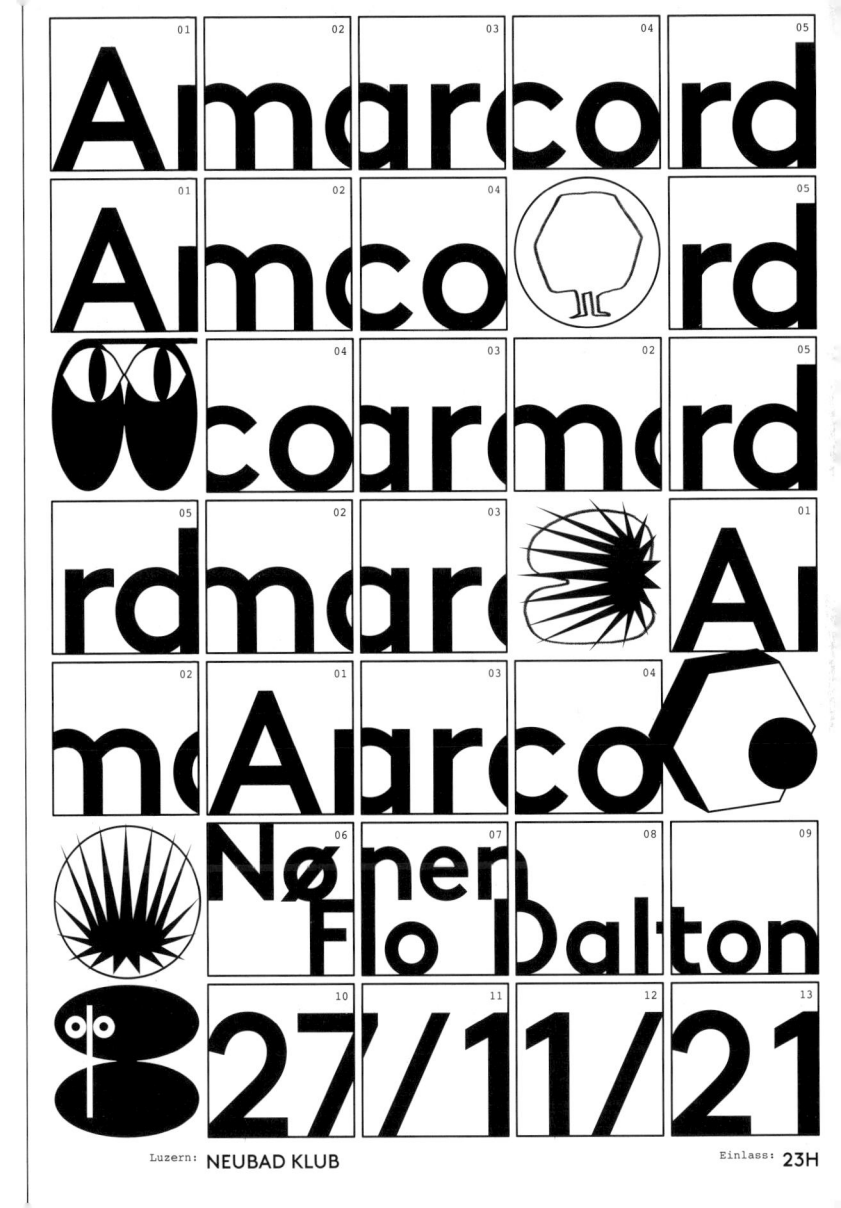

Amarcord
Amcoord
coarmd
rdmarc Ai
mAarco
Nønen
Flo Dalton
27/11/21

Luzern: **NEUBAD KLUB** Einlass: **23H**

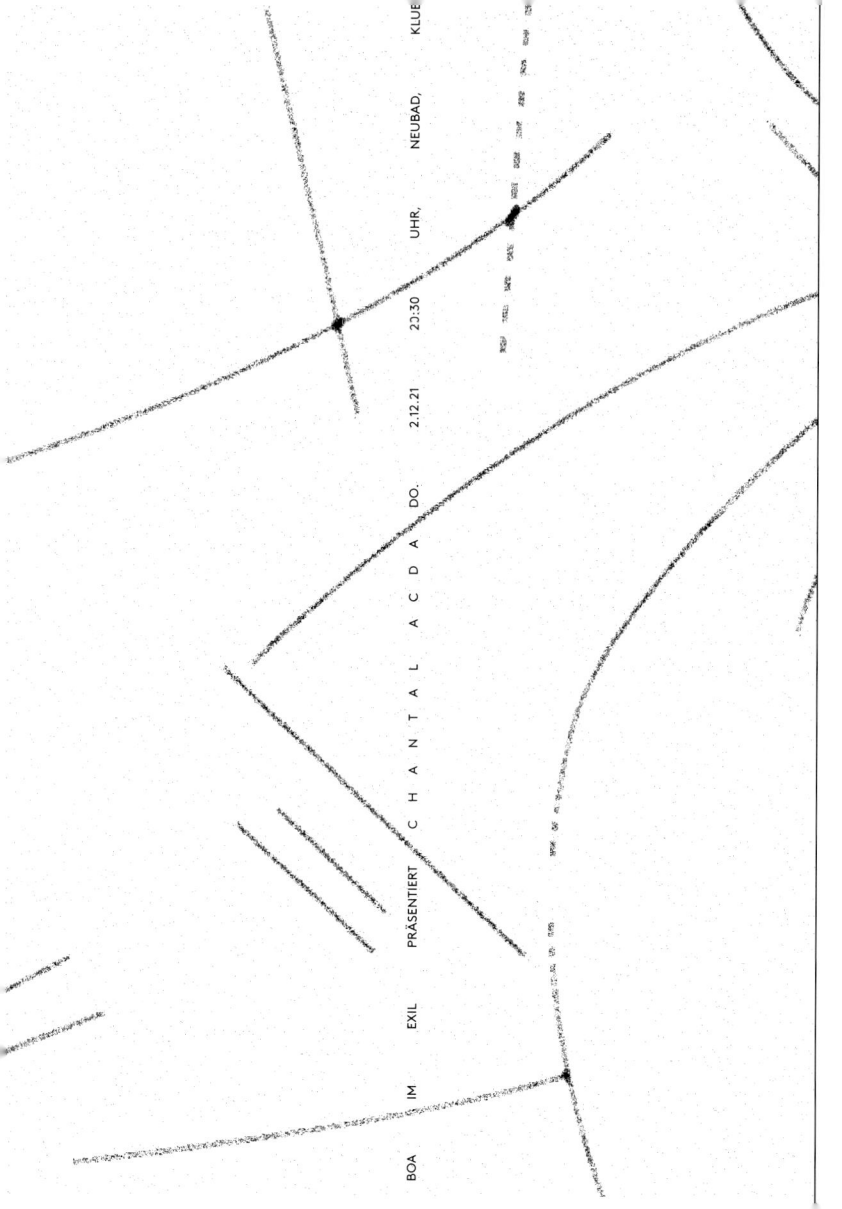

BOA IM EXIL PRÄSENTIERT CHANTAL ACDA DO. 2.12.21 20:30 UHR, NEUBAD, KLUB

Luzius Schuler + Samuel Leipold

4.12.21
21 Uhr
Pool
Neubad Luzern

Design: AAROSE.CO

Kimsewimse
N4E
Live
Sandro

Di→07.12.21

23:00←
Neubad Klub

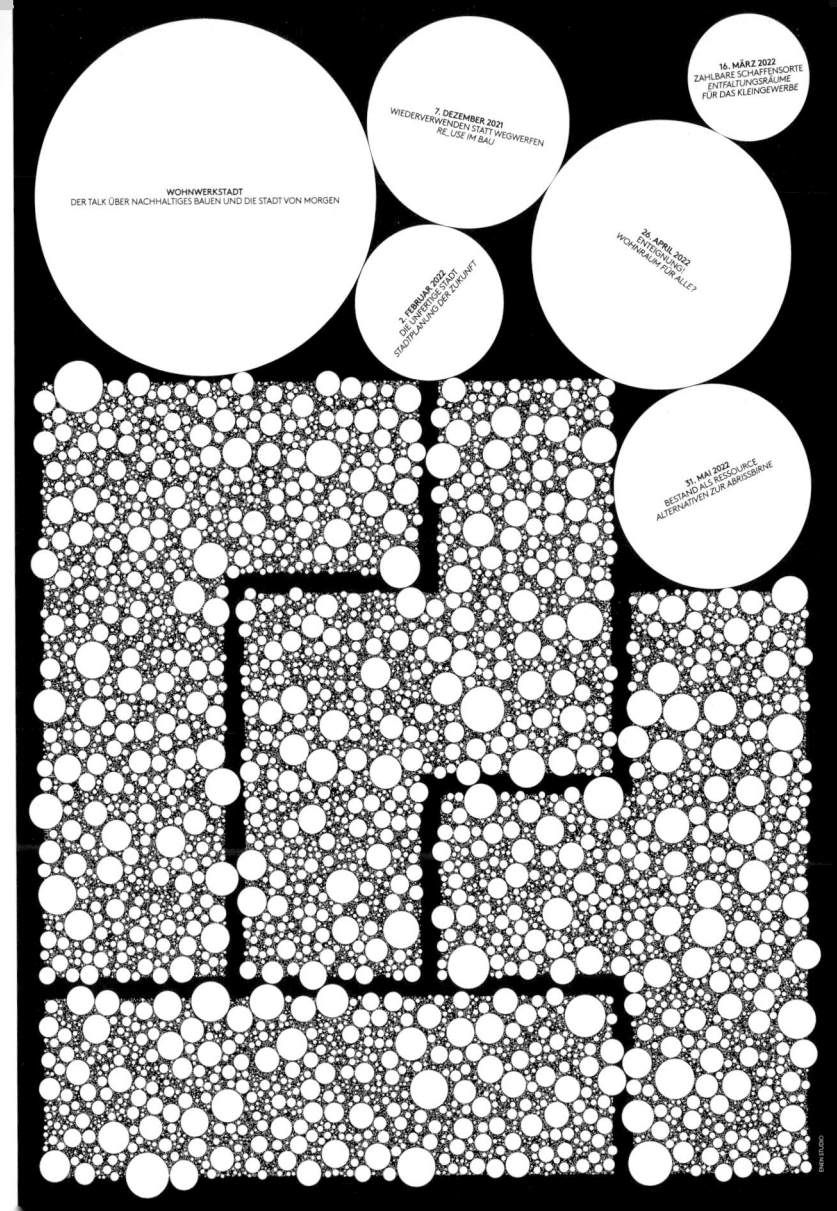

WOHNWERKSTADT
DER TALK ÜBER NACHHALTIGES BAUEN UND DIE STADT VON MORGEN

7. DEZEMBER 2021
WIEDERVERWENDEN STATT WEGWERFEN
RE_USE IM BAU

16. MÄRZ 2022
ZAHLBARE SCHAFFENSORTE
ENTFALTUNGSRÄUME
FÜR DAS KLEINGEWERBE

1. FEBRUAR 2022
DIE UNFERTIGE STADT
STADTPLANUNG DER ZUKUNFT

26. APRIL 2022
ENTEIGNUNG!
WOHNRAUM FÜR ALLE?

31. MAI 2022
BESTAND ALS RESSOURCE
ALTERNATIVEN ZUR ABRISSBIRNE

sourdure | 10.12.2021 | 21 uhr | neubad pool

NEUBAD KLUB
TAIMASHOE★

FREITAG 17.12.21 21.00 UHR

« gestört erzählt »

Rahel Anpassungsstörung

« Der sexuelle Missbrauch hat mich Schritt für Schritt innerlich sterben lassen. »

Mittwoch
22. Dezember 2021
Neubad | 20 Uhr

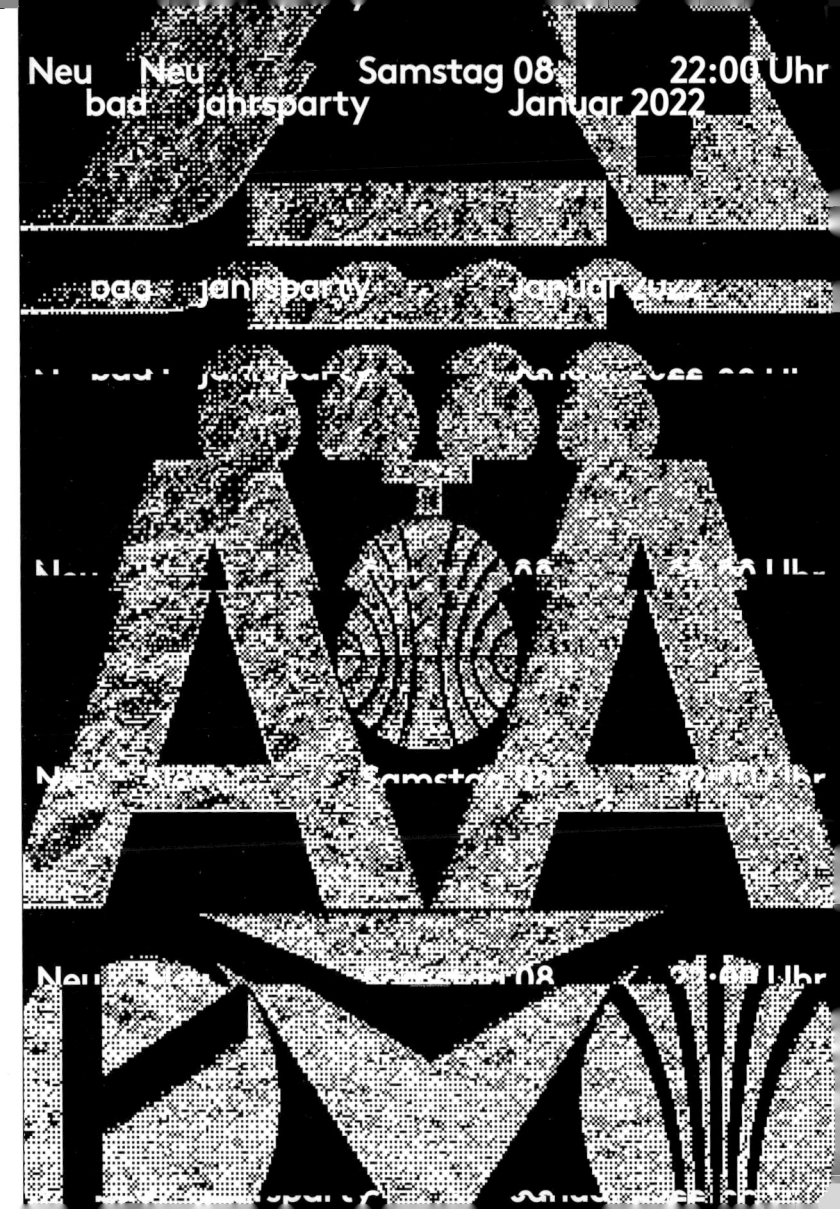

Neu Neu Samstag 08. 22:00 Uhr
bad jahrsparty Januar 2022

CHINA

Von Julian Vogel
mit Sc'ööf

SERIES

Donnerstag
13. Januar 2022

Freitag
14. Januar 2022

Ab 19 Uhr

Folgende haarige Musiker aus Zürich, mit mediterran klingendem Künstlernamen legen am 22. Januar 2022 ab 23 Uhr an der Neubad Klubnacht auf:

KALABRESE
DJ REAL MADRID

LG Neubad

Neubad Slam

Samstag 22. Januar 2022 — 20 Uhr — POOL

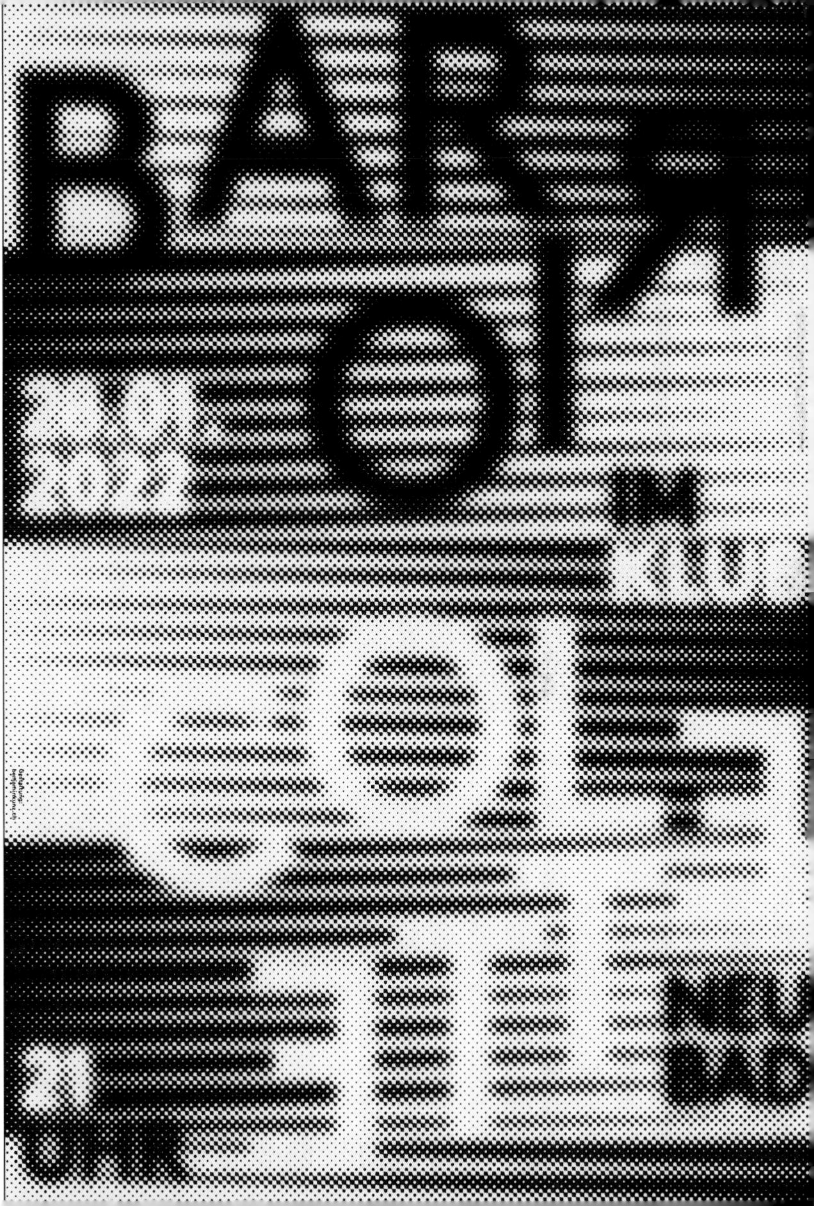

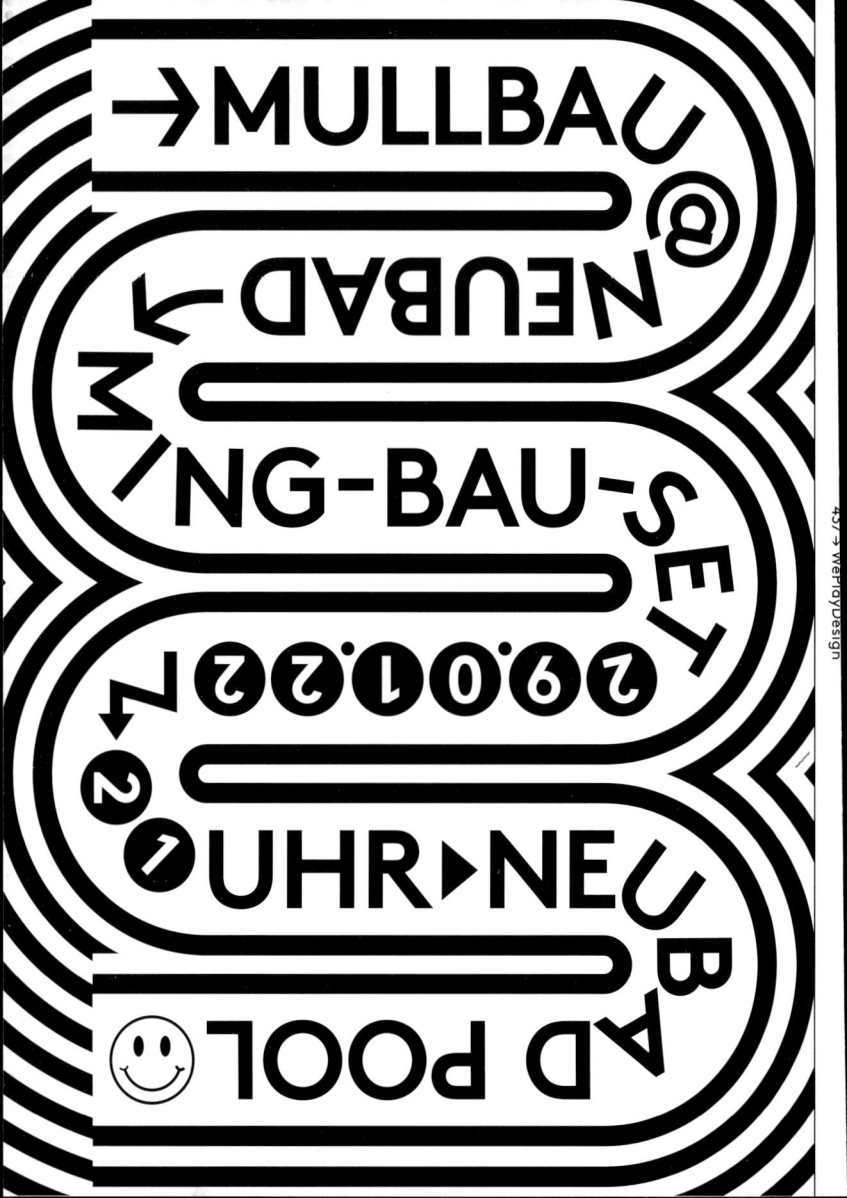

→ MULLBAU @ NEUBAD / MK / NG-BAU-SET 29.01.22 21 UHR ▸ NEUBAD POOL :)

KATE NV

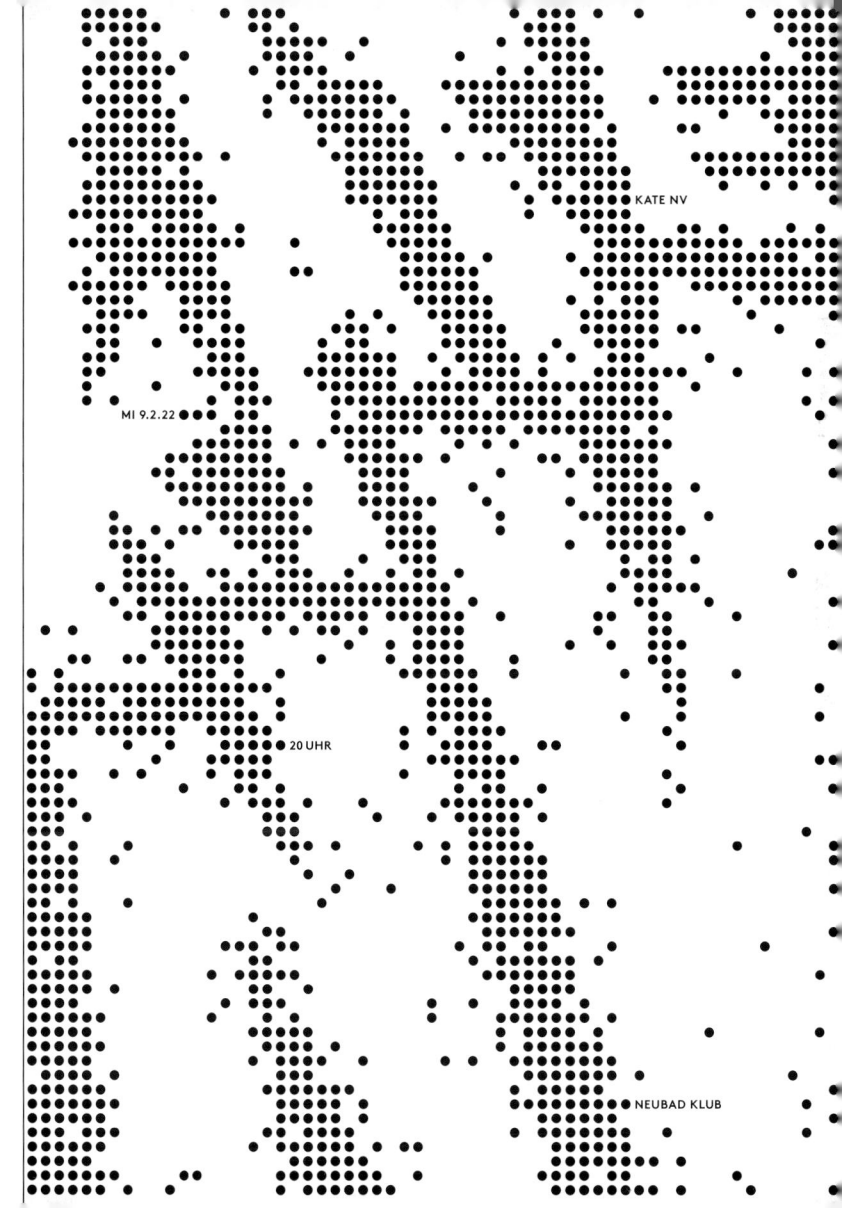

MI 9.2.22

20 UHR

NEUBAD KLUB

AKT1.

Akt 1 | Queer Party | kalixys [lu] | | Freitag, 11. Februar 2022 | ab 23:00 | Neubad Klub

Kopfkino DJ SET [lu] | jenny cara [zh] | gender-bender Performance

«gestört erzählt» Autismus-Spektrum-Störung und Identität

Franziska: «Meine wahre Identität lag jahrzehntelang verborgen.»

Donnerstag 17. Februar 2022 20 Uhr Neubad

Maja Hürst
ATLANTIKA
soloshow Galerie
Neubad
Luzern

opening
19. Februar 22
till August

02 05 2022

HANRETI
THE AFTER
DARK FILM
PREMIERE

20 UHR
NEUBAD
KLUB

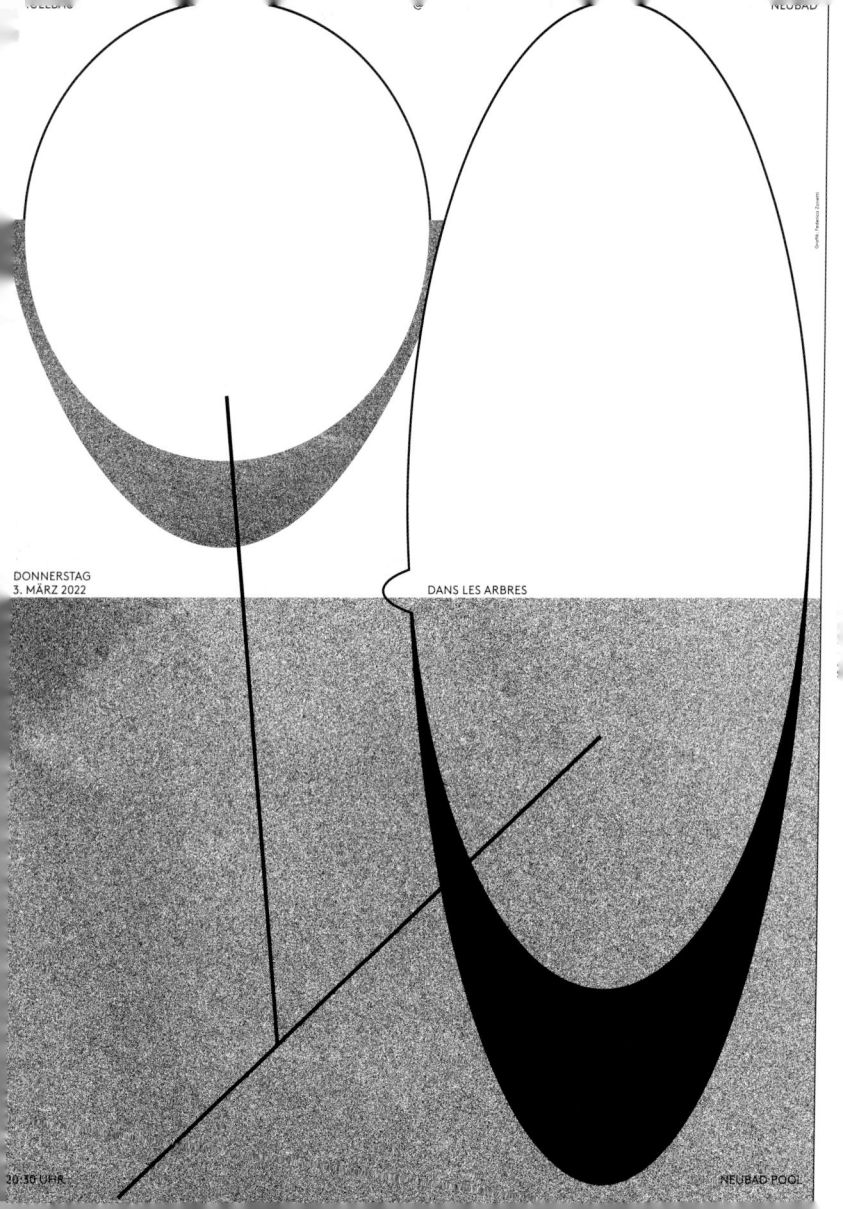

DONNERSTAG
3. MÄRZ 2022

DANS LES ARBRES

20:30 UHR

NEUBAD POOL

SHNAUSERK

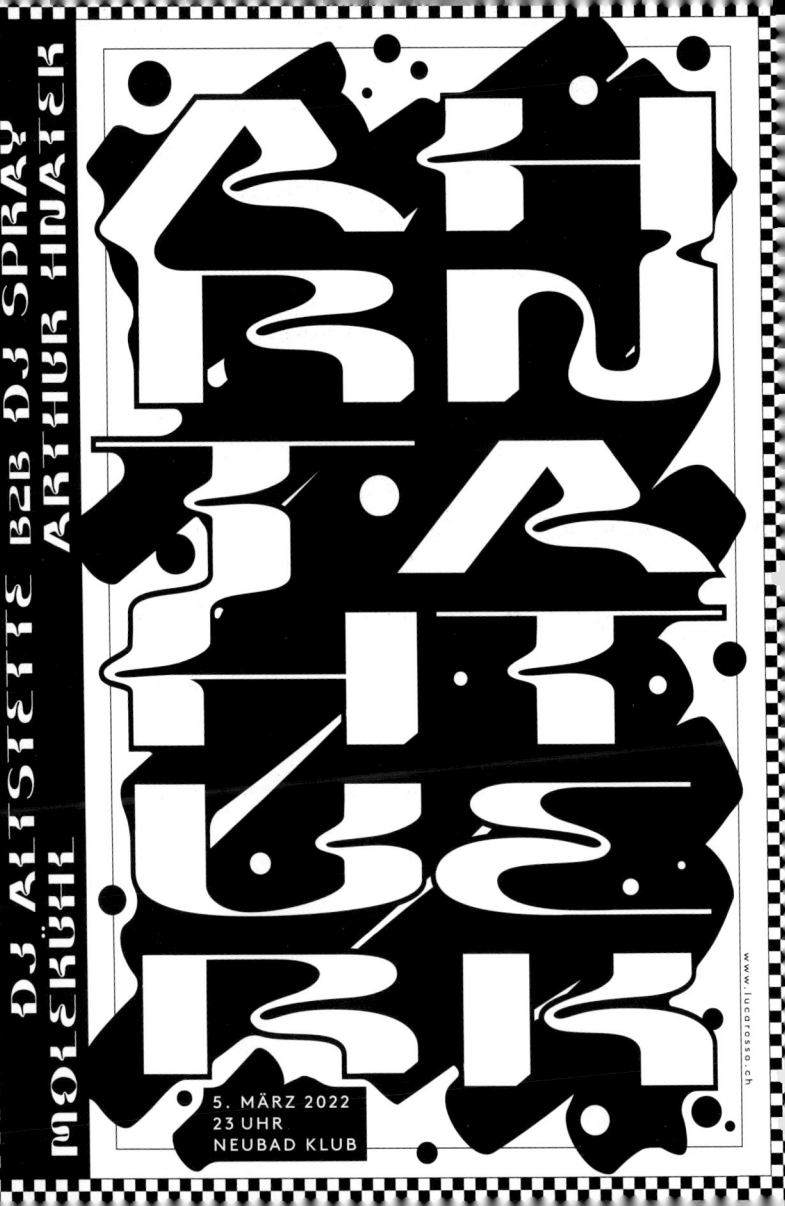

DJ AUSSIE B2B DJ SPRAY
ARTHUR HUNTER
MOTERKÜHL

5. MÄRZ 2022
23 UHR
NEUBAD KLUB

www.lucarosso.ch

PLATTENTAUFE — UNEVEN SAME — EIN LEBENSWERK VON *THOMAS K. J. MEJER* — 5. 3. 2022 — 20 UHR — NEUBAD POOL

BROT PHILOSOPHIE

ALLES RUND UMS BROT

08.03.2022 **BACKSTUBE UND FRAUEN** 22.03.2022 **SAUERTEIG UND HEFE** 05.04.2022 **GESCHICHTE UND ZUKUNFT** 14.05.2022 **SAUERTEIGBROT-BACKEN MIT SYLVAN MÜLLER** 17.05.2022 **AMATEURE UND PROFIS** 07.06.2022 **WISSENSCHAFT UND ERNÄHRUNG**

TALKS UND WORKSHOP IM NEUBAD LUZERN

Lettera
Das Fest danach

Samstag
12.03.22

23.00 Uhr
Neubad Klub

Flo Dalton b2b Niklas Wey
Brvna + Ich

Luce

am I slow enough?

Plattentaufe

18.März 2022
21.00Uhr

Neubad Klub

KLUBNACHT
NEUBAD LUZERN
BIESMANS
SAMSTAG 26.3.2022
GUY DE PRA
CALI
23 UHR

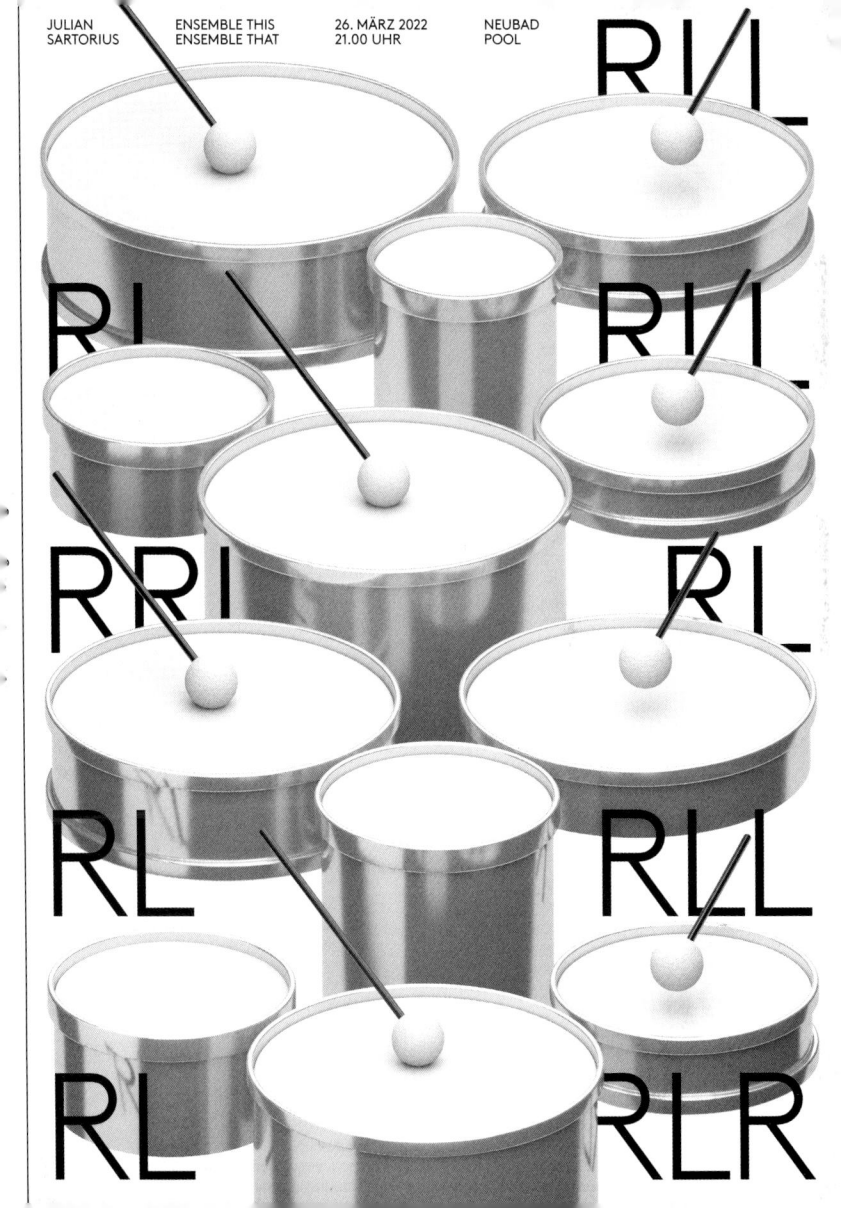

JULIAN SARTORIUS ENSEMBLE THIS ENSEMBLE THAT 26. MÄRZ 2022 21.00 UHR NEUBAD POOL

Dance until everything is on fire

dance

dance

dance.

118
Immer am letzten Mittwoch im Monat | Klub | 20:00 bis 21:58 | Türöffnung: 19:30 bis 20:00 | 5.-

Fredy Studer & Magda Mayas 1.April 20 Uhr Neubad Pool

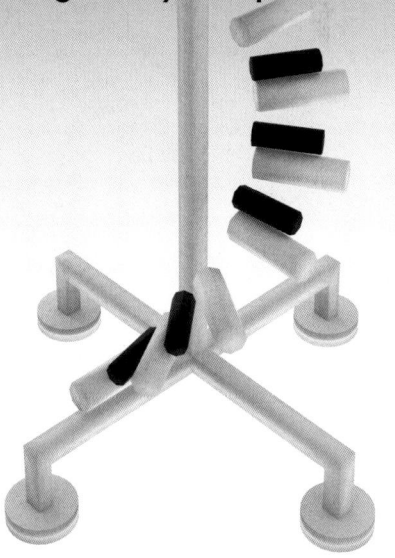

FRAGIL/Im Neubad
KEramik MarKT
2.+3.4.

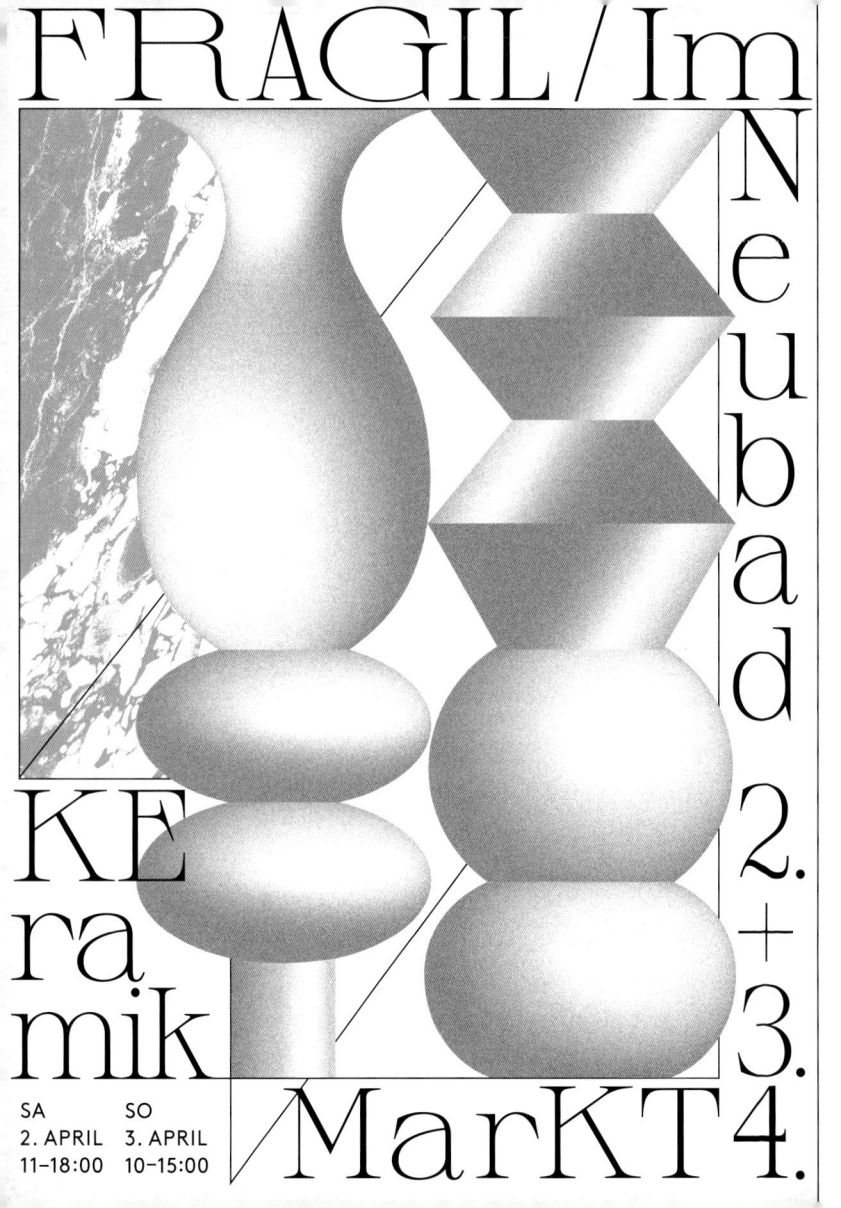

SA
2. APRIL
11–18:00

SO
3. APRIL
10–15:00

«gestörerzählt»
Martin Angst und Unsicherheit
«Ich lebte mit angezogener Handbremse»
Mittwoch 6. April 2022 20 Uhr
Neubad

Dalai Rama April 21 Richard Khao

AKT 1

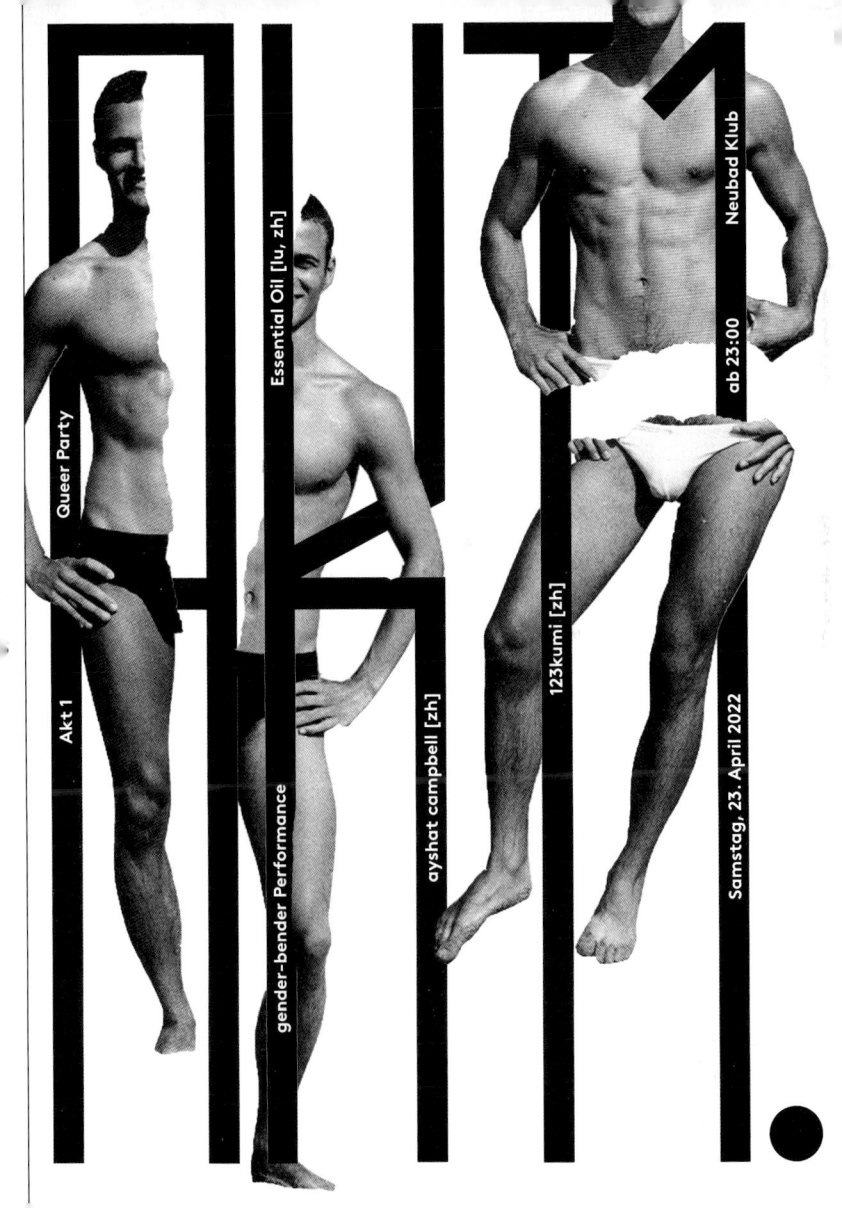

Queer Party

Akt 1

gender-bender Performance

Essential Oil [lu, zh]

ayshat campbell [zh]

123kumi [zh]

ab 23:00

Neubad Klub

Samstag, 23. April 2022

GEWEBE & KETY FUSCO

29. APRIL 2022
NEUBAD 21:00
MISCHKLUB

SLAM

NEUBAD SLAM

20 UHR

NEUBAD POOL

30. APRIL 2022

NEU BAD

→ Anatolian Weapons

→ Dominik André

→ Aramiss 23:00 Uhr

30. April → Neubad Klub

Neugarten

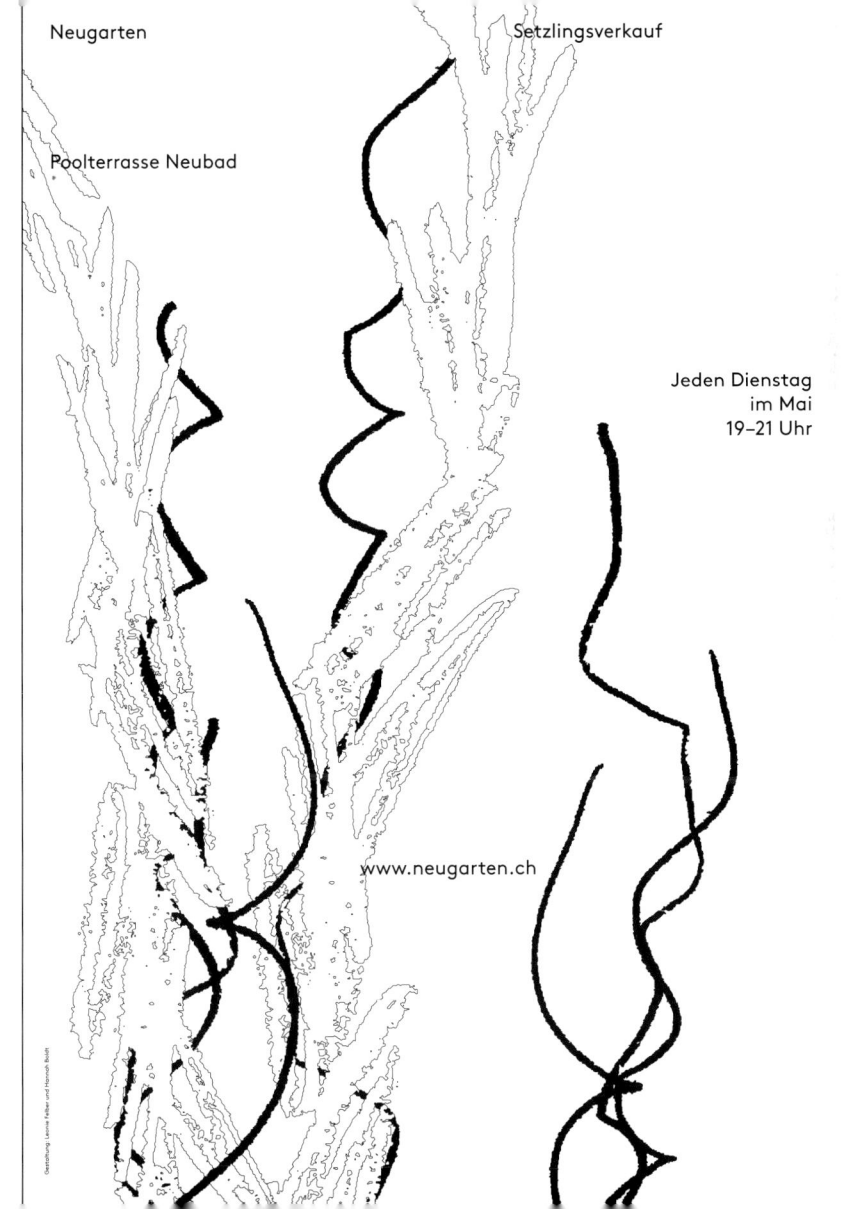

Setzlingsverkauf

Poolterrasse Neubad

Jeden Dienstag
im Mai
19–21 Uhr

www.neugarten.ch

Mullbau@Neubad • Will Guthrie &
Ensemble Nist-Nah
3. Mai 2022
20:30 Uhr
Neubad
Pool

Pool
Neubad
20:30 Uhr
3. Mai 2022
Ensemble Nist-Nah &
Will Guthrie • Mullbau@Neubad

VORTRAGSREIHE

Im Neubad, Beginn jeweils 19 Uhr

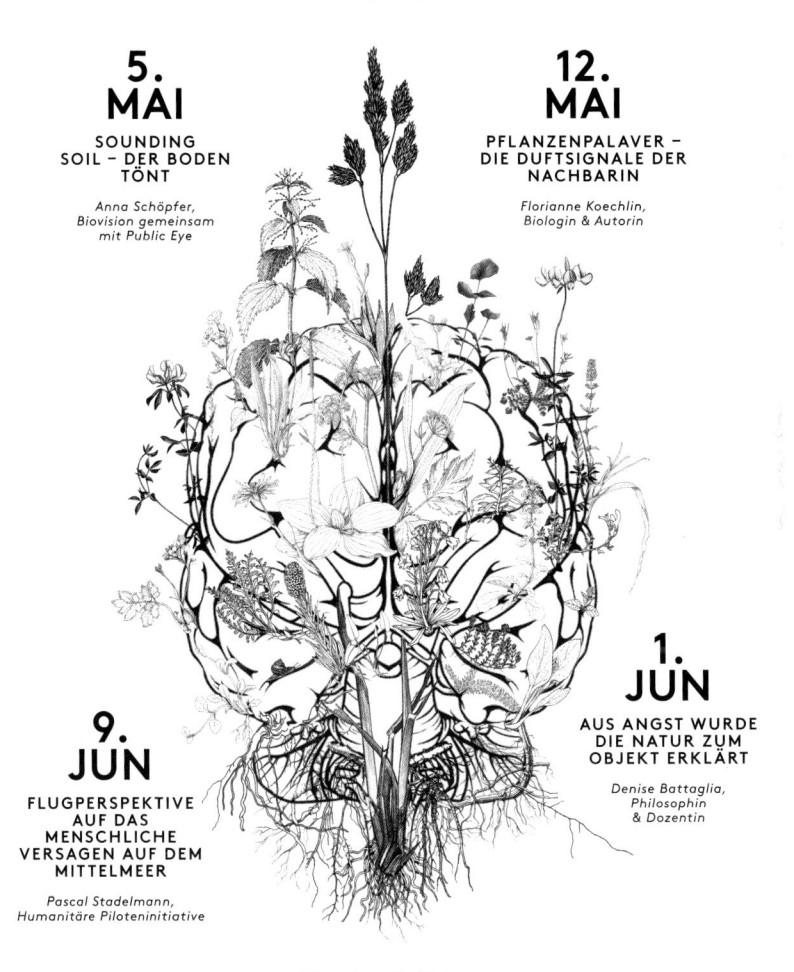

5. MAI
SOUNDING SOIL – DER BODEN TÖNT

Anna Schöpfer, Biovision gemeinsam mit Public Eye

12. MAI
PFLANZENPALAVER – DIE DUFTSIGNALE DER NACHBARIN

Florianne Koechlin, Biologin & Autorin

1. JUN
AUS ANGST WURDE DIE NATUR ZUM OBJEKT ERKLÄRT

Denise Battaglia, Philosophin & Dozentin

9. JUN
FLUGPERSPEKTIVE AUF DAS MENSCHLICHE VERSAGEN AUF DEM MITTELMEER

Pascal Stadelmann, Humanitäre Piloteninitiative

Eintritt: Kollekte

2022

neugarten.ch

18:30 Uhr Führung durch den Neugarten

Hermanos
Gutierrez
6
.
5
.
2022
/
21
:
00
Neubad
–
Pool

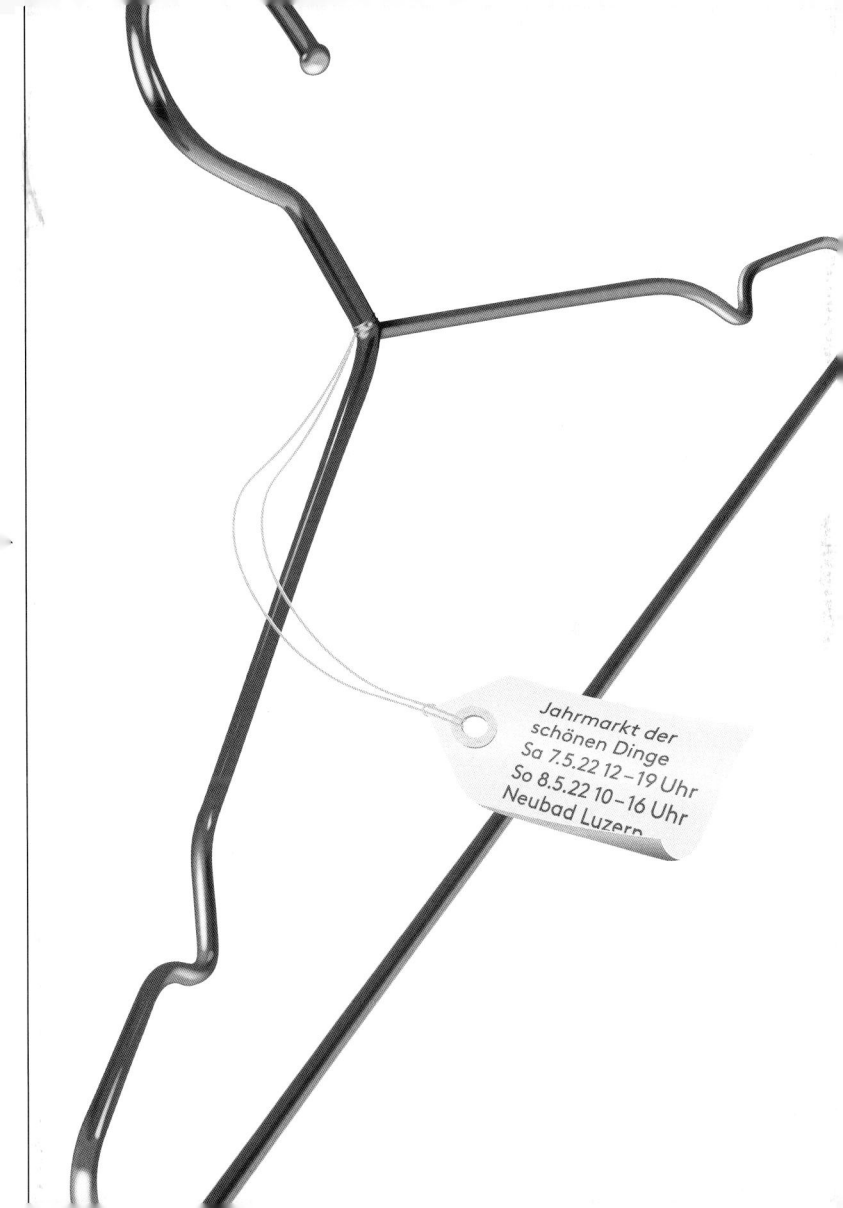

Jahrmarkt der schönen Dinge
Sa 7.5.22 12–19 Uhr
So 8.5.22 10–16 Uhr
Neubad Luzern

Phraim &
Rea Som
13. Mai
20:30 Uhr
im Pool
Neubad

400 → Sam Steiner & Sirkka Ammann

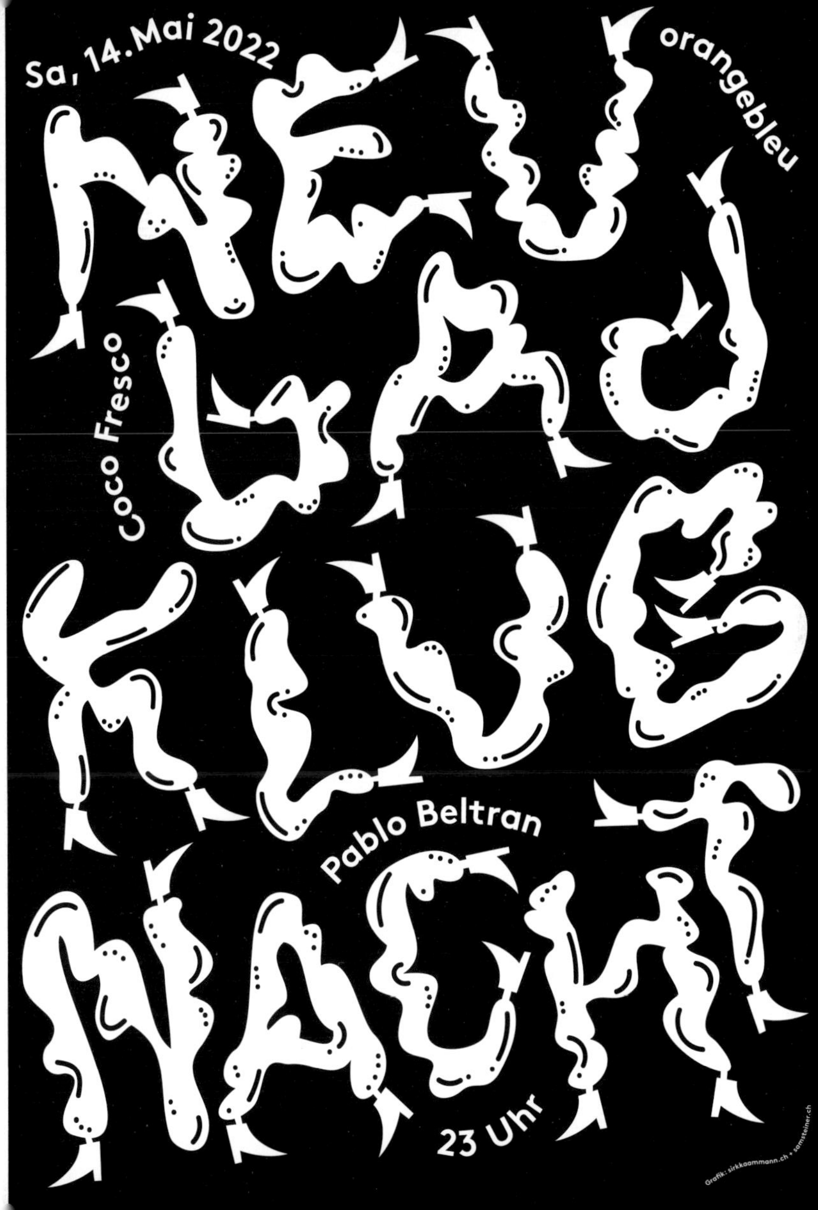

«gestört erzählt» Melancholia Tobias «Ich war unfähig, irgendetwas anderes zu fühlen als Hoffnungslosigkeit.» Mittwoch 18. Mai 2022 20Uhr Neubad

NEUBAD KLUB

kyong paul

contenance and miles away

25.05.2022

mishy misch

23 UHR

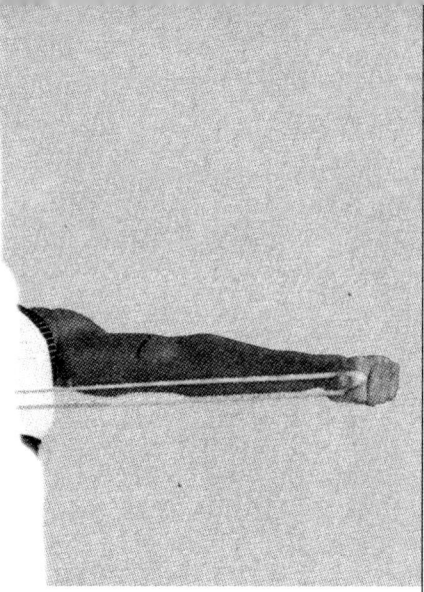

FEM * ERGY

27. Mai 2022

21.30 Uhr

Neubad Klub

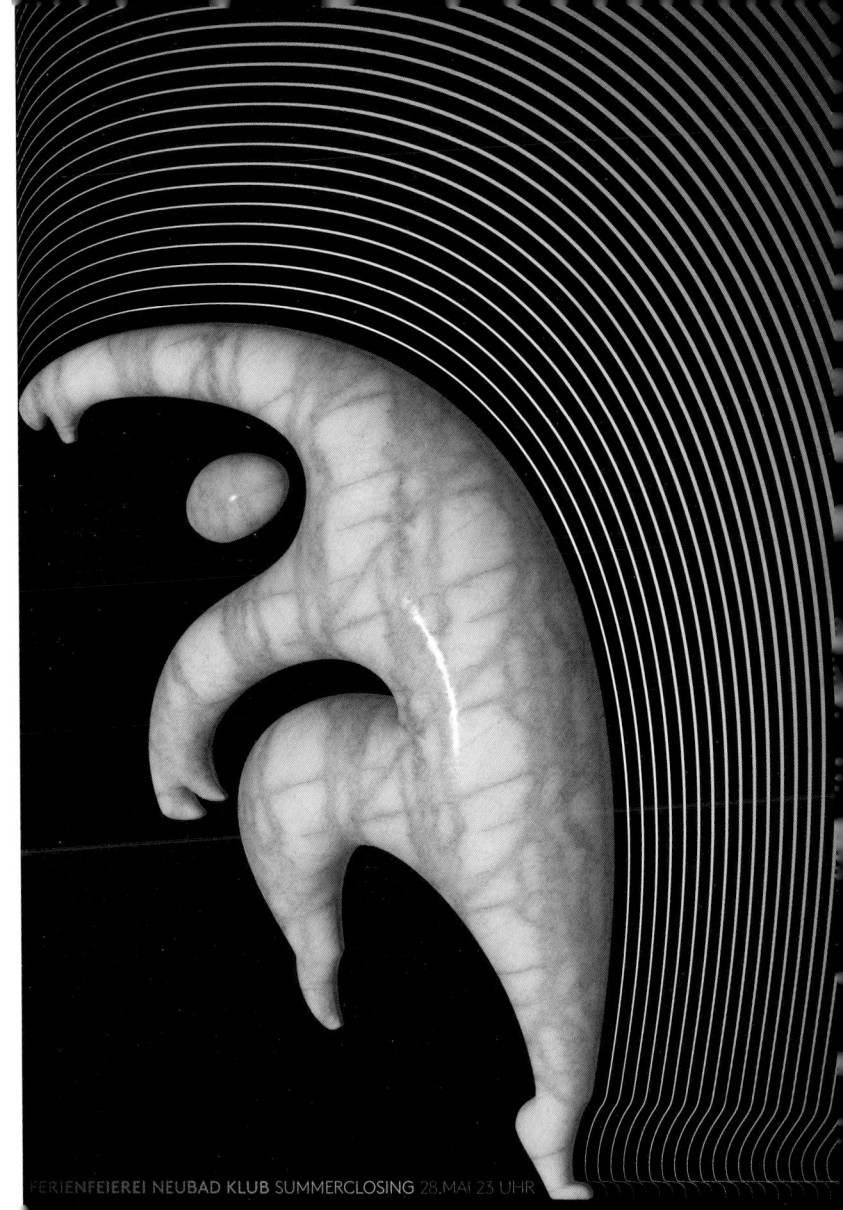

FERIENFEIEREI NEUBAD KLUB SUMMERCLOSING 28.MAI 23 UHR

OG1

BIER
BAR

NEU
BAD

P**OO**L
TER
RAS
S E

28.7.
—
3.9.

D O
—
S A

1 8
—
2 4
UHR

NEUBAD

04.08. LES QUATRE CENTS COUPS - FRANÇOIS TRUFFAUT - FRANKREICH 1959
05.08. THE DARJEELING LIMITED - WES ANDERSON - USA 2007
06.08. MUSTANG - DENIZ GAMZE ERGÜVEN - TÜRKEI 2015
11.08. LADY BIRD - GRETA GERWIG - USA 2017

GARTEN

12.08. ETERNAL SUNSHINE OF THE SPOTLESS MIND - MICHEL GONDRY - USA 2004
13.08. SHOPLIFTERS - HIROKAZU KORE-EDA - JAPAN 2018
18.08. TIMBUKTU - ABDERRAHMANE SISSAKO - MALI 2014
19.08. TODO SOBRE MI MADRE - PEDRO ALMODÓVAR - SPANIEN 1999

KINO

20.08. THE FLORIDA PROJECT - SEAN BAKER - USA 2017
25.08. LE FABULEUX DESTIN D'AMÉLIE POULAIN - JEAN-PIERRE JEUNET - FRANKREICH 2001
26.08. CINEMA PARADISO - GIUSEPPE TORNATORE - ITALIEN 1988
27.08. DO THE RIGHT THING - SPIKE LEE - USA 1989

4 8 —

TICKETPREIS: CHF15.— VORVERKAUF: WWW.PETZI.CH
ABENDKASSE AB 20:00 UHR FILMSTART CA. 21:00 UHR
ALLE FILME WERDEN IN ORIGINAL SPRACHE, MIT UNTERTITELN GEZEIGT
WEITERE INFOS AUF WWW.NEUBAD.ORG

27.8.22

DIE RISTRURISCHE LITERATEACHHE ALLTGSAS NTERATE UBERCHUNG

Neubad Bistro
Eintritt: Kollekte

Keine Anmeldung notwendig

Schreibwerkstatt

Ab dem 26. August jeden Freitag

Neun
Neun Jahre
2./3./4. September
2022
2./3./4.
Neun
Neubad
Neubad
Sept.
2./3./4. September
2022
Neun Jahre
Neubad
2./3./4.
September
Neun
Jahre
Neubad
2022
Neubad
2./3./4. September
Neun Jahre
Neubad
Neubad
Neun
2022
Neun Jahre Neubad
Neun Jahre
Neubad
Neun Jahre
2./3./4. September
2./3./4.
September
Neun
2./3./4.
2022
Neubad
Neun Jahre
September
2./3./4.
2./3./4.
Neun
Jahre
Neubad
Neun Jahre Neubad
Sept.
Neubad
Neubad
2./3./4. September
2022
2022
Neun Jahre Neubad

STELLT NEUBAD KLUB SEASON OPENING

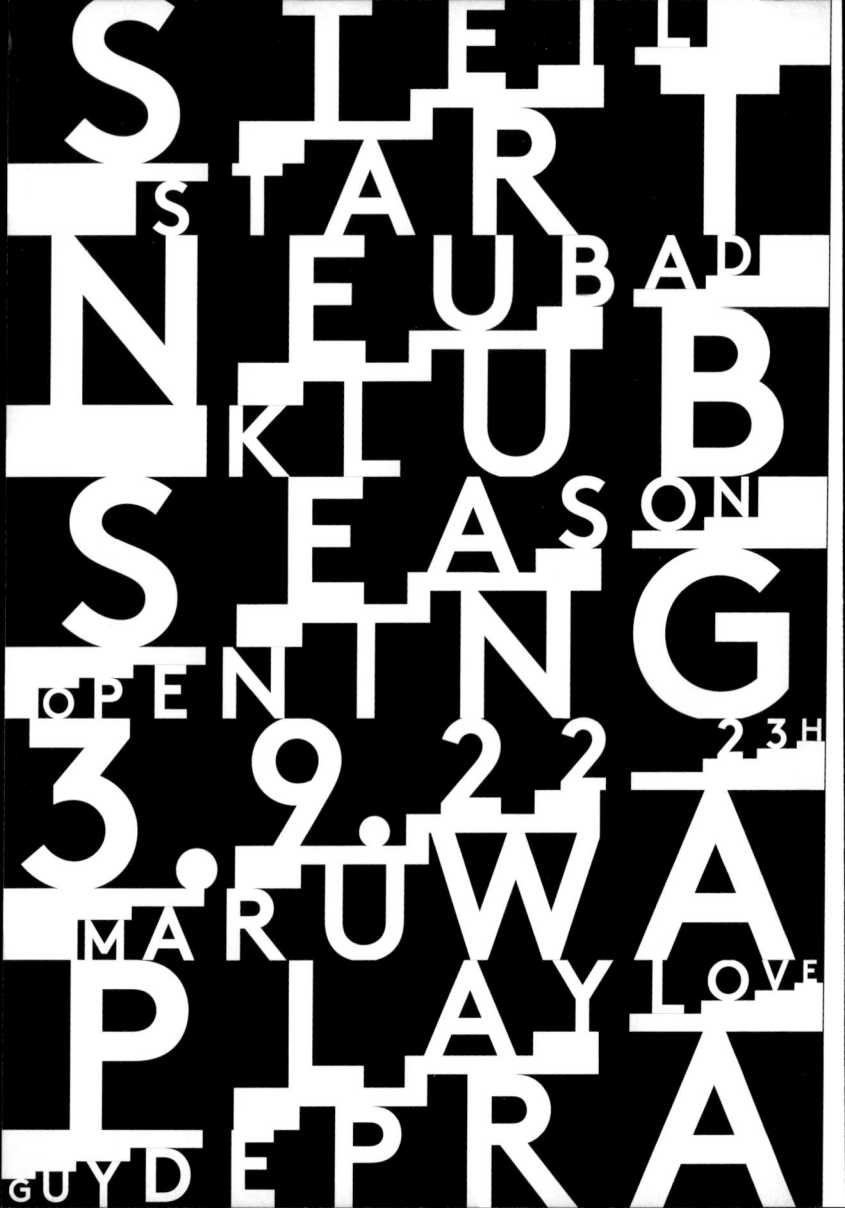

START NEUBAD KLUB SEASON OPENING

3.9.22 23H

MARUWA
PLAY LOVE
GUY DE PRA

BACK ON SPIN

16.9.2022
23 Uhr
Neubad Klub

Eddin 4000
IWES
Carterbricks

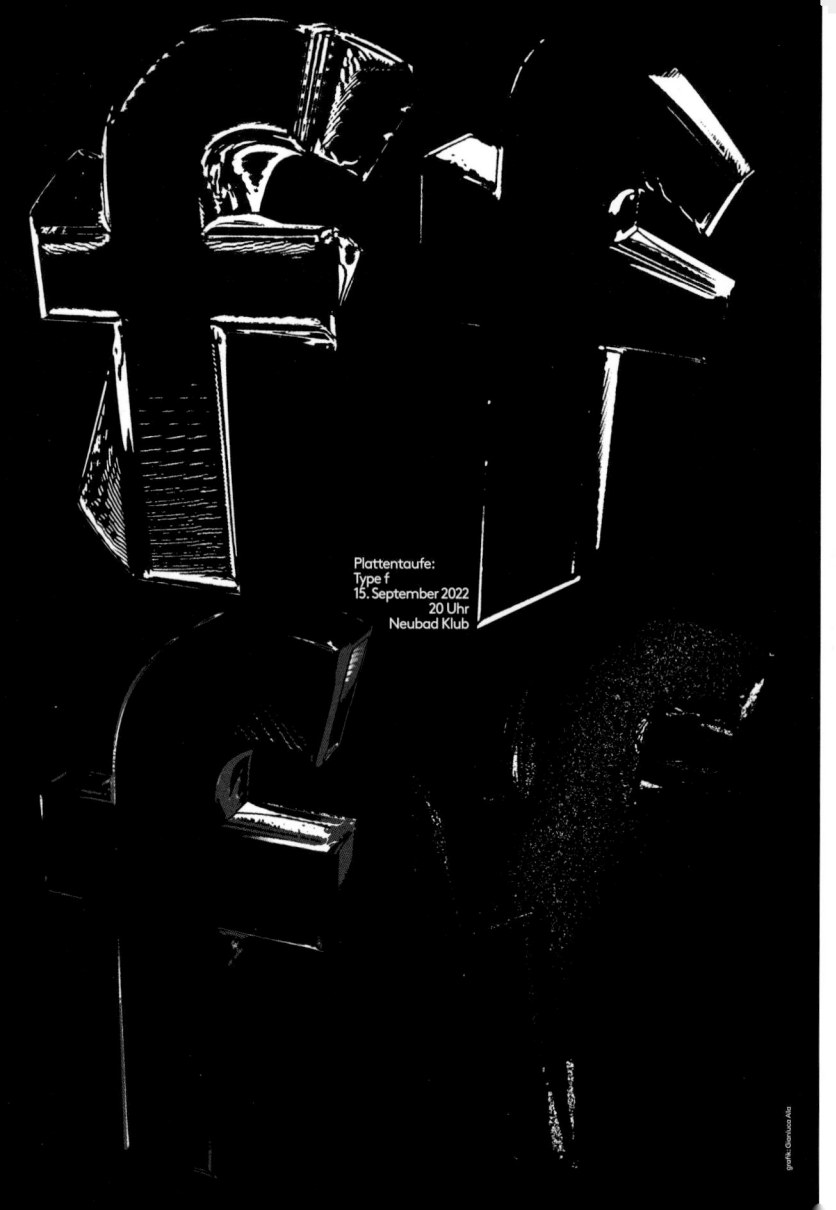

Plattentaufe:
Type f
15. September 2022
20 Uhr
Neubad Klub

grafik: Gianluca Alù

Klubnacht

Stereo Kulisse

Freyalussi

Klubnacht

Stereo

Spin Alonga

Kulisse

Neubad Luzern

17.09.2022 23:00

Neubad

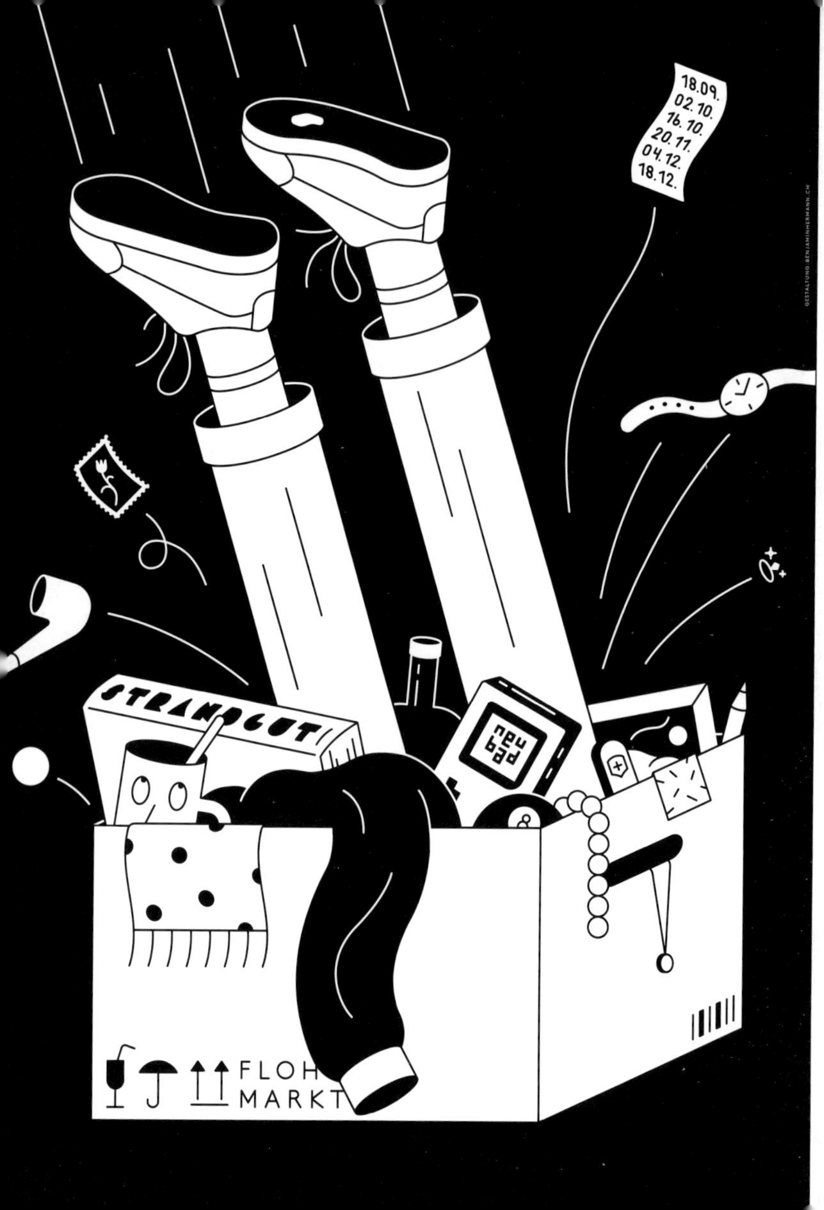

Benjamin Hermann

PLATTENTAUFE
STRAHL.
LOHER.
FISCHER.

23.09.2022
21 UHR

NEUBAD   POOL

118

NEUBAD KLUB

118 MINUTEN ON FIRE

20:00–21:58 UHR

MITTWOCH IM MONAT

IMMER AM LETZTEN

28. SEPTEMBER
ACTION-KLASSIKER

12. OKTOBER
SPLATTER

POOLKINO
MITTWOCH 20 UHR   NEUBAD POOL

16. NOVEMBER
FASCHT E FAMILIE

MIT HANNA SCHEURING

14. DEZEMBER
QUEER CINEMA

30. September *Neubad* 2022

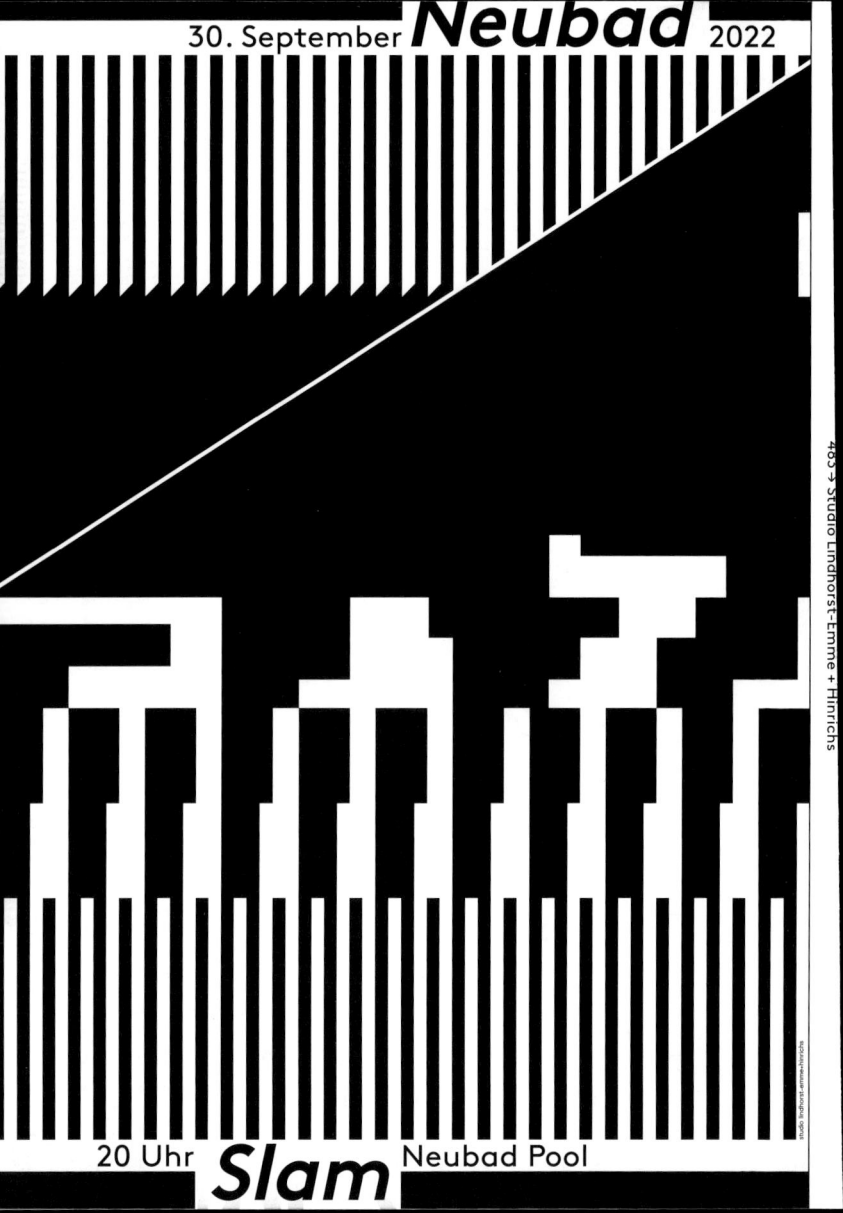

20 Uhr *Slam* Neubad Pool

1.10.22

Neubad Klub + Pool

Bongo Joe Label Night

bongojoe.ch

05. Oktober 2023 20 Uhr

Arno Camenisch liest aus seinem neuen Roman «Die Welt»

Neubad Pool

NEUBAD KLUB

JACOB HANNES

7.10.22 21 UHR

NEUBAD KLUB

Plattentaufe
Raphael Loher
Keemuun   am   14.10.22 / 21 Uhr   Keemuun II   Keemuun I   Keemuun III   Keemuun IV
[I – IV]   in   Neubad Pool   [10:20]   [04:44]   [10:22]   [07:55]

NEUBAD KLUBNACHT #5 LIPS & BREAK KIES

Contenance & Miles Away

molekühl

15. OKT. | 23 Uhr
Neubad Klub

Ihr Kinderlein kommet – oder auch nicht

19.10.22
Zwischen kinderlos und kinderfrei

30.11.22
Alternative Familienmodelle

18.01.23
Kind aus dem Labor

01.03.23
Rund um die Geburt

05.04.23
Tabu Fehlgeburt

20 Uhr
Neubad Pool

Gestaltung:
benjaminkunz.ch

DOPPELKONZERT: ANDRINA BOLLINGER & DELIA MESHLIR
21.OKTOBER 2022, 21 UHR, NEUBAD POOL

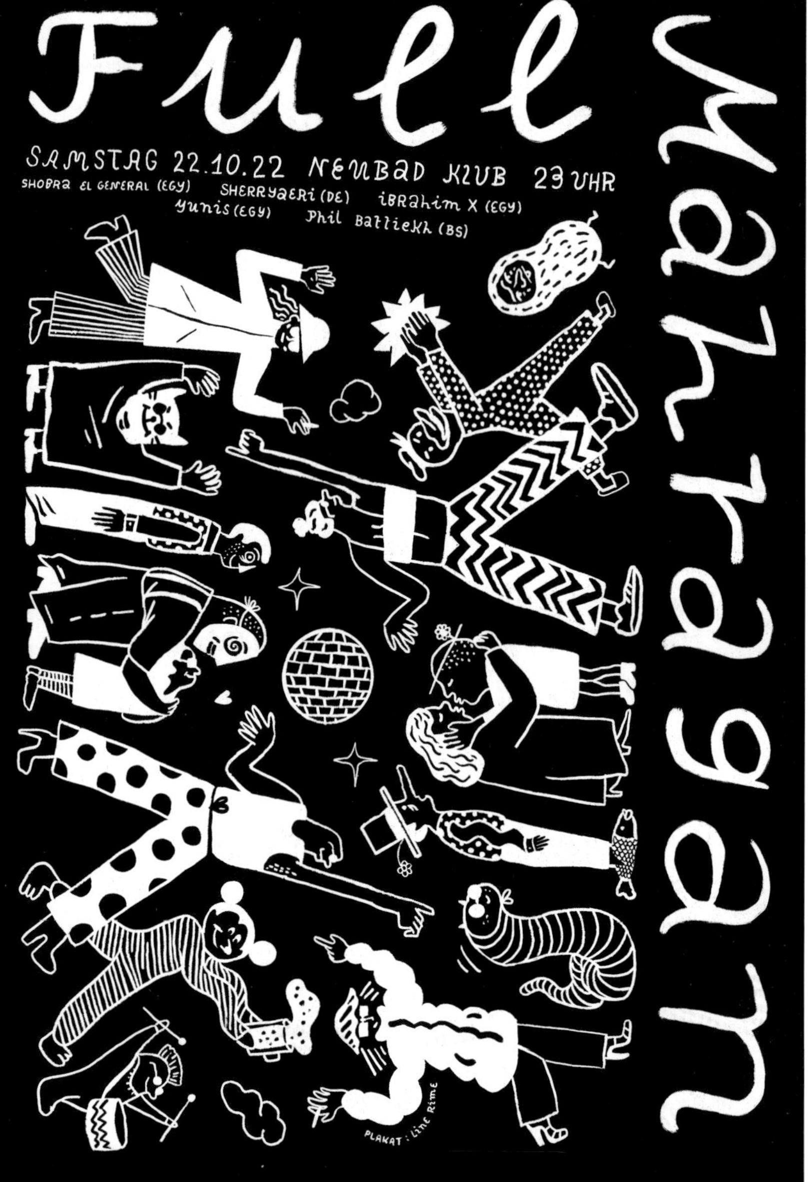
Full
Mahragan
SAMSTAG 22.10.22 NEUBAD KLUB 23 UHR
SHOBRA EL GENERAL (EGY)
SHERRYAERI (DE)
IBRAHIM X (EGY)
YUNIS (EGY)
Phil Battiekh (BS)
PLAKAT: Line Rime

PLATTENTAUFE
Rufus D

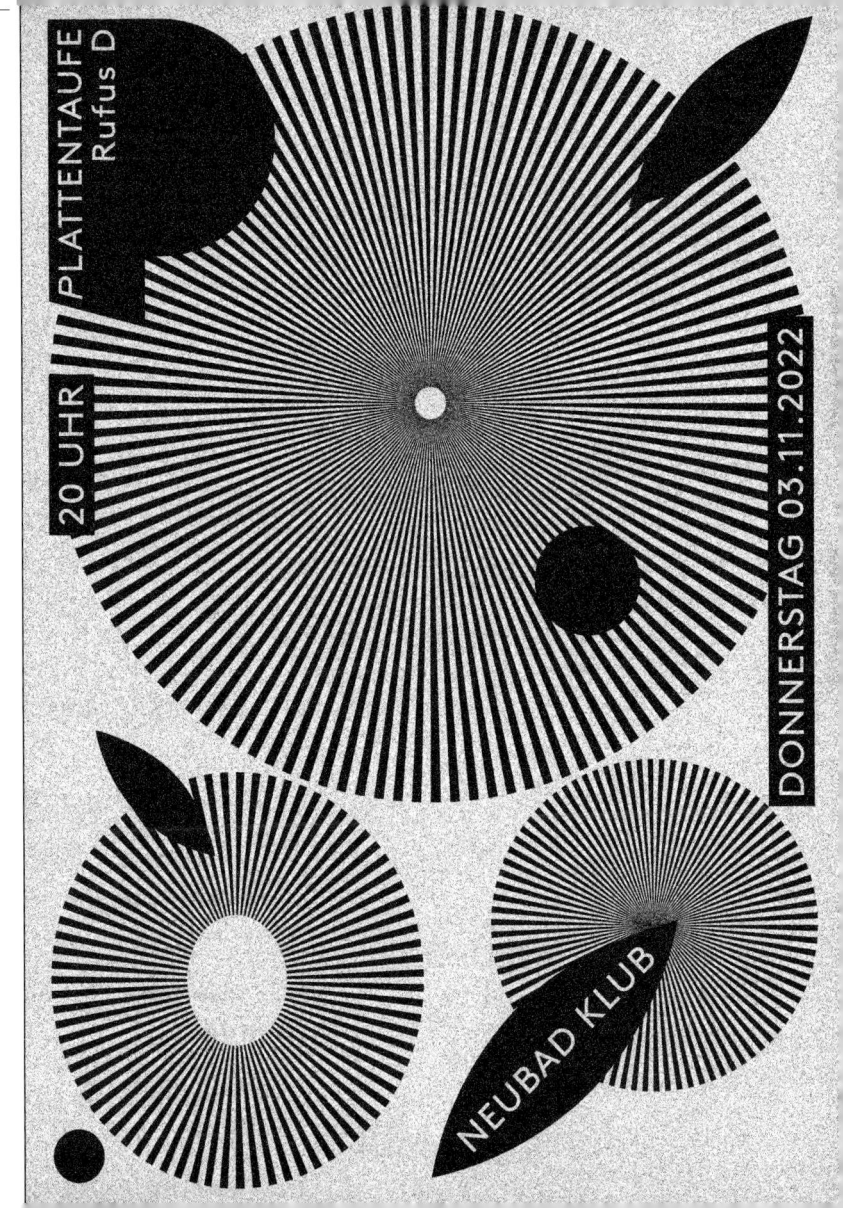

20 UHR

DONNERSTAG 03.11.2022

NEUBAD KLUB

10.11.22
20 UHR
TROTZDEM
LACHEN
YVES
BOSSART
LIEST
NEUBAD POOL

KATE RICH, O PET OWNER

NEUBAD KLUB FREITAG 11.11.2022 21 UHR

Grafik: Isabelle Mauchle

Mabe Fratti
Konzert
Do 17.11.2022
20:30 Uhr
Neubad Pool

AKT1

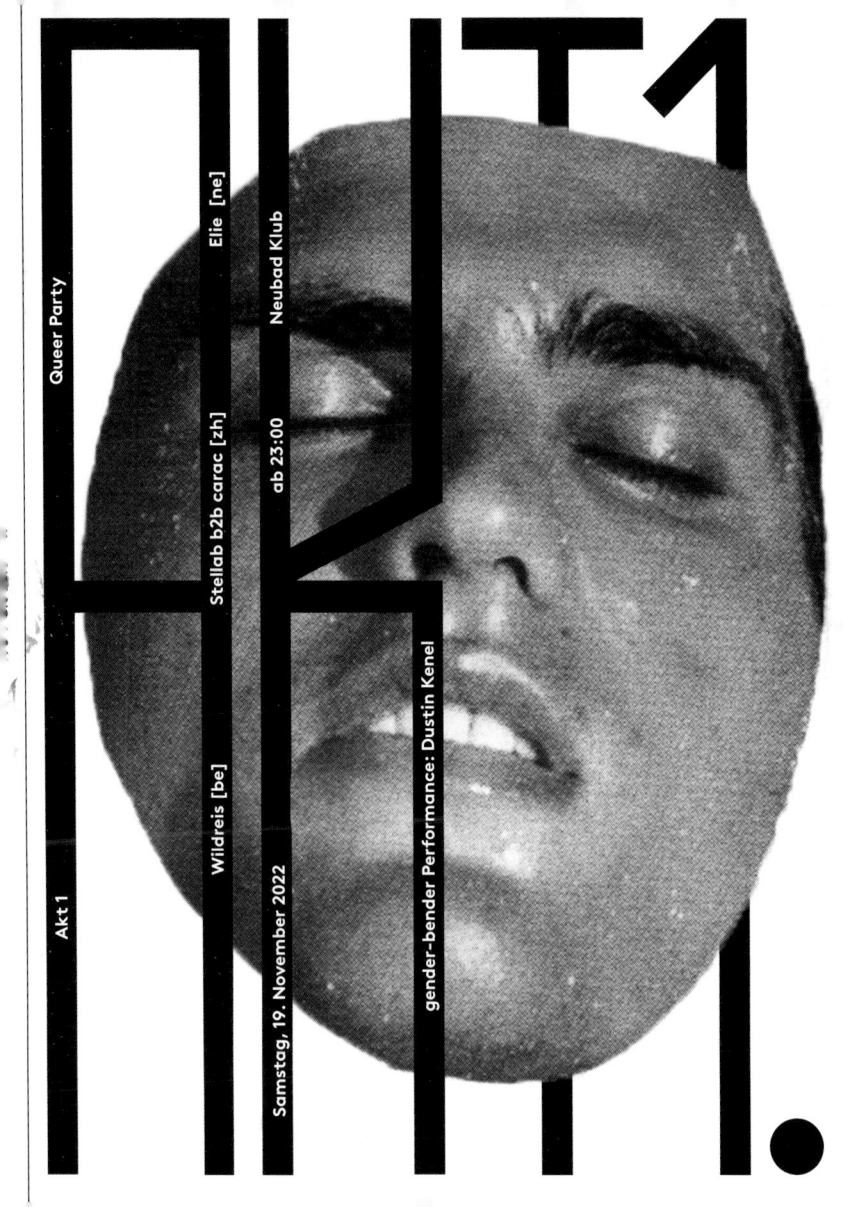

Akt 1 | Queer Party

Wildreis [be] | Stellab b2b carac [zh] | Elie [ne]

Samstag, 19. November 2022 | ab 23:00 | Neubad Klub

gender-bender Performance: Dustin Kenel

Titus Probst Trio

Neubad Klub

21 Uhr

Freitag 25. November 2022

(DER ALTERNATIVE) WEIHNACHTSMARKT IM POOL
NEUBAD, 26.11. 14 BIS 20 UHR / 27.11. 10 BIS 16 UHR

H
HA
HAHAH
HAHA
HAHAHAHA
HAHAHAH
HALLEN-LUJAH
AH

STEREO LUCHS

26 11
21 Uhr
Neubau Klub

Afterparty by BACKSPIN

Support cian°
Feli Verycozi
STEREO LUCHS
DJ

Pablo Nouvelle & Band

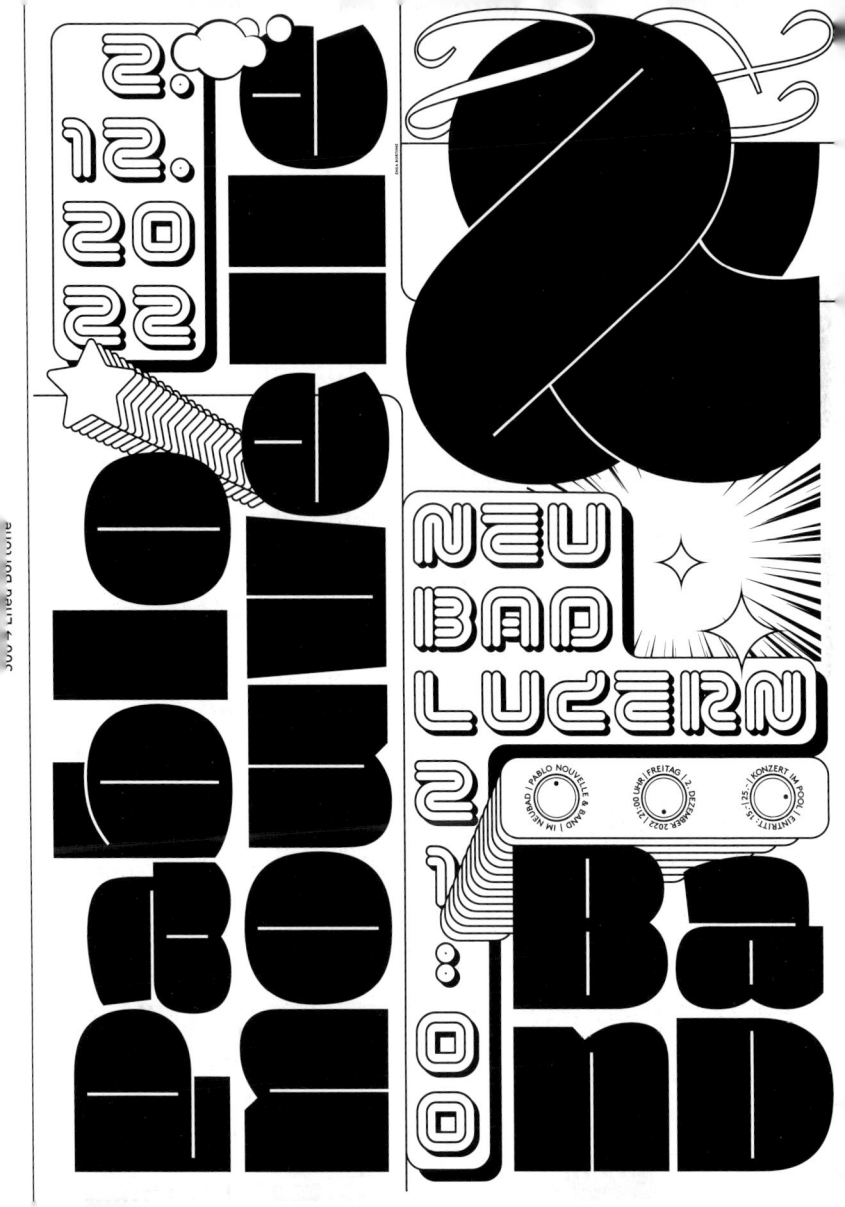

die Neubad Luzern

2.12.2022 — **21:00**

PABLO NOUVELLE & BAND | IM NEUBAD
FREITAG | 2. DEZEMBER 2022 | 21:00 UHR
KONZERT IM POOL | EINTRITT: 15.-/25.-

PROUDLY PRESENTING:
OPEN CUNT

**Dienstag
6. Dezember 2022
20 Uhr
im Neubad Pool**

BauSchule

7.12.22

20 Uhr

Pool

Neubad Luzern

Kuhnutt

MI 7 DEZ 2022
ECE ÖZEL
PRINCESS P
DJ SPRAY
23 UHR

Neubad Klub

LIVIA RITA

Freitag 09.12.2022
21 Uhr Nordbad Pool

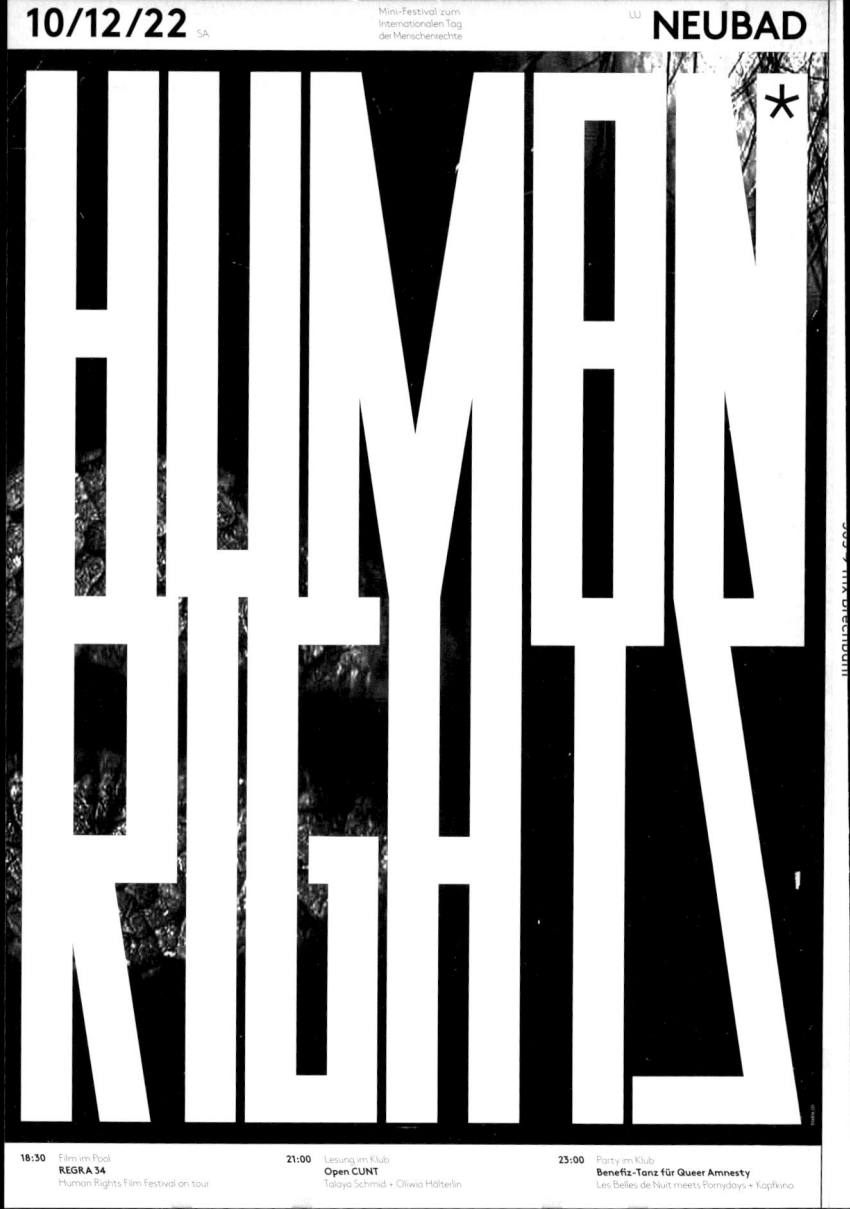

10/12/22 SA Mini-Festival zum Internationalen Tag der Menschenrechte   LU **NEUBAD**

HUMAN RIGHTS*

18:30 Film im Pool
REGRA 34
Human Rights Film Festival on tour

21:00 Lesung im Klub
Open CUNT
Takiya Schmid + Oliwia Hälterlin

23:00 Party im Klub
Benefiz-Tanz für Queer Amnesty
Les Belles de Nuit meets Pornydays + Kopfkino

SOUKEY + LIL BRUZY

16. DEZ. 20 22 21:00 UHR NEUBAD KLUB

NEUBAD + DIASBOAH PRÄSENTIEREN

MOUMOUNI
GÜLTEKIN

SAMSTAG 17.12.2022 / 20 UHR

NEUBAD POOL

DIE ERSTE POSTMIGRANTISCHE LATE NIGHT SHOW

Fest festen nach dem Fest

Neubad Klub

24.12.2022
23:59 Uhr

7. Januar 2023

Neujahrsfest

Samstag 21 Uhr

Neubad

NEUBAU

PONS

POOL
13.1.23 20UHR

ME
MOBI
ANNA AARON
SAMSTAG
14.01.23
21.00H
NEUBAD POOL

Matto Kämpf

20.01.2023 / 20 UHR / NEUBAD POOL / SUPPE SEIFE SEELENHEIL - LESUNG VON MATTO KÄMPF IM WECHSEL MIT SONGS VON EVELINN TROUBLE.

Evelinn Trouble

Balint Dobozi
→ SA. 21.01.23
→ 21:00 Neubad Pool

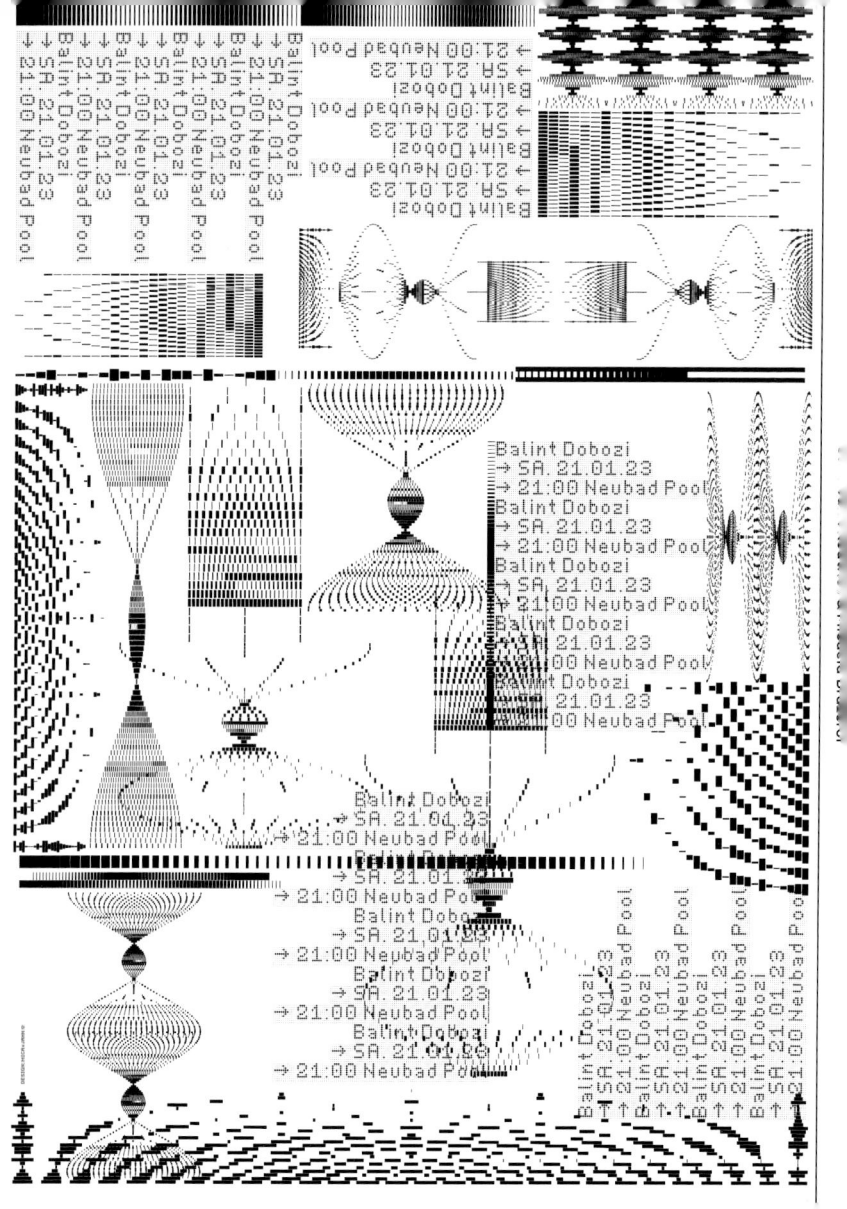

514 → Eva Jäger

KLUBNACHT

SAMSTAG 21 JANUAR 2023 23:00 UHR TAGLIABUE NEUBAD KLUB

JIL CORTI TIM SWIMMINGPOOL

DESIGN: EVA JÄGER

KLUBNACHT
SAMSTAG
28. JANUAR
2023
23:00 UHR

NEUBAD
KLUB

JAMIRA ESTRADA
FREYA LUSSI
KN

515 → Studio Speranza

118

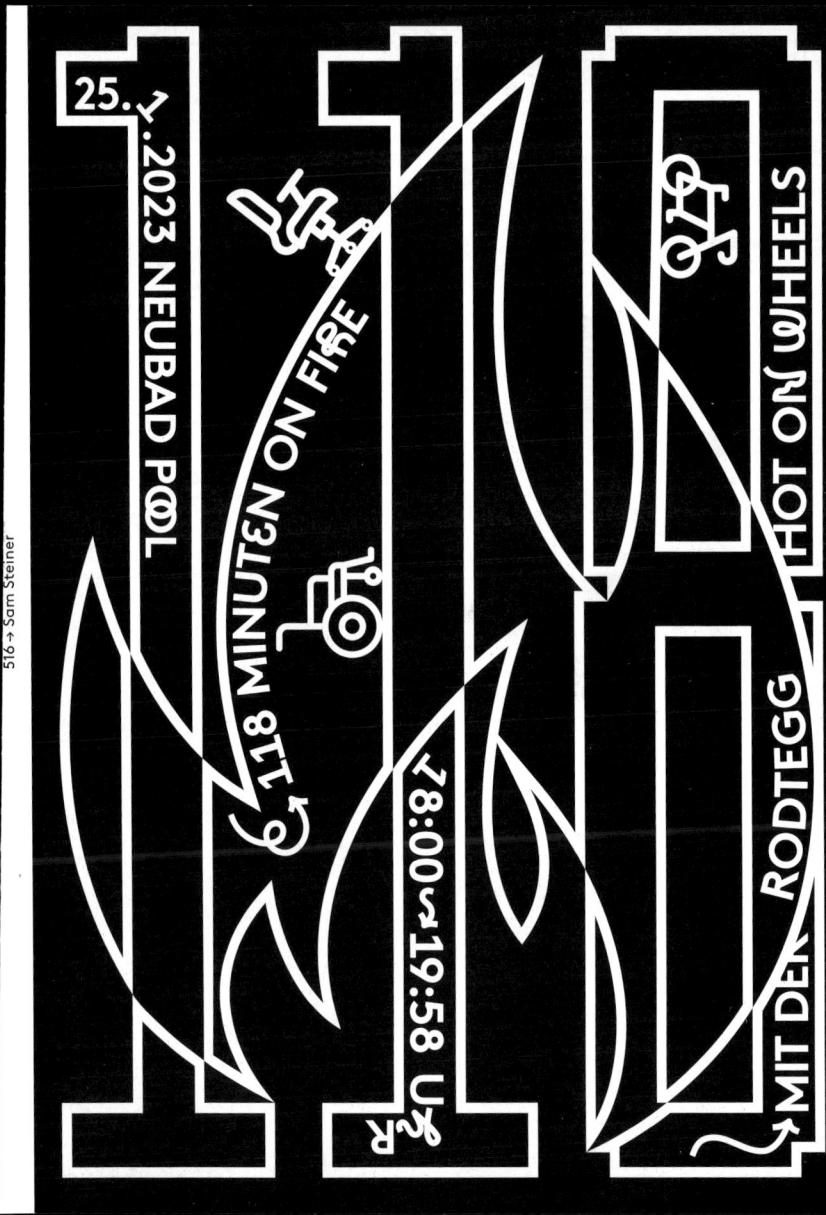

25.7.2023 NEUBAD POOL

118 MINUTEN ON FIRE

18:00–19:58 UHR

HOT ON WHEELS

MIT DEM RODTEGG

NEUBAD
POOL
LUZERN

GAMEDIVE
DIE SPIELE-
NACHT

51 → Benjamin Hermann

FREITAG
03. FEB. 2023
19-07 UHR

TAUCH EIN
IN DIE WELT
DER SPIELE

KLUBNACHT

PAMPLONA GRUP (KONZERT)

NIKLAS WANDT B2B STELLA ZEKRI

FLO DALTON

3. FEBRUAR NEUBAD KLUB 21 UHR

«WÄHREND MEINER
PSYCHOSE
BIN ICH DURCH DIE TORE
DER HÖLLE
                    GEGANGEN
DIE FLAMMEN HABEN
MEIN WAHNGEBILDE
GEREINIGT
       UND SO WURDE ICH IN
    EIN LICHTVOLLERES
              SINNSTIFTENDES
DASEIN WIEDERGEBOREN»
                    KATHRIN

   «GESTÖRT ERZÄHLT»
DER MENSCH
HINTER DER DIAGNOSE
         8. FEBRUAR 2023
            20:00 UHR
         NEUBAD POOL

AKT1

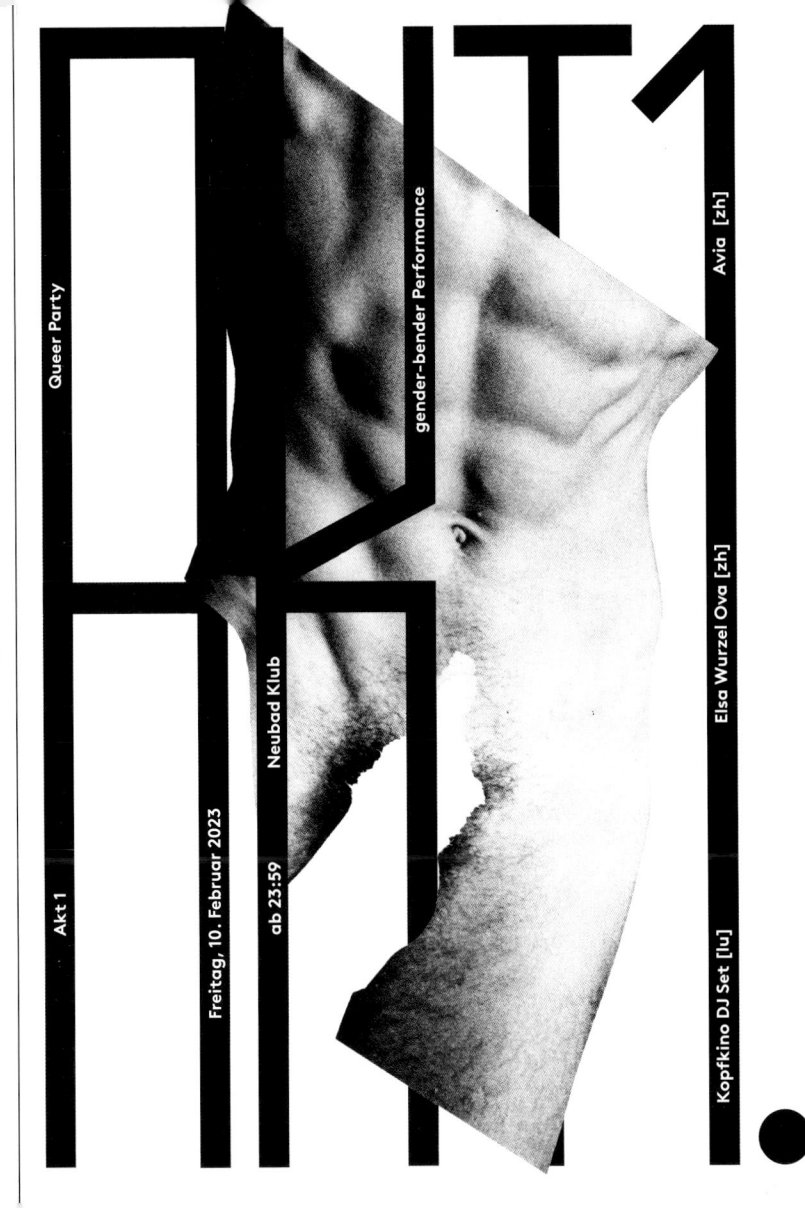

Akt 1 — Queer Party

Freitag, 10. Februar 2023

Neubad Klub — ab 23:59

gender-bender Performance

Kopfkino DJ Set [lu]   **Elsa Wurzel Ova [zh]**   **Avia [zh]**

Februar 2023

10.

Dibby Sounds

PARENTAL ADVISORY

HATEPOP
DIBBY SOUNDS

HatePop

Neubad Klub

INTRA
CITTA
DIFFER
ENNY
DA
I
SPRAY
LAYER
SIT

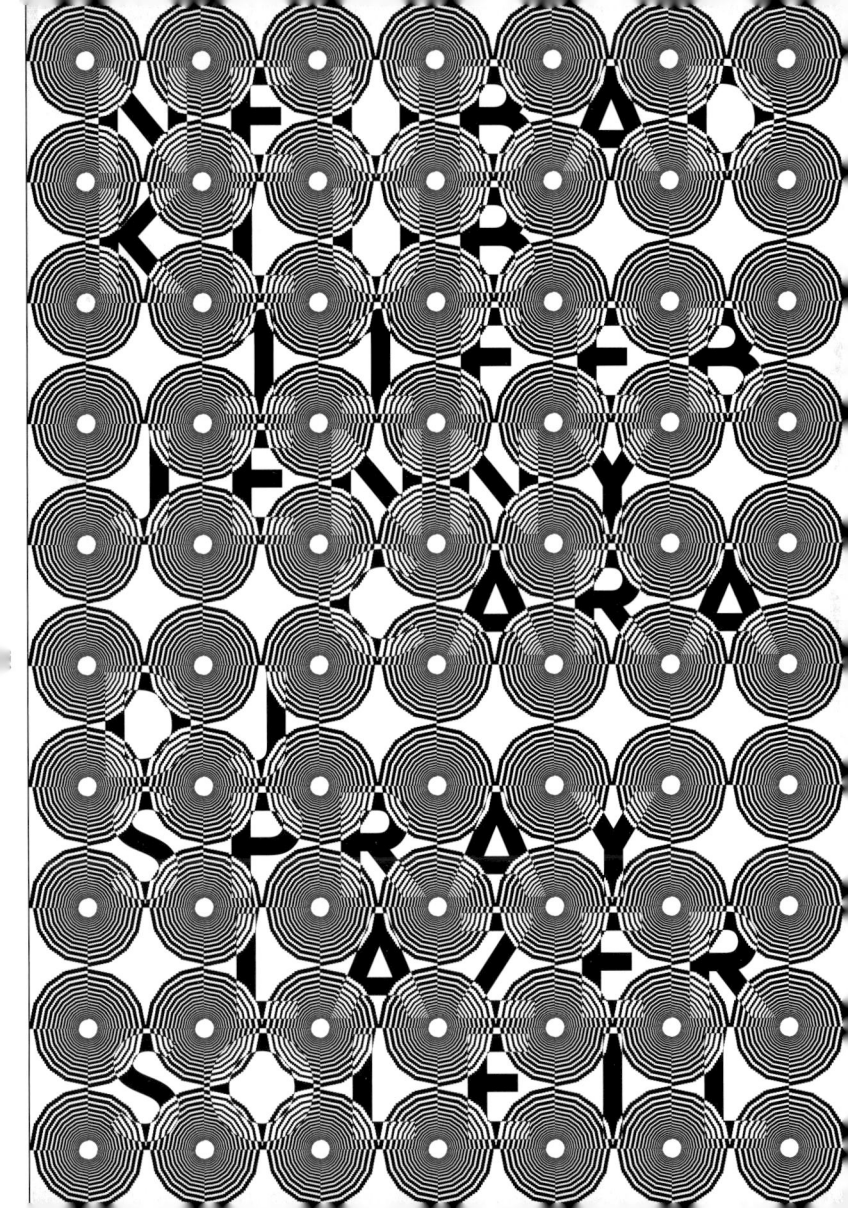

POOLKINO

MITTWOCH 20 UHR — NEUBAD POOL

- 15. FEBRUAR — WEIRD LOVE STORY
- 8. MÄRZ — AGNÈS VARDA
- 12. APRIL — MONSTERFILME
- 10. MAI — DER GROSSE ADAM SANDLER

24.2.23 21:00 NEUBAD
KLUB

MONTE MODER
MAI UND SAUERLAND

FRAGIL IM NEUBA

25.02A
26.02D

KERA-
MIK
MARKT

SAMSTAG SONNTAG IM
25.02.2023 26.02.2023 NEUBAD
11–17:00 11–16:00 LUZERN

Klubnacht

25.2. 23 Uhr

Neubau Klub

Bernat Brauca, Pepe

Skiclub Toggenburg

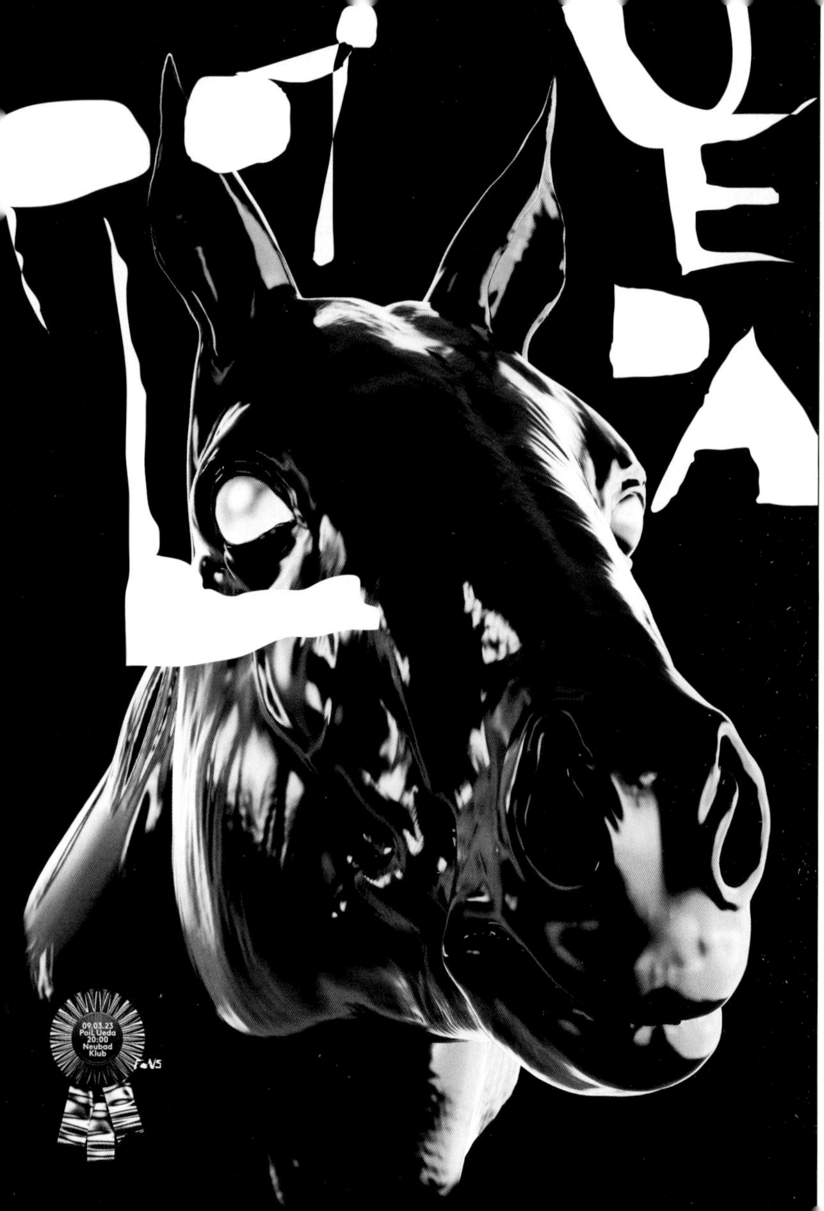

09.03.23
PoiL Ueda
20:00
Neubad
Klub

NEUBAD KLUB NACHT 11.3.23 23.00 BIESMANS STIGLITZ CASA AMICI NEUBAD KLUB

«WENN AUS VIEL SCHMERZ
PLÖTZLICH
SINN ENTSTEHT»
STEPHANIE

«GESTÖRT ERZÄHLT»
DER MENSCH
HINTER DER DIAGNOSE
15. MÄRZ 2023
20:00 UHR
NEUBAD POOL

OLIVIA EL SAYED LIEST:
FLOWERY WORDIS

18.03.2023, 20 UHR
NEUBAD POOL

ANUSCHKA ROSHANI LIEST «GLEISSEN»

22·03·2023—20 UHR NEUBAD POOL

DESIGN: LUCA ROSSO

LUUMU PLATTENTAUFE ELEPHANT LOVE SONG
25. MÄRZ 2023
20.30 UHR
NEUBAD POOL

PILOCKA KRACH
KOLLEKTIV LVETHER
PLAYLOVE
NEUBAD
KLUB
25 MRZ 23

Nchu-turnier

26.09.77 uhr

neunad
podnak

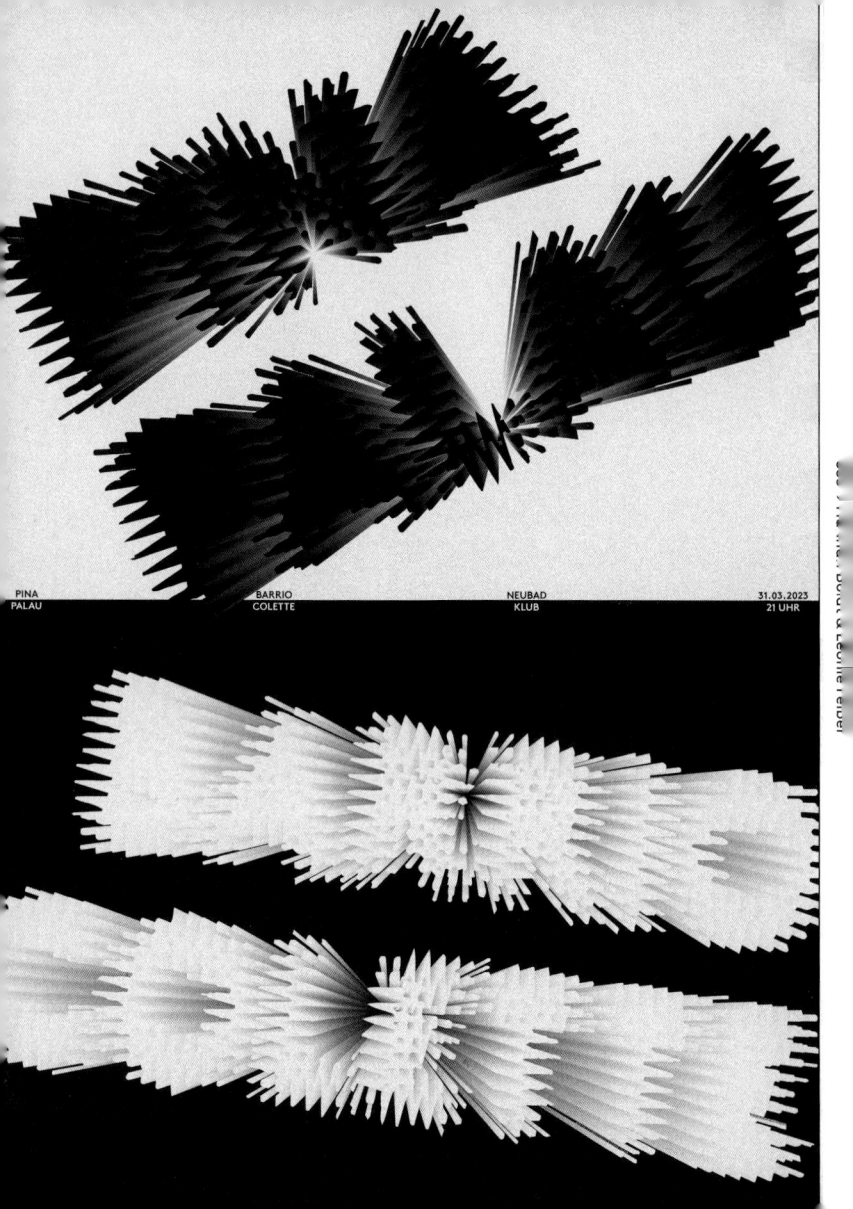

PINA	BARRIO	NEUBAD	31.03.2023
PALAU	COLETTE	KLUB	21 UHR

HEY

NEUBAD POOL!

01.04.2023 - 21 UHR!!!!!

Albin Brun &
Kristina Brunner

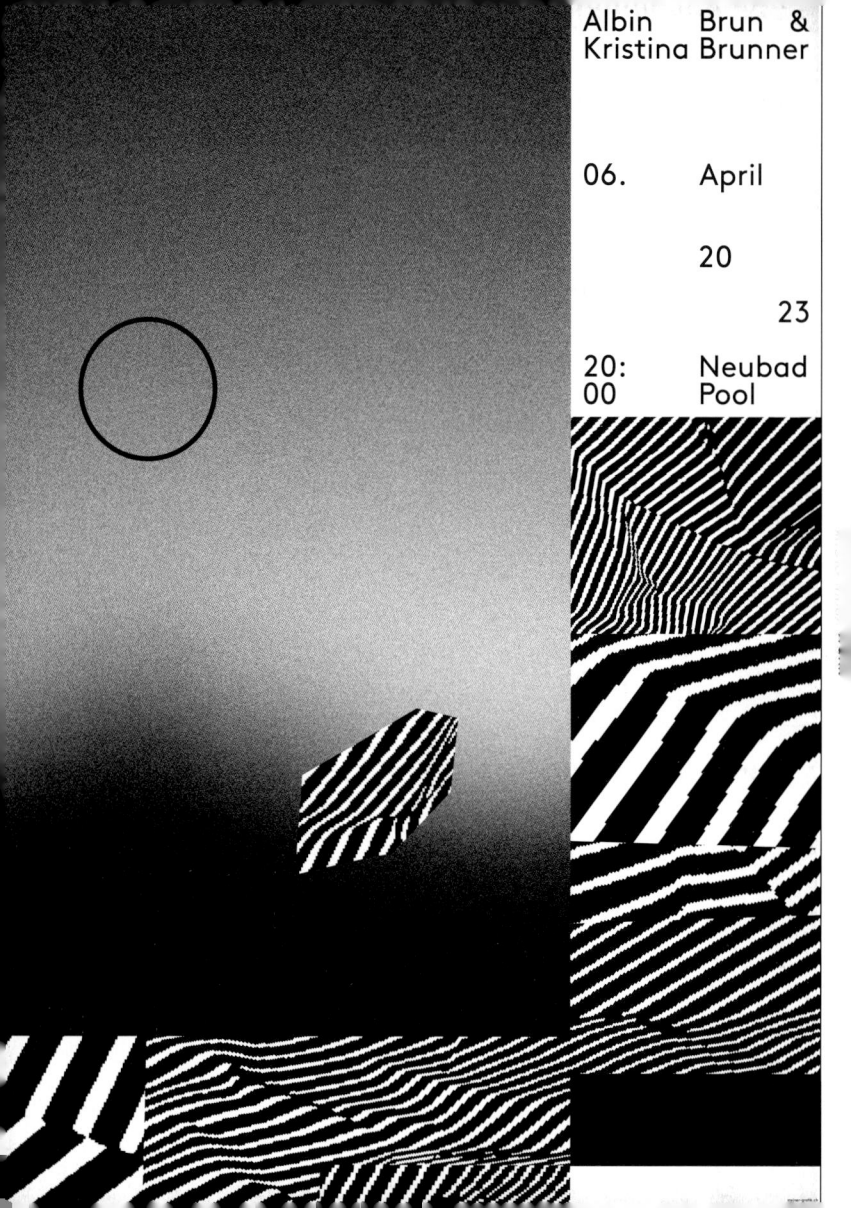

06. April

20

23

20:00 Neubad Pool

ONNERST
APRIL 2023
NEUBAD K
KALABRESE
2023
6. APRI
KALAB
KLUBNAC
DISCO ERD
23 UHR
NEUBAD KLUB
DISCO ERDME

LAKIKO & ET NU

21 Uhr

14.04.2023

Neubad Klub

SAMSTAG
15. APRIL 2023
12–19H

SONNTAG
16. APRIL 2023
10–16H

JAHRMARKT DER SCHÖNEN DINGE

NEUBAD POOL

SARAH WILD
GUY DE PRÄ
ENVSRL

Neubad Klubnacht ✵ 15. 4. 2023 ✵ 23 Uhr

J41 → 3am Steiner

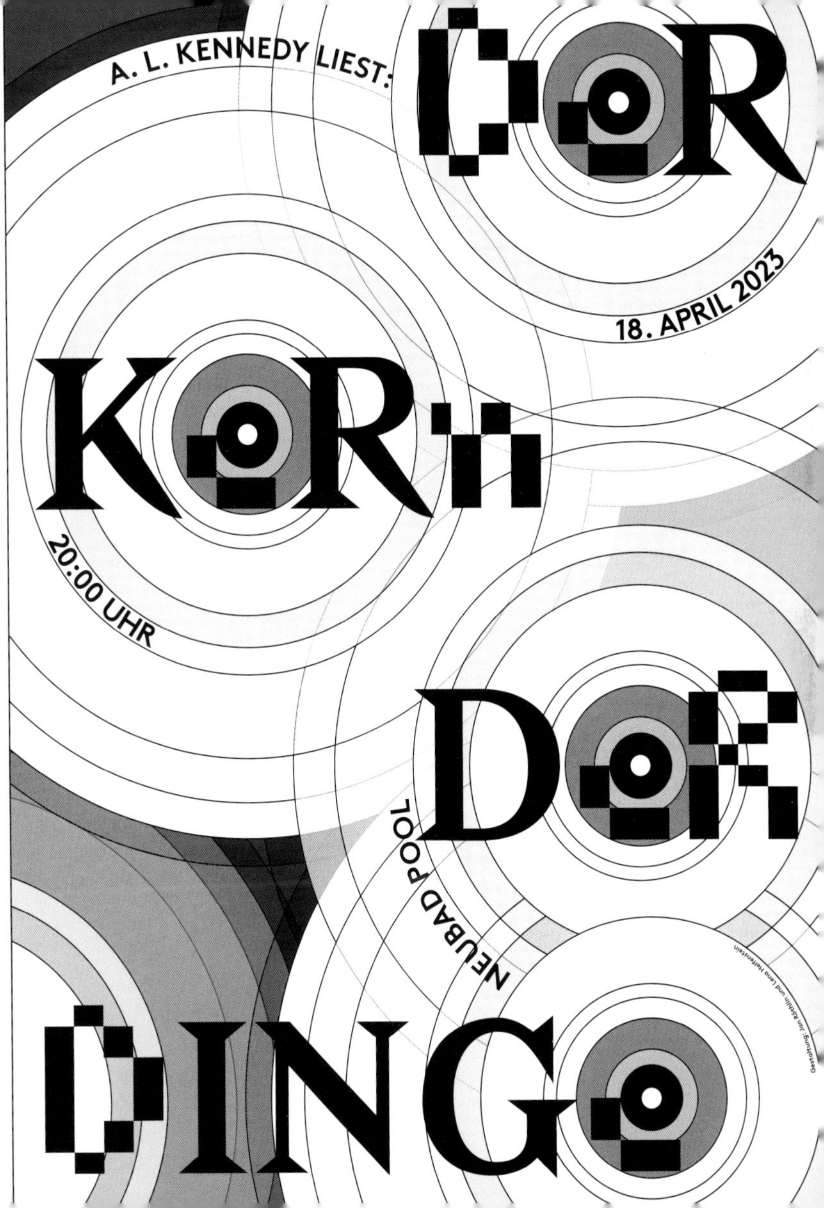

542 → Sag Studio

«DIE HEILUNG LIEGT IN DER HEILUNG DER BEZIEHUNG ZU MIR SELBER»

HEIDI

«GESTÖRT ERZÄHLT»
DER MENSCH
HINTER DER DIAGNOSE
19. APRIL 2023
20:00 UHR
NEUBAD POOL

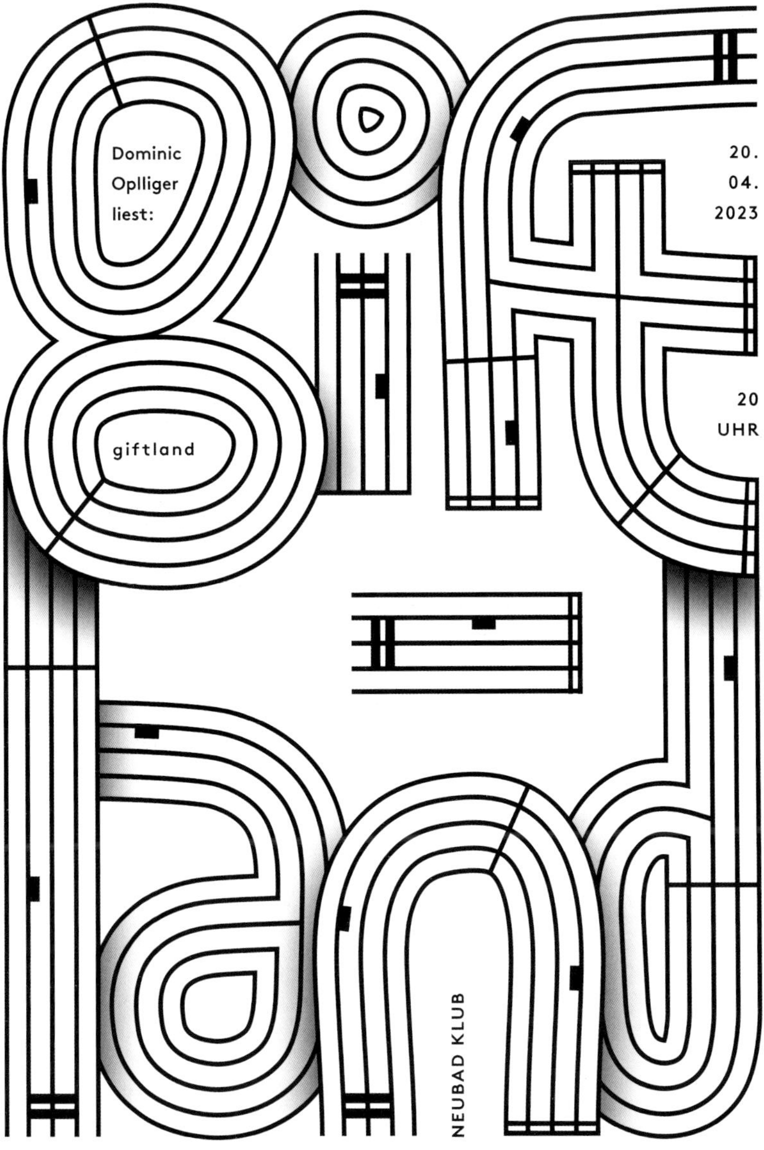

544 → Hyo-Song Becker

545 → Bernhard Vögele

25.04.2023, 20 Uhr, Neubad Pool

ZEIT
RAUM
FORUM

| 27. + 28. APRIL 2023 | DIE PLATTFORM FÜR TEMPORÄRE WIRKUNGSRÄUME | NEUBAD LUZERN |

Freitag 28. April 2023

Akra
Ondo
styro2000
Anton Kubikov (LIVE)

54/ → Studio Sirup

Dubtechno

Neubad Klubnacht

Soft Loft
28.04.2023
21 Uhr
Neubad
Pool

548 → Isabelle Mauchle

Neubad Slam
29.04.2023, 20 Uhr, Neubad Pool

SAMSTAG
29. APRIL
2023

NEUBAD KLUBNACHT

NEUBAD KLUB

23 UHR

NINA HÄSSIG

TWOETS

ORANGEBLEU

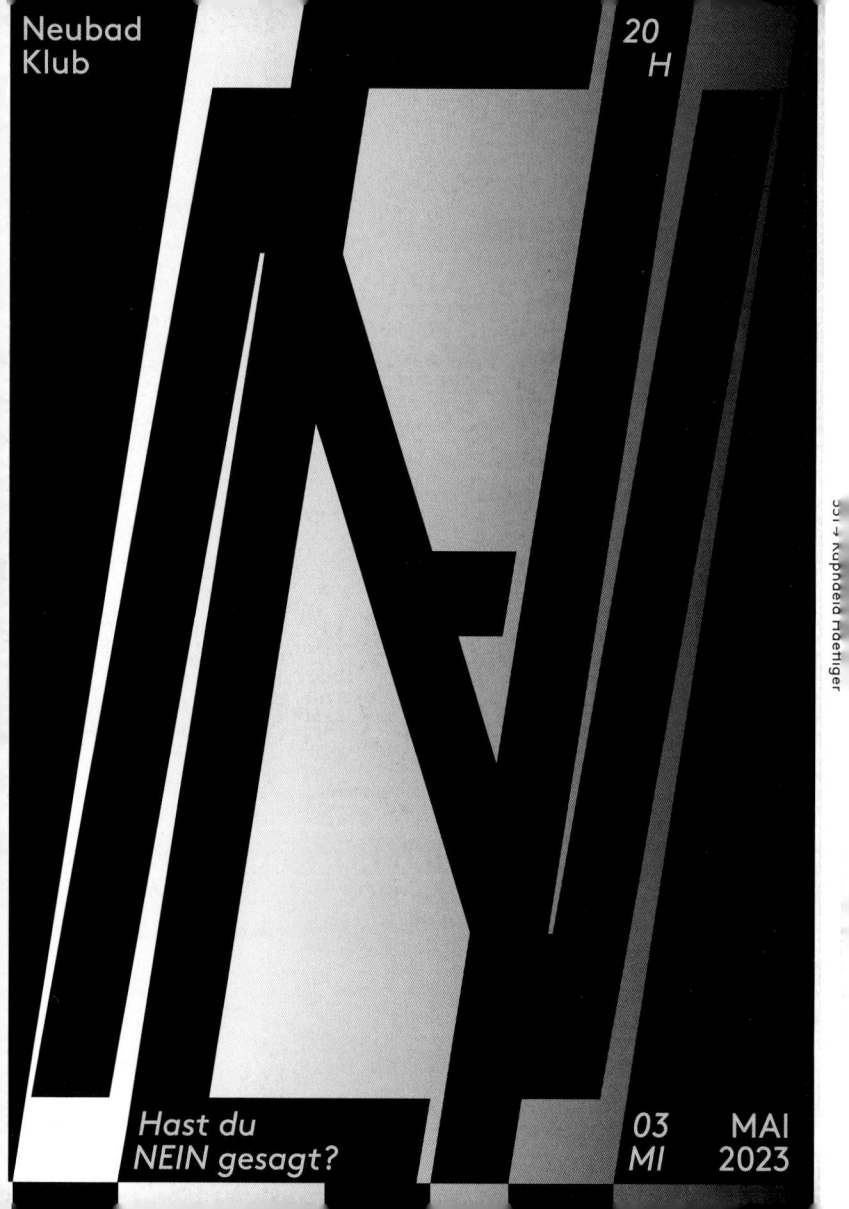

Neubad
Klub

20
H

Hast du
NEIN gesagt?

03
MI

MAI
2023

Ikarus Im Impuls

Neubad

Freitag, 05.06.2023, 21 Uhr

NEUBAD
KLUBNACHT

NEUBAD
KLUB

BERNSTEIN (LIVE)
SUN DRINE
SPIN ALONGA

SAMSTAG
6. MAI 2023
23 UHR

PORNY ONE NIGHT STANDS
MIT TALAYA SCHMID

GEMEINSAMES SCHAUEN VON
EXPLIZITEN SEXFILMEN
AKA FEMINISTISCHE PORNOS

MIT ANSCHLIESSENDER
DIKSUSSION MIT
DARSTELLER:INNEN

SAMSTAG 6. MAI 2023,
20 UHR, NEUBAD KLUB

DESIGN: BENJAMINKUNZ.CH
NEU
ZEITLICHE
BODEN
BELÄGE
AB
21 H
«NEUZEITLICHE
BODENBELÄGE»
CHF 25.–/15.–
INKL. KLUBNACHT
12. 05. 23
AB
23 H
KLUB
NACHT
ACT I > COBEIA
ACT II > ELIN

ECLIPSE
FREYALUSSI
NEUBAD KLUBNACHT
ENCORE [live]
SAMSTAG // 13—05—2023 //
23 UHR // NEUBAD KLUB //
lucarosso.ch

Freitag 19. Mai 2023   21 Uhr, Neubad Klub

SISELABONGA
BISELABONGA
BINAELABONGA
BINARYABONGA
BINARY SUNNGA
BINARY SUNSGA
BINARY SUNSET

«HOCHFUNKTIONAL BEDEUTET NUR UNTER HOCHSPANNUNG MIT HOHEM EINSATZ UND HOHER ANSTRENGUNG ALLES DAFÜR ZU TUN DASS MAN FUNKTIONIERT» SAMUEL

«GESTÖRT ERZÄHLT»
DER MENSCH
HINTER DER DIAGNOSE
24. MAI 2023
20:00 UHR
NEUBAD POOL

mit Urs Mannhart
26.05.23, 20:00
Neubad Pool
denk_mal ist ein Wissensformat des Vereins Neugarten

Der Mensch im Hirn der Kuh

Design: Chiara Zarotti & Laura Lockner

Neubad Klubnacht
Die aus Südkorea stammende (1) Shubostar ist in die sich entwickelnde Underground-Szene in Südkorea, Thailand und jetzt auch in Mexiko eingetaucht. Sie selber beschreibt ihre Musik als Cosmic Disco – eine Basis von Disco, aber mit mehr treibenden Basslines und starken Snare-Sounds kombiniert mit Techno-Elementen. Ihr zur Seite stehen keine unbekannten Kosmonauten: (2) Contenance & Miles Away aus dem Hause Kiki und (3) Flo Dalton, Resident im Klub Kegelbahn.
Originally from South Korea, (1) Shubostar has immersed herself in the developing underground scene in South Korea, Thailand and now Mexico. She herself describes her music as Cosmic Disco – a base of disco, but with more driving basslines and strong snare sounds combined with techno elements. She is assisted by no unknown cosmonauts: (2) Contenance & Miles Away from Kiki and (3) Flo Dalton, resident at Klub Kegelbahn.
(1) Shubostar
(2) Contenance & Miles Away
(3) Flo Dalton
Gestaltung: Massimiliano Audretsch
Neubad
1.UG, Bireggstrasse 36, Luzern
Eintritt: 20.–/15.– (AHV/IV/Mitglied/KulturLegi/Studierende)
www.neubad.org
Im Klub
27.5.23:00

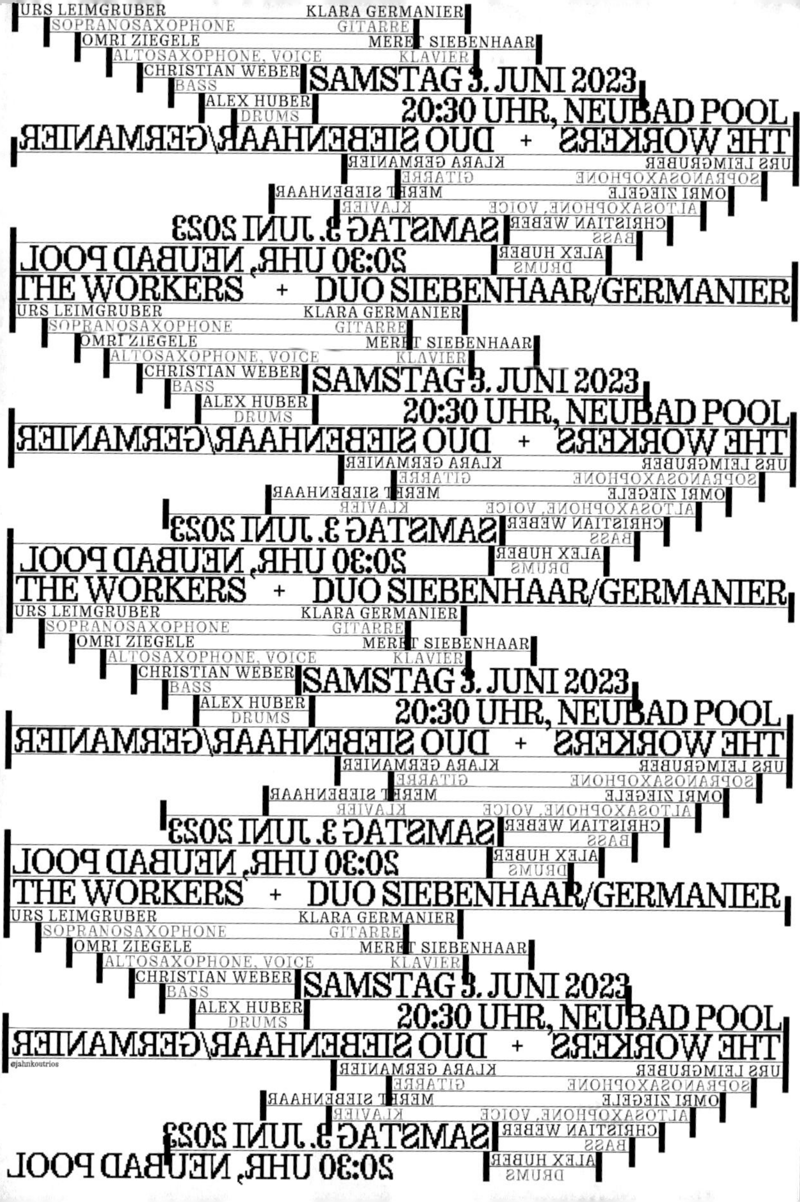
URS LEIMGRUBER
SOPRANOSAXOPHONE
KLARA GERMANIER
GITARRE
OMRI ZIEGELE
ALTOSAXOPHONE, VOICE
MERET SIEBENHAAR
KLAVIER
CHRISTIAN WEBER
BASS
ALEX HUBER
DRUMS
SAMSTAG 3. JUNI 2023
20:30 UHR, NEUBAD POOL
THE WORKERS + DUO SIEBENHAAR/GERMANIER
@jahnkoutrios

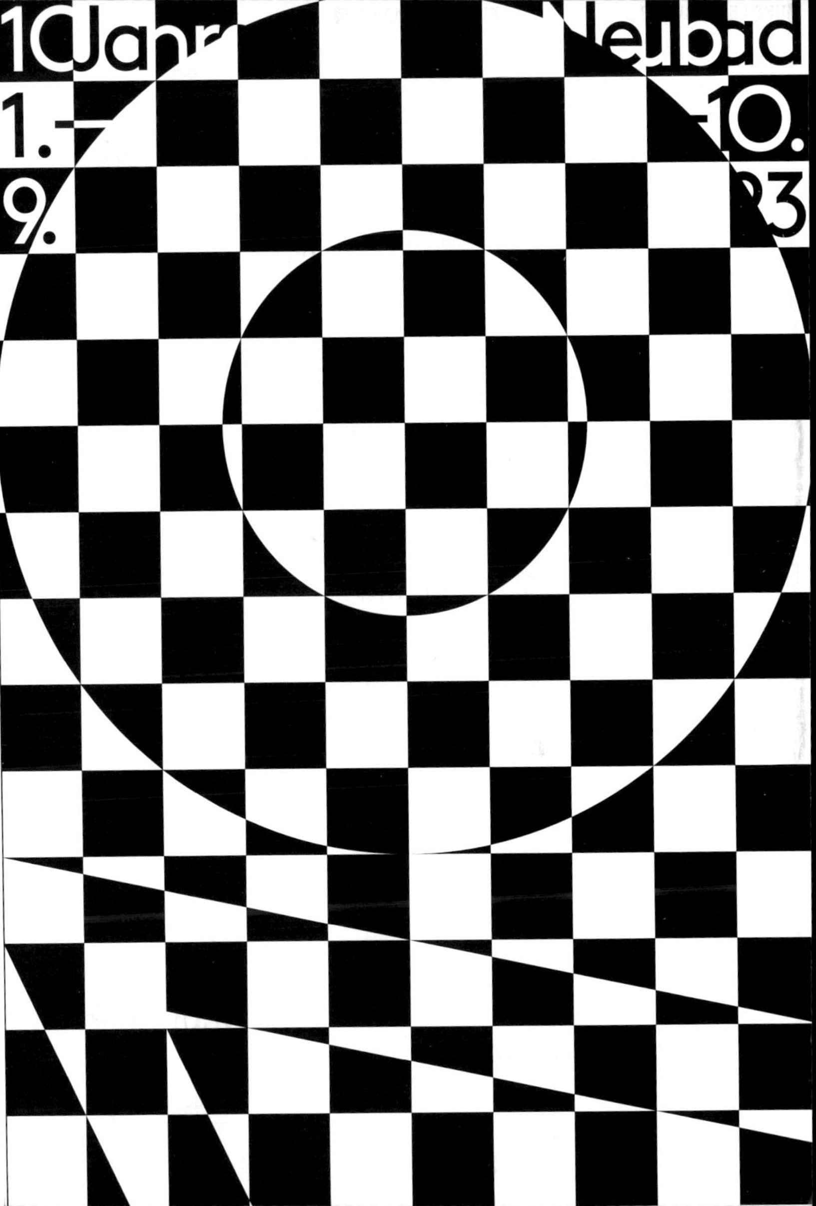

562 → Erich Brechbühl

Name	Ort	Seiten
Aarise	Berlin	340 426
Aaron Dawkins	Berlin	333 502 528
Adam Karpiel	Berlin	293 350 375 403 461 518
Alan Romano	Luzern	104 114
Alessia Meyer	Berlin	397 464
Alessio Borando	St. Gallen	550
Amadeus Waltenspühl	Luzern	17 19 24 28 33 39 52 59 66 70 74 81 93 94 106 113 131 142 147 158 160 161 224 238 295 298 484
Anders Bakken	Oslo	51 64 77 128 144 156 183 187 222 345
Andreas Kiener	Luzern	301 308 313
Angela Kronenberg	Luzern	289 408
Anja Wicki	Luzern	125 157
Ann-Kathrin Brunner	Luzern	102 105 135
Annie Kahri	Luzern	384 390 448 451
Annina Linggi	Luzern	511
Apsara Flury	Den Haag	281 300 354 383 400
Artur Fast	Bochum	147 161
Balmer Hählen	Lausanne	377 432
Benjamin Hermann	Luzern	71 112 153 162 189 216 226 291 360 479 515
Benjamin Kunz	Luzern	389 436 459 489 555
Bernhard Vögele	Zürich	329 378 411 473 545
Boris Brumnjak	Berlin	37 41 46 49 57 60 63 68 78 82 87 111 117 132 166
Büro Zwoi	Luzern	7 9 10 16 21 38 85 91 97 100 110 116 120 122 123 167 247 258 314 343 415 465 478
Carla Crameri	Luzern	140 386
Carmen Brand	Luzern	320
Chiara Zarotti	Zürich	425 469 507 559
Claudio Näf	Luzern	239 264 276 283 288 294 312 346 379 417 439 456 496 520
Conradin Wahl	Luzern	191
Dennis Vera	Stockholm	127
Dorothee Dähler	Zürich	22
Elena Rast	Luzern	366
Enea Bortone	Basel	248 256 262 278 285 358 374 453 500 525

nen Studio	Fribourg	428 504
Erich Brechbühl	Luzern	1 2 3 4 5 6 8 14 15 20 25 29 31 34 35 47 49 53 60 62 63 67 68 70 82 84 89 101 141 149 164 174 180 200 211 219 240 280 297 310 361 416 474 562
Eva Jäger	Winterthur	237 296 433 514 554
Fabian Huber	Konstanz	169
Federica Zanetti	Luzern	443 511
Fons Hickmann	Berlin	139 178 198 214 254 266 270 277 292 344 372 405 445 463 510 527
Gianluca Alla	London	190 202 244 252 260 274 290 302 353 370 423 452 477 549
Gina Burri	Luzern	418 493 534
Hannah Boldt	Bern	460 480 485 494 535
Helene Leuzinger	Zürich	241 272
Hi	Luzern	11 43 58
Hyo-Song Becker	Luzern	413 544
Isabelle Mauchle	Luzern	27 36 42 44 61 73 84 86 88 92 99 108 136 168 173 217 429 495 548
Jahn Koutrios	Zürich	285 334 487 513 561
Jan Pulfer	Luzern	311
Jesse+Gianin	Basel	218 321 330 335
Jonas Keusch	Luzern	261
Josh Schaub	Zürich	524
Kai Uwe Niephaus	Berlin	90
Kaj Lehmann	Zürich	22 66
Kim Migliore	Zürich	5 8 14 47 48 75 107 115
Laura Lackner	Bern	322 425 507 559
Lea Häfliger	Luzern	316
Lea Huser	Zürich	438
Leonie Felber	Luzern	460 480 485 494 535
Lina Pittner	Pforzheim	263 268 273 279 325 424
Line Rime	Luzern	251 286 319 326 331 348 356 359 362 391 491 508
Liv Noelle Bachmann	Luzern	430 447
Luc Sohm	Basel	402 458 501 540
Luca Bartulović	Luzern	194 229 231

Name	City	Pages
Luca Rosso	Luzern	367 444 531 556
Mahtola Wittmer	Luzern	196
Maria Mikalo	Berlin	57 87
Mario Suter	Luzern	26 30
Martin Heynen	Zürich	195
Massimiliano Audretsch	Bern	498 560
Mathis Pfäffli	Luzern	204 265
Maya Hürst	Zürich	441
Micaela Brazerol	Luzern	513
Momo Egli	Luzern	509
Nadine Weber	Wien	380 419 497
Naomi Mathys	Luzern	457
Niels Blaesi	Luzern	255 287 363
Noemi Laake	Luzern	205
Nora Hunkeler	Luzern	476
Olivier Samter	Zürich	482 523
Pablo Bösch	Luzern	503
Patrick Bonato	Innsbruck	50 65
Paula Troxler	Zürich	209
Pauline Koch	Basel	402 458 501 532
Peng Peng	Luzern	12 13 72 79
Philip Volkenhoff	Dresden	142
Radar Grafik	Baden	145 538
Raphael Leutenegger	Luzern	18 102 105 135
Raphael Wicki	Luzern	414 490 530
Raphaela Haefliger	Zürich	551
Raúl Kokott	Berlin	186
Rebecca Metz	Luzern	118 124 133 134 137 143 148 170 243 245 259 382
Rikke Landler	Stockholm	35 51 64 83 96 127 151 172 213
Robert Radziewski	Berlin	111
Sabina Oehninger	Luzern	23 32 55 69 109 121
Säg Studio	Luzern	542
Salzmann Gertsch	Bern	349
Sam Steiner	Luzern	203 208 212 225 233 304 309 319 326 331 341 348 356 359 364 394 395 396 399 407 409 410 420 446 449 455 466 470 471 472 475 481 508 516 522 533 541

Name	Stadt	Nummern
Sandra Pfeiffer	Zürich	336
Saori Shiro Shita	Berlin	41 46
Scarlett Bang	Zürich	357 366
Sina Egger	Luzern	54 56 75 98 107 115 146 207 284
Sirkka Ammann	Zürich	352 434 466
SNAC	Luzern	76 103 126 129 130 150 154 159 171 177 193 220 232
Solange Ehrler	Zürich	234 323 347
Sophie Constantin	Luzern	45
Studio Bollo	Bern	355 369 427
Studio Hoch 3	Luzern	492 539
Studio Bergerberg	Luzern	40 80 95 138 165 176 201 303 317 450 546
Studio Lametta	Luzern	182 307 338 365 387 393 398 406 421 431 440 454 467
Studio Lindhorst-Emme + Hinrichs	Berlin	155 184 210 253 299 327 339 342 371 401 435 483 509 524 557
Studio Muchogusto	Bern	376 388 442 468 499 517 527 541 558
Studio Mut	Bozen	179
Studio Sirup	Zürich	318 336 404 512 547
Studio Speranza	Luzern	305 373 392 422 488 515 553
Steiner Grafik	Luzern	235 269 306 351 381 430 457 506 537
Sven Mathis	Luzern	337 462
Tiffany Gretener	Berlin	184
Till Lauer	Luzern	119 196
Trix Brechbühl	Luzern	505
Vanessa Hatzky	Luzern	358
Vera Mattmann	Luzern	181 188 228 236 246 257 267 271 315 324 328 332
Wanja Manzardo	Luzern	152 163 175 185 192 197 206 215 221 223 225 230 233 242 249 250 275 282 301 304 308 313 407 409
WePlayDesign	Lausanne	385 437 486 536
Wolfgang Wiler	Luzern	199 227
Yves Krähenbühl	Zürich	368 412 519 552

The Neubad Plakat
A Contemporary
Design Phenomenon

Editors:
Erich Brechbühl
Fons Hickmann
Lea Hinrichs
Sam Steiner
Sven Lindhorst-Emme

Authors:
Erich Brechbühl
Fons Hickmann
Isabelle Mauchle
Urs Emmenegger

Photographs:
Christian Felber MIGN

Design:
Erich Brechbühl
Sam Steiner

Publishing Direction:
Julia Kahl
Lars Harmsen

Proofreading:
Julia Klose

Translation:
Lies Wolf

Printer:
Stober Medien

With the kind support of:
Stadt Luzern/FUKA-Fonds
SKDZ Schule für Kunst
und Design Zürich
Casimir Eigensatz Stiftung

Slanted Publishers UG
(haftungsbeschränkt)
Nördliche Uferstraße 4–6
76189 Karlsruhe
Germany
T +49 (0) 721 85148268
info@slanted.de
slanted.de
@slanted_publishers

© Slanted Publishers, Karlsruhe, 2023
Nördliche Uferstraße 4–6,
76189 Karlsruhe, Germany
© Posters and texts by
the designers/authors
All rights reserved.

ISBN: 978-3-948440-49-7
1st edition 2023
2500 ex.

Disclaimer
The publisher assumes no responsibility for the accuracy of all information. Publisher and editor assume that material that was made available for publishing, is free of third party rights. Reproduction and storage require the per mission of the publisher. Photos and texts are welcome, but there is no liability. Signed contributions do not necessarily represent the opinion of the publisher or the editor.

The German National Library lists this publication in the German National Bibliography; detailed bibliographic data is available on the Internet at dnb.d-nb.de.

About the publisher
Slanted Publishers is an independent publishing and media house founded in 2014 by Lars Harmsen and Julia Kahl. They publish the award-winning print mag Slanted biannually featuring global design and culture. Since 2004, the daily blog highlights international design and showcases inspiring video interviews.
Slanted Publishers initiates and creates publications, focusing on contemporary design and visual culture, working closely with editors and authors to produce outstanding publications with meaningful content and high quality.

Stadt Luzern
FUKA-Fonds

SCHULE
FÜR KUNST
UND DESIGN
ZÜRICH